La nueva guerra. Del Chapo al fentanilo

Cómo cambió todo lo que creíamos saber del crimen organizado

La nueva guerra.
Del Chapo al fentanilo

Cómo cambió todo lo que creíamos saber
del crimen organizado

Jorge Fernández Menéndez

Grijalbo

La nueva guerra. Del Chapo al fentanilo

Cómo cambió todo lo que creíamos saber sobre el crimen organizado

Primera edición: septiembre, 2020

D. R. © 2020, Jorge Fernández Menéndez

D. R. © 2020, derechos de edición mundiales en lengua castellana:
Penguin Random House Grupo Editorial, S. A. de C.V.
Blvd. Miguel de Cervantes Saavedra núm. 301, 1er piso,
colonia Granada, alcaldía Miguel Hidalgo, C. P. 11520,
Ciudad de México

www.megustaleer.mx

D. R. © 2020, Jorge Fernández Menéndez, por las imágenes de interiores

ISBN: 978-607-319-553-9

Impreso en México – *Printed in Mexico*

El papel utilizado para la impresión de este libro ha sido fabricado a partir de madera
procedente de bosques y plantaciones gestionadas con los más altos estándares ambientales,
garantizando una explotación de los recursos sostenible con el medio ambiente y beneficiosa para las personas.

Penguin
Random House
Grupo Editorial

A Bibiana, como siempre,
por todo y por acompañarme en este tortuoso
y sorprendente camino llamado vida.

A mi madre, Lidia Menéndez,
por su ejemplo y amor indeclinable.

A mi hermana Silvia, por su cariño y complicidad.

Índice

Prólogo

Me he convencido de que aun cuando todo está o parece perdido, es preciso reanudar tranquilamente el trabajo, recomenzando desde el principio. Me he convencido de que es preciso contar siempre sólo con uno mismo y con sus propias fuerzas [...] es necesario hacer sólo lo que se sabe y se puede hacer, y seguir el propio camino.

ANTONIO GRAMSCI, *Cuadernos de la cárcel*

Decía Jean-Paul Sartre, después del 68 francés, que nada había cambiado y, sin embargo, todo existía de otra manera. Nadie sabe cómo será, ni en los próximos meses ni en los próximos años, el mundo que nos dejará la pandemia, como no pudimos imaginar en aquellos días cómo sería el mundo después de los atentados del 11-S.

Esa sociedad universal más solidaria, más intimista, más familiar de la que algunos hablan es probablemente mucho más una expresión de deseos que una posibilidad. ¿Habrá espacio para la solidaridad en un mundo, y un país, con millones de nuevos desempleados, con miles de empresas, sobre todo pequeñas y medianas, en quiebra o simplemente cerradas? ¿Habrá espacio para la intimidad cuando la vigilancia posterior a la pandemia se base en controlar a través de las redes sociales nuestros movimientos y relaciones? ¿Realmente la familia saldrá reforzada de la larga etapa de confinamiento que hemos vivido?: simplemente ver las cifras de divorcios y de violencia intrafamiliar derivados del confinamiento hace suponer todo lo contrario.

Lo cierto es que la solidaridad, que siempre está presente a la hora de desastres naturales y en ocasiones sociales, suele estrecharse a sus mínimos niveles en las crisis económicas. Después de la crisis del 29 lo que hubo fue una oleada de suicidios y el nacimiento, en toda su actual expresión, del crimen organizado; las organizaciones sindicales, entonces en auge, se enfrentaron a la más dura intransigencia empresarial y a un número creciente de rompehuelgas y sindicatos blancos, ligados a su vez al crimen organizado; los grandes movimientos sociales que no devinieron en una caricatura del socialismo transitaron hacia el fascismo y el nazismo, y de sus fracasos nació una forma de populismo que permea, un siglo después, toda la política latinoamericana, incluyendo, por supuesto, la nuestra.

No sabemos cómo será el mundo postcovid-19, pero sabemos que no será ni un mundo mejor ni más equitativo o con menos desigualdades. Y sí sabemos que de la mano de la crisis económica tendremos una crisis de seguridad cuyas dimensiones son difíciles de evaluar en toda su dimensión, incluso en el corto plazo.

Pero siguiendo a Sartre, ese mundo de la violencia, la inseguridad, el crimen organizado, sin cambiar, existirá de otra manera. La caída del *Chapo* Guzmán y su juicio significan, en el mundo del narcotráfico y el crimen organizado, el fin de una era, no sólo por la virtual desaparición de un capo emblemático, sino también porque el mundo del Chapo, el de la cocaína, no ha muerto, pero ya ha nacido otro que lo eclipsará: el mundo de las drogas sintéticas que ejemplifica mejor que cualquier otra el fentanilo.

Este opiáceo sintético es mucho más barato de producir; para su consumo se necesitan dosis de menos de dos miligramos, por lo que se pueden hacer miles con apenas unos kilos; se puede producir en cualquier cocina, no huele, su apariencia es similar a la del azúcar glas, y se vende en pequeñas pastillas imposibles de distinguir de cualquier medicamento; las utilidades que deja son superiores a las de cualquier otra droga. Tiene un gran inconveniente: mata con enorme facilidad. Sufrir una sobredosis es una posibilidad real, con que una pastilla tenga medio miligramo de más, se acaba el viaje.

Pero además, el fentanilo es la droga de la época. La marihuana y el LSD fueron las drogas desde la década de los sesenta hasta la de los ochenta, de alguna forma los años de la paz y el amor, de la liberación sexual, de la búsqueda de los sentidos y la paz interior, de encontrar el yo mediante procesos alucinógenos que iban tan de la mano con la mejor música de aquellos años.

A partir de los ochenta la cocaína fue la droga que reflejó ese ánimo: de la paz y el amor pasamos a los amos del universo de Wall Street de los que hablaba Tom Wolfe, a la competencia y el individualismo, a la necesidad de estar siempre un poco más allá, de vivir en el levantón cotidiano. Era la droga del *boom* reaganiano, del dios dinero. Las metanfetaminas y las drogas sintéticas acompañaron a la generación X, la del fin del milenio, de la incertidumbre, la de la pérdida de esperanzas post 11-S. Había que escapar.

El fentanilo y los nuevos opiáceos, incluyendo los legales, son las drogas de esta época depresiva, sin líderes, donde el escapismo adquiere otras formas, donde las políticas de Trump (y todos los populistas que lo acompañan) obligan a huir de la realidad, a buscar una droga fuerte que actúe como una suerte de síntesis de todas las anteriores, como un *opioide psicodélico* que al mismo tiempo relaja y provoca visiones intensas, activa los sentidos.

Los adictos dicen que han caído en el fentanilo porque las primeras veces que lo consumieron sentían unos colores y una intensidad tan vívidos como las primeras veces que habían consumido heroína u opio en grandes dosis. El fentanilo, agregan, aunque es un opioide, produce un exceso de liberación de dopamina, lo cual hace que se quiera volver a consumir en forma recurrente, como sucede con la cocaína, pero sus efectos son más perdurables. Ésa es otra de las razones que lo hacen tan atractivo y mortal.

Las sobredosis llegan con una enorme facilidad: 60 000 muertos al año por sobredosis de opiáceos en Estados Unidos lo demuestran, sobre todo de fentanilo, con el añadido de que los efectos son tan rápidos y la posibilidad de caer en la inconsciencia si se pasa la dosis es tan inmediata que los accidentes pueden producirse de cualquier forma.

En el mundo del crimen organizado que viviremos después de la pandemia, el fentanilo y otras drogas sintéticas, sobre todo las derivadas de los opiáceos, tendrán un papel preponderante. En un mundo un poco o muy depresivo, con una economía en recesión, con menos trabajo, peor pagado y absoluta incertidumbre, cuando aún tengamos el miedo en el cuerpo ante la amenaza de lo desconocido que significa una pandemia, ese opioide psicodélico de efectos inmediatos se entronizará como la más importante de las drogas ilegales. Eso cambiará todo el mundo del narcotráfico.

Se necesitarán menos manos pero más arriesgadas para el gran tráfico de drogas, y muchas y buenas relaciones internacionales, porque el fentanilo o sus derivados provienen de laboratorios asiáticos en la mayoría de los casos; se requerirá de buenas redes de distribución con una capacidad de ingreso al mercado estadounidense mucho mayor, aunque no será necesario pasar toneladas sino kilos de droga para tener las mismas o mucho mayores utilidades.

Sin embargo, las grandes bandas y pandillas se quedarán aquí y se cebarán mucho más con el mercado interno; son las que ya pasaron del narcotráfico al narcomenudeo y, desde ahí, avanzaron hacia el secuestro, el robo y la extorsión. Pasarán cada día más del control de rutas al control de territorios e impondrán también cada vez más esa violencia cotidiana que se ha incrementado en forma constante durante las dos últimas décadas.

Ésa es la historia que contaremos en este libro, la del paso a una nueva época en la violencia, la inseguridad, el tráfico de drogas; una época en la que aún no muere lo viejo y no ha terminado de nacer lo nuevo. El camino que va del Chapo al fentanilo.

* * *

Para hacer ese recorrido mostraremos primero cuál es la geografía del narcotráfico, la violencia y la inseguridad en el país. Contaremos cuáles son las principales organizaciones, de dónde vienen y sobre todo hacia dónde van; las que crecerán y las que terminarán eclipsándose; las que operan hacia el gran negocio de la droga en el exterior y las que se dedican a expoliar a la sociedad; hablaremos de los líderes que están quedando en el pasado, de los actuales y de los que más temprano que tarde los sucederán. Contaremos por qué no funciona la estrategia de seguridad de la administración de López Obrador. E inevitablemente tendremos que hacer un recorrido por ese camino del horror cotidiano que es la violencia y la inseguridad en México. Para aventurarse previendo el futuro hay que asentarse con firmeza en el presente. Ésa es la idea que sustenta este libro.

1

Nueva geografía del narcotráfico

El infierno está vacío y todos los demonios están aquí.
WILLIAM SHAKESPEARE

En los últimos años los cárteles de las drogas han sufrido reacomodos, cambios de liderazgo e incluso algunos han visto mermado su poder. El actual mapa de los cárteles se ha reducido a dos grandes organizaciones: el Cártel del Pacífico y el Cártel Jalisco Nueva Generación (CJNG). De acuerdo con información de fuentes de inteligencia del gobierno federal, ambos controlan casi en su totalidad el mercado de las drogas: hablamos de la producción, distribución y comercialización.

El Cártel del Pacífico o de Sinaloa tiene presencia en 12 de 32 entidades, cuenta con cuatro grandes divisiones con mandos propios, entre los que destaca Ismael *el Mayo* Zambada; mientras que el CJNG se encuentra en 20 estados y es liderado desde la sierra por Nemesio Oseguera, *el Mencho*. Debajo de estos dos cárteles se ubican tres organizaciones delictivas que han perdido buena parte de sus capacidades: los Beltrán Leyva, el Nuevo Cártel de Juárez y el Cártel del Golfo; su capacidad para llevar a cabo toda la cadena del tráfico de drogas ya no existe, por lo que son utilizados por los dos grandes cárteles para llevar a cabo algunas tareas, y hoy por hoy no tienen liderazgo definido.

Siguiendo la cadena encontramos seis grupos delictivos, los cuales suelen operar de manera regional, como La Familia, Los Caballeros

Templarios, Guerreros Unidos, el Cártel del Noreste, que es lo que quedó de Los Zetas, el Cártel de Santa Rosa de Lima y La Unión Tepito, además de otros grupos que operan sin mando ni características definidas. De acuerdo con información de fuentes de inteligencia del gobierno federal, hasta el final de esta cadena existen 70 estructuras delictivas de menor nivel, que están asociadas, son escisiones o restos de grupos mayores o simplemente células independientes con presencia local. Estas últimas, sumadas a los grupos y organizaciones, son en gran parte las causantes del incremento de la violencia en el país, y sus principales actividades son el secuestro, el robo y la extorsión.

* * *

Cuando se hace referencia al crimen organizado se habla mucho de cárteles, de organizaciones criminales, pero hay que tener claridad sobre cuáles son cárteles, cuáles son bandas y cuáles son organizaciones criminales.

Para las áreas de inteligencia federal sólo hay dos cárteles que pueden ser llamados como tales: el Cártel del Pacífico o de Sinaloa y el Cártel Jalisco Nueva Generación. Son los únicos que pueden cubrir todos los aspectos del narcotráfico desde la producción hasta la distribución internacional, desde el tráfico de armas hasta el lavado de dinero producto de sus operaciones.

El Cártel del Pacífico es el más antiguo de México. En la época de Amado Carrillo Fuentes, *el Señor de los Cielos*, este cártel ocupaba prácticamente todo el país. La mayoría de los desprendimientos que ha habido de organizaciones criminales, incluso que ahora están en disputa con el Cártel del Pacífico, han surgido de él.

Los estados en el área de influencia del Cártel de Sinaloa están bajo su control desde hace mucho tiempo, en algunos casos desde hace décadas. ¿Cuáles son los que generan mayores conflictos y mayor violencia? Sin duda Jalisco, donde está en una competencia feroz con el CJNG, que fue parte de su propia organización, y Baja California, en una lucha que se ha prolongado a lo largo de muchos años, desde la época de los Arellano Félix hasta el día de hoy.

Todos los demás estados han sido invadidos poco a poco por el Cártel de Sinaloa. Una de las entidades que estuvo en disputa durante mucho tiempo es Coahuila, donde se ha fortalecido en los últimos años.

El Cártel del Pacífico o de Sinaloa está dividido en cuatro organizaciones diferentes; más que de un cártel, los especialistas en este tema hablan de una suerte de *holding*, de cuatro organizaciones con desacuerdos, con diferencias internas, que se disputan a veces territorios o rutas, pero que tienen una suerte de coordinación. Su líder más importante, sin duda, es Ismael *el Mayo* Zambada. Ahí está también Rafael Caro Quintero con un grupo, están los hijos del Chapo Guzmán y otros operadores que tienen un fuerte control sobre este cártel, que se dividen los territorios y que está calificado por las autoridades como un cártel en ocasiones menos sanguinario que otras organizaciones criminales.

Lo suyo es el control y, sobre todo, la infiltración en las autoridades políticas y de seguridad, desde el nivel más bajo hasta, en ocasiones, el más alto.

* * *

El Cártel del Pacífico tiene su base en Culiacán, Sinaloa. Fue a partir de los años sesenta cuando familias sinaloenses que se dedicaban al contrabando optaron por el comercio de drogas. Uno de los primeros en traficar a gran escala fue Pedro Avilés, quien es señalado como el pionero en el uso de aeronaves para el tráfico de drogas hacia Estados Unidos.

Ya en la década de los ochenta, la segunda generación de traficantes de Sinaloa la encabezaron criminales como Roberto Moreno, Ernesto Fonseca y Miguel Ángel Félix Gallardo. Fue el Cártel de Sinaloa el que comenzó a utilizar un sistema de túneles para contrabandear la droga por la frontera hacia Estados Unidos. Pero cuando estos líderes cayeron, la organización quedó en manos de Amado Carrillo Fuentes, hasta su muerte en 1997. Guzmán Loera, entonces un operador importante pero relativamente menor, que había trabajado sobre todo con Miguel Ángel Félix Gallardo, fundó, junto con Héctor *el Güero* Palma, su propia organización, siempre subordinada a los mandos centrales del cártel, en medio de una feroz disputa con la primera de las grandes escisiones que ha tenido esa organización, el cártel de los Arellano Félix, enfrentados por diferencias personales y por el control de Tijuana y Baja California.

Tras el asesinato del cardenal Juan Jesús Posadas Ocampo en mayo de 1993, el Chapo fue detenido en Guatemala y entregado a las autoridades mexicanas; poco después también fue detenido el Güero Palma.

Sus grupos quedaron debilitados, pero con la muerte de Amado Carrillo comenzó la disputa por el control del cártel. Ya para entonces el Chapo, que seguía operando desde la cárcel, estaba configurando una nueva organización, junto con dos grandes históricos del narcotráfico: Juan José *el Azul* Esparragoza y el Mayo Zambada.

En enero de 2001 un hecho cambió todo: el Chapo se escapa del penal de Puente Grande, Jalisco, y en poco más de un año logra reconfigurar el control de la organización. Pero vendrían las rupturas, las dos principales con los Beltrán Leyva y con el Cártel de Juárez, que encabezaba Vicente Carrillo, hermano de Amado. De esos enfrentamientos nació la llamada guerra del narco, que se ha mantenido hasta el día de hoy.

La estrategia del Chapo lo ayudó a vencer a sus rivales, pero su fama y poder lo llevaron a ser perseguido y puesto tras las rejas. Esta vez no tuvo tiempo de realizar un escape espectacular; fue extraditado a Estados Unidos y en el llamado "juicio del siglo" fue sentenciado a pasar el resto de su vida en prisión, pero esto no acabó con el cártel. Entre los nuevos líderes están Ismael *el Mayo* Zambada (se supone que el Azul Esparragoza murió por causas naturales); Iván Archivaldo y Jesús Alfredo, *los Chapitos*; Aureliano Guzmán Loera, *el Guano*, y un viejo conocido del mundo del narcotráfico: Rafael Caro Quintero, *el Narco de Narcos*.

El Cártel de Sinaloa tiene presencia no sólo en gran parte del país, sino en al menos 50 países de América, Europa, África occidental y el sureste asiático.

* * *

La otra gran organización que existe en el país es el Cártel Jalisco Nueva Generación, es mucho más nueva, es un cártel que surgió y se desarrolló en la última década, aunque sus orígenes son añejos. Hasta el sexenio pasado era una parte del Cártel de Sinaloa.

El CJNG se ha convertido en el grupo criminal con mayor crecimiento y mayor ejercicio de la violencia. Surgió para combatir a Los Zetas y para ello adoptó muchos de los métodos de éstos, a los que derrotó en muchos ámbitos.

El CJNG surgió en Jalisco, obviamente, y era parte del grupo de Nacho Coronel. Cuando muere Coronel, Nemesio Oseguera, su líder, se va haciendo del control cada vez más amplio de las organizaciones que participaban en el narcotráfico en Jalisco y Nayarit. A partir de ahí se fue extendiendo a varios puntos del país, primero combatiendo a Los Zetas, pero al mismo tiempo se fue haciendo un cártel cada vez más autónomo, que terminó entrando en conflicto con el Cártel de Sinaloa, de donde había surgido.

¿Cuáles son los puntos en los que tiene mayor enfrentamiento con el Cártel de Sinaloa? Sin duda uno de ellos es Baja California, lo que ha provocado innumerables muertes en Tijuana. En Nayarit y Jalisco la penetración que tiene el CJNG en las autoridades locales es enorme; como ejemplo está el exfiscal de Nayarit, Édgar Veytia, sentenciado en los Estados Unidos por tener su propia organización criminal, ligada con este cártel. El CJNG ha crecido sólidamente en 15 estados, aunque tiene presencia en 20; uno de sus puntos importantes, además de Veracruz, es, sin duda, Quintana Roo, donde ejerce un fuerte control y tiene una importante presencia, y Guanajuato, donde participa en una verdadera guerra contra el Cártel de Santa Rosa de Lima.

En una década ha pasado de ser un reducido grupo de desertores del ahora extinto Cártel del Milenio a conformar una enorme red criminal, cuyos nexos se extienden a toda América, así como a Europa y Asia.

Está liderado por Nemesio Oseguera, *el Mencho*, quien, de acuerdo con reportes de inteligencia, se esconde en la sierra e incluso se encuentra mal de salud. Ante esta situación y la reciente extradición de su hijo Rubén Oseguera González, *el Menchito*, se habla de un posible sucesor, Hugo Gonzalo Mendoza Gaytán, *el Sapo*, quien ya controla las finanzas del cártel desde Puerto Vallarta.

Pese a la persecución para capturar al Mencho, por quien los gobiernos de Estados Unidos y México ofrecen millonarias recompensas, las operaciones del CJNG no se detienen: al tiempo que transporta cargamentos de droga, sobre todo metanfetaminas y fentanilo, principalmente hacia los Estados Unidos, refuerza sus lazos con mafias asiáticas y disputa distintas plazas en el país, con estrategias violentas muy similares a las que utilizaron en su momento Los Zetas.

Los ataques son particularmente violentos en Michoacán, sobre todo en Uruapan y otros municipios de Tierra Caliente, donde el CJNG se enfrenta a Los Viagras, mientras que en Veracruz la disputa es con lo que queda de Los Zetas. En Guanajuato libra una batalla con el Cártel de Santa Rosa de Lima, principalmente por el robo y venta de combustible. En otros estados busca alianzas con grupos locales para extender su dominio, mientras se impone a través de la violencia, la extorsión, secuestros y homicidios.

* * *

Hay dos grandes cárteles, solamente dos, porque son los únicos que controlan todo el proceso del crimen organizado, desde la producción de la droga y su comercialización hasta el lavado de dinero o el aprovisionamiento de armas, y tienen también sus propias redes en Estados Unidos. Pero existen otras tres grandes organizaciones delictivas que en el pasado fueron calificadas también como cárteles, y han dejado de serlo por los golpes recibidos o porque no han podido consolidarse como tales, pues no llegan a afianzarse en todas las facetas del tráfico de drogas, pero eso no las hace menos peligrosas.

Esos grupos son la organización de los Beltrán Leyva, el Nuevo Cártel de Juárez y el Cártel del Golfo. Todos han sufrido durísimos golpes en el pasado y están tratando de reconfigurarse.

El de los Beltrán Leyva es un cártel que desde hace años ha tenido una fuerte presencia sobre todo en Sonora y el norte de Sinaloa; de ahí ha surgido siempre su fuerza. Opera también en Baja California, y trata de operar en otros lugares del país, sobre todo en Guerrero, que fue uno de sus feudos, aunque ahí ha sido progresivamente desarticulado.

En Chihuahua, el Nuevo Cártel de Juárez, después de la detención de Vicente Carrillo, ha resurgido, así como también las luchas por ese estado y las bandas con las que trabajó durante mucho tiempo, como La Línea y Los Artistas Asesinos. Hubo dos o tres años en los que estuvo prácticamente desarticulado. Hoy vuelve a tener una fuerte presencia.

Algo similar ocurre con el Cártel del Golfo. Este cártel obviamente tiene presencia en Tamaulipas, y en toda la Huasteca potosina tiene un grupo de superficie que se ha dado a conocer como la Columna Armada Pedro J. Méndez, que es parte del cártel. Sigue teniendo presencia también en el sur de Veracruz.

Éstas son las tres organizaciones que fueron grandes cárteles y que, si bien ahora tienen una actuación y un grado de operación más restringidos, insisto, eso no les quita nada de peligrosidad, tampoco capacidad de operación y de corrupción. La desarticulación de los grandes cárteles y organizaciones se dio en 2012. De los siete grandes cárteles que había entonces ahora quedan dos y a tres se les considera organizaciones delictivas. Esa desarticulación ha generado la aparición de una multitud de bandas menores que se ocupan de áreas muy específicas del crimen organizado, pero todas trabajan en algo común: la extorsión, el robo y el secuestro.

* * *

Para las autoridades hay seis bandas muy amplias que no llegan al grado de organizaciones delictivas y mucho menos al de cárteles. Se trata de La Familia, nacida en Michoacán; Los Caballeros Templarios, nacida también en Michoacán; Guerreros Unidos; el Cártel del Noreste; el Cártel de Santa Rosa de Lima; La Unión Tepito, y una suma de grupos que no tienen un control definido, pero que suelen trabajar asociados.

Estas organizaciones son muy peligrosas, pues si bien no se dedican al narcotráfico en gran escala, entendido como la introducción de importantes cantidades de droga a los Estados Unidos, tienen actividades muy específicas del narcotráfico. Por ejemplo, Guerreros Unidos tiene laboratorios para drogas sintéticas y para procesar la heroína que se produce en Guerrero y Morelos; envía droga a Chicago, pero sobre todo tiene un control de las bases delictivas de esos estados.

Donde operan estos grupos hay altos grados de violencia. Ello se debe a las características que tiene precisamente este tipo de organizaciones, ya que primero fueron bandas, luego formaron parte de grandes cárteles, se fueron desprendiendo por los golpes que recibieron y ahora cada una quiere recuperar una mayor capacidad de operación, basándose sobre todo en sus sicarios, por la intimidación y el miedo. Pero aquí no se agota la geografía del crimen en el país.

* * *

Existen otras 70 estructuras delictivas de menor nivel, bandas delincuenciales que en realidad son células independientes, con presencia generalmente en una sola entidad de la República. Como en ocasiones operan dos o tres de ellas en cada estado, eso provoca constantes enfrentamientos y violencia, pero además, como viven de la extorsión, el robo, el secuestro y el narcomenudeo, entre otras actividades, son las que más directamente dañan a la sociedad. Y son las que generan mayor inseguridad cotidiana.

Éste es el verdadero mapa de la delincuencia en el país.

Con los dos grandes cárteles, con las tres grandes organizaciones que alguna vez fueron cárteles y que fueron perdiendo ese estatus, con los grupos menores y con las células delictivas que operan cotidianamente en el país, son más de 80 organizaciones las que se dedican a las grandes actividades criminales. No es verdad que se dediquen solamente al narcotráfico; los que se enfocan en el narcotráfico son los grandes grupos criminales, los grandes cárteles, pues son los que tienen posibilidad de hacerlo; algunas organizaciones tienen una participación menor en el gran negocio, pero todas se dedican al narcomenudeo, al secuestro, a la extorsión, al robo, al robo de combustible, de tráileres y de trenes.

Son esas 80 organizaciones criminales, grandes o pequeñas, las que trabajan sobre las comunidades, las que generan mayor violencia, las que están detrás de la inseguridad cotidiana que vivimos cada día en todo el país. No hay una sola región del territorio nacional donde no haya un grupo criminal operando y causando inseguridad, zozobra y viviendo, en muchas ocasiones, en la impunidad.

* * *

De acuerdo con información de fuentes de inteligencia del gobierno federal, la violencia se concentra en algunos estados del país. A continuación vamos a hablar de ellos.

Uno es Baja California. ¿Quiénes operan ahí? Está el CJNG, enfrentado a las células del *Aquiles* y *el Rana*, afines al Cártel del Pacífico. Hay células acéfalas de los Arellano Félix que siguen operando en ese estado desde hace muchos años y que tienen buenas redes de distribución del otro lado de la frontera, lo cual las hace poderosas. Hay otro grupo, de un personaje apodado *el Tigre*, que es independiente y que también está operando. Lo que sucede es que la frontera de Baja California con California es uno de los puntos de control más importantes que tiene el narcotráfico en el país.

Un estado que ha tenido una explosión inusitada de violencia, después de haber sido uno de los más seguros del país, es Guanajuato, donde hay varios cárteles en una lucha brutal. La principal disputa, sin duda, se da entre el Cártel Jalisco Nueva Generación y el Cártel de Santa Rosa de Lima.

El CJNG ha crecido en ese estado prácticamente por causas naturales, pues su ingreso a Guanajuato desde Nayarit y Jalisco era un paso lógico. Está creciendo no solamente con el narcotráfico, sino también en muy buena medida por el huachicol y el robo de trenes y de camiones.

El Cártel de Santa Rosa de Lima también es una organización que nació en el tráfico de combustibles, el huachicol, pero que para fortalecerse ha incursionado en otros ámbitos. El enfrentamiento entre estos dos grupos en Guanajuato es brutal y es lo que ha llevado a un índice de muertes y de asesinatos altísimo. También es un hecho que los dos grupos han penetrado en las autoridades locales en varios niveles.

No solamente están ellos, también hay células que quedaron acéfalas, pero que siguen operando, como Los Templarios; y hay células delictivas locales, como La Unión de León, Los Carranza, Los Mickeys, Los Puños, que operan en Guanajuato, y la disputa entre todos ellos es feroz.

Igual de feroz es lo que ocurre en Veracruz, donde se enfrentan desde hace años dos grandes grupos, el Cártel Jalisco Nueva Generación y Los Zetas.

Recordemos que el CJNG nació originalmente como Los Matazetas, que estaban destinados a combatir en Veracruz a Los Zetas y sacarlos del estado. En buena medida lo lograron, y en esa misma medida se fueron transformando en un cártel autónomo.

Pero en Veracruz no sólo está el CJNG. Ahí opera también lo que queda del Cártel del Golfo y las nuevas células surgidas de éste y del Cártel del Noreste. Existen grupos que se hacen llamar Zetas, aunque éstos como tales quedaron desarticulados. Dos grupos que tienen presencia en varias zonas del estado se hacen llamar Zetas Vieja Escuela y la Nueva Sangre Z, que a su vez están enfrentados entre sí. La disolución de Los Zetas y la ruptura de sus restos ha generado también la presencia de distintas células locales independientes que operan en ciertas regiones y localidades.

Si Veracruz es un problema, Michoacán no lo es menos, con otros agregados y componentes. Ahí también el enfrentamiento es con el CJNG y lo que queda de ese gran cártel que fue Los Caballeros Templarios, que tiene distintas adscripciones, por ejemplo, Los Viagras. Muchos de los grupos de autodefensa que sirvieron para acabar con Los Templarios fueron impulsados o finalmente captados por el Cártel Jalisco Nueva Generación. Algunos de ellos han roto cualquier relación, otros se han rebelado, pero lo cierto es que además del cjng ahora está lo que queda de Los Templarios y Los Viagras, que se hacen llamar también La Nueva Familia. Hay un grupo que se denomina Los H3, Los Justicieros. Todos tienen relación con grupos de autodefensa y es lo que explica el grado de violencia y el tipo de armamento que tienen estas organizaciones.

Todo lo que estamos viendo en Michoacán se multiplica en Guerrero, donde existe mayor cantidad de bandas y grupos criminales; ahí son innumerables los grupos que operan: el cjng; los que quedan de los Beltrán Leyva, que en alguna época tuvieron hegemonía en esa zona; Los Caballeros Templarios, sobre todo en la frontera con Michoacán; La Familia, Guerreros Unidos, Los Rojos, Los Ardillos, el Cártel del Sur, el Cártel Independiente de Acapulco y muchos otros grupos que son más locales, pero no menos peligrosos, ni con menor penetración y poder de corrupción.

En Guerrero operan 14 grupos que participan en el crimen organizado. Todos, además, de una forma u otra, tienen relación con grupos armados, con grupos de guerrilla, con autodefensas, con las llamadas policías comunitarias y, por supuesto, muchos de ellos también con viejos caciques que tienen una presencia casi ancestral en Guerrero.

* * *

Podríamos ir estado por estado de la República y se repetirían de una u otra forma los mismos escenarios. Con este diagnóstico se comprueba con facilidad por qué no hay margen de negociación con estos grupos, porque lo suyo es la delincuencia, pura y simple, a costa de la ciudadanía. Son ellos los mayores violadores de derechos humanos, los que trafican con drogas, armas, personas y dinero, pero también son los que roban, extorsionan y secuestran. Ésta es la geografía criminal que se debe romper para recuperar la paz y la serenidad en el país.

2

El fentanilo: la droga del futuro
y la crisis de opiáceos en Estados Unidos

> La droga es el producto ideal. La mercancía definitiva. No hace falta literatura para venderla. El cliente se arrastrará por una alcantarilla para suplicar que le vendan. El comerciante de droga no vende su producto al consumidor, vende el consumidor a su producto. No mejora ni simplifica su mercancía. Degrada y simplifica al cliente.
>
> WILLIAM S. BURROUGHS

El fentanilo es la droga del presente y del futuro. Cambió el tipo de consumo y de consumidores y el mundo del narcotráfico al convertirlo en algo mucho más violento, más mortal y más rentable.

La sobredosis por fentanilo es considerada emergencia de salud en Estados Unidos, y ya es una de las drogas que más se consumen en ese país. Causa más muertes que las ocurridas por las guerras en Irak y Afganistán, las provocadas por VIH o los accidentes automovilísticos. De acuerdo con las autoridades de salud, en 2017 el uso de opiáceos causó 70 237 decesos, la mayoría por fentanilo. En 2018 fueron 68 000.

Los estados donde comenzó la comercialización ilegal fueron Massachusetts, Vermont y Rhode Island, pero actualmente se trafica en 70% del territorio estadounidense.

En 1959 el doctor belga Paul Janssen sintetizó el fentanilo por primera vez, para ser utilizado como analgésico y anestésico para aliviar los dolores crónicos, y a mediados de 1970 surgieron los primeros casos de su uso como droga de consumo ilegal en Estados Unidos.

Es comercializado principalmente a través de parches, mientras que en el mercado ilegal en su mayoría es a través de pastillas. Su efecto es 50 veces mayor a la heroína y 100 veces más que la morfina; puede ser inyectado, inhalado o tomado. Sus consumidores suelen mezclarlo con heroína, cocaína o metanfetamina, pero dos miligramos de fentanilo son una dosis letal para un adicto.

Los jóvenes blancos, de clase media o media-baja, de 16 a 29 años, son los principales consumidores, por ello las autoridades estadounidenses han puesto mayor atención al tráfico de esta droga que llega sobre todo desde México.

Para el sistema de salud estadounidense el costo por tratar a un paciente adicto a los opiáceos es de aproximadamente 7 000 dólares al año. Cada tres horas los servicios de urgencias atienden a una persona con sobredosis.

Una dosis de fentanilo, en polvo o en pastilla, debe ser de 0.5 a 1.5 miligramos, cualquier cantidad superior se considera mortal. Como las pastillas y el polvo se producen en condiciones precarias, las muertes por fentanilo crecen. Si se supera la dosis mínima, de inmediato se produce desorientación, tos, sedación, dificultades para respirar y paro cardiaco, y todo ocurre en unos cuantos segundos.

La tableta, pequeña, a veces del tamaño de una aspirina para bebé, suele tener una cubierta blanca, verde o azul, en diferentes tonalidades, y en su interior es blanca o azul. La mayoría de las pastillas que han sido decomisadas en México están marcadas en una cara con la letra M y en la otra con el número 30. También se han localizado pastillas que en una cara tienen marcadas las letras OC y en la otra el número 80.

El fentanilo en polvo se produce también en diversos colores: lila, blanco, crema o marrón. En ocasiones se asemeja a la cocaína o a la heroína, pero mucho más al azúcar glas. Se trata de un narcótico que pertenece a la familia de los opiáceos. Su acción en el cuerpo es similar a la de la morfina, y como medicamento se puede encontrar en varios formatos, desde pastillas hasta parches transdérmicos e inyecciones.

En Estados Unidos se puede comprar con receta médica. De acuerdo con el National Institute On Drug Abuse, los medicamentos con fentanilo más conocidos y comercializados en ese país son Actiq, Duragesic y Sublimaze.

En México, en los laboratorios científicos de la Fiscalía General de la República se han analizado diferentes muestras de fentanilo en polvo y en tabletas. En las muestras en polvo se han identificado los siguientes componentes:

- 8.785% de fentanilo;
- 11% de manitol, que, por su similitud con la textura del fentanilo, se mezcla para reducir su pureza;
- 11% de taurina para potenciar el efecto de la droga;
- 11% de inositol, que sirve también para adulterar la droga;
- el resto es lactosa, que se usa como excipiente para la adulteración de la droga.

Mientras que en el análisis que se ha hecho a las tabletas se ha encontrado que contienen

- de 1.2 a 1.99% de fentanilo,
- 50% de celulosa,
- 33% de manitol y
- 17% de lactosa.

La gráfica 1 (p. 241) muestra el nuevo paradigma del narcotráfico en nuestro país. La comparación entre la heroína y el fentanilo se puede aplicar a todas las demás drogas, pero éstas son las más parecidas, y una ha reemplazado a la otra.

Para producir heroína, que fue el principal opiáceo durante décadas, es necesario sembrar aproximadamente 118 000 plantas de amapola en una hectárea y en tres o cuatro meses se obtendrá goma de opio. Una hectárea genera 15 kilogramos de goma de opio; de ocho kilogramos de goma de opio puede salir un kilo de heroína pura, que tiene una utilidad de unos 80 000 dólares.

Por su parte, el hidrocloruro de fentanilo, que es de donde se sacan las pastillas de fentanilo, es un producto químico que se produce en laboratorios y se envía a México donde pasa solamente por un proceso químico para dejarlo listo para su comercialización. El hidrocloruro proviene en su mayoría de fábricas chinas, aunque también se elabora en la India y en distintos lugares del Pacífico. Hacer una pastilla de fentanilo toma como máximo dos horas, y cada kilo de esta sustancia pura produce 20 kilos de pastillas. La utilidad es de entre 1 280 000 y 1 920 000 dólares por cada kilo de pastillas.

Es decir, cada kilo de pastillas de fentanilo genera hasta 1 920 000 dólares, y cada kilo de heroína, 80 000. Además, como ya mencionamos, se necesita una cantidad mínima para cada pastilla, por lo que esta diferencia tan amplia ha volcado los intereses de los principales cárteles de la droga hacia el fentanilo, y aunque la marihuana siga existiendo, la legalicemos o no, y el consumo de cocaína y metanfetaminas no disminuya, en términos de ganancia económica el fentanilo es la droga del futuro.

La principal ruta de importación de este producto que se ha descubierto en México es la que sale del puerto de Qingdao, en China, pasa por el puerto de Busan, en Corea del Sur, y llega al puerto de Manzanillo, en Colima. También llega en menor medida a Lázaro Cárdenas, y paralelamente se han registrado llegadas de fentanilo a puertos del Golfo, como Veracruz o Tuxpan.

Manzanillo tiene una capacidad de movilización de más de dos millones de contenedores anuales y recibe miles cada día de Shanghái, Singapur, Hong Kong, Shenzhen, Busan y de muchos otros puertos del Pacífico. Ya que los paquetes con fentanilo puro muchas veces son de apenas 10 o 20 kilos, son casi imposibles de detectar.

Una vez que el fentanilo llega a México se procesa en laboratorios clandestinos, que son distintos a los que se utilizan para procesar metanfetaminas u otras drogas sintéticas. En los laboratorios para transformar la goma de opio en heroína se llevan a cabo procesos químicos muy complejos que generan olores demasiado fuertes y contaminantes que pueden matar a personas o animales; en ellos incluso se utiliza acetato y gasolina, y muchos se encuentran en lugares recónditos de la sierra, no sólo para no ser localizados por las autoridades, sino porque se necesita mucho espacio en general para ese proceso. Un ejemplo de este tipo de laboratorio es el ubicado en Cosalá, en la sierra de Sinaloa: el más grande que se ha descubierto hasta ahora para procesar drogas sintéticas y el cual tuve la oportunidad de conocer (ver fotos en las pp. 242-243).

Por otro lado, los laboratorios de fentanilo se encuentran en las ciudades, como algunos que fueron hallados en Culiacán, los cuales son muy pequeños. Incluso se pueden establecer en una cocina, ya que no generan olor y no necesitan muchos productos químicos. Básicamente se requiere una máquina pastillera para producir comprimidos, que cualquier laboratorio pequeño tiene, pues se consigue con facilidad en el mercado y puede producir una enorme cantidad de pastillas en unas horas.

Esos laboratorios tienen un solo problema, que puede ser gravísimo: si una persona entra en contacto con el fentanilo puro sin tener protección, puede morir en minutos. Ello también ocurre en los grandes laboratorios de la sierra para metanfetaminas o heroína, donde generalmente se trabaja sólo con un tapabocas. A los narcotraficantes lo que les sobra es gente, por lo tanto, los que trabajan allí, salvo los químicos que llevan el control, son sencillamente desechables.

El tráfico de fentanilo comenzó a ser investigado por el ejército en México (la Policía Federal comenzó con decomisos en los aeropuertos un año antes) apenas en 2017 y se han descubierto ya varios laboratorios, que, como decíamos, pueden estar ocultos en un sótano, en una cocina o en un pequeño cuarto.

Antes de que se convirtiera en una droga de moda, en mayo de 2006 fue decomisado el primer laboratorio de fentanilo en México; estaba en Lerma, Estado de México. En esa ocasión, la entonces Procuraduría General de la República (PGR) resguardó diversos precursores químicos en un lugar que parecía una simple bodega.

Once años después, en noviembre de 2017, personal del ejército decomisó otro laboratorio de fentanilo, éste ubicado en Culiacán, Sinaloa, territorio dominado por el Cártel del Pacífico. Para el 6 de septiembre de 2018 la policía estatal de Baja California aseguró un área acondicionada para la elaboración de pastillas ubicada en Mexicali, la capital de ese estado, donde fueron detenidas dos personas, una de ellas de nacionalidad búlgara. También encontraron una máquina tableteadora y 20 000 pastillas.

El 10 de diciembre de ese mismo año fue descubierto otro laboratorio, localizado en Azcapotzalco, Ciudad de México, donde había una máquina tableteadora y precursores químicos para elaborar fentanilo. Dieciocho días después hubo un nuevo decomiso: la Fiscalía General de la República y personal militar aseguraron en Iztapalapa una máquina tableteadora y diversos equipos de laboratorio.

Los principales laboratorios de fentanilo que se han descubierto en México han estado en Culiacán o en los alrededores de la capital sinaloense, según la información, como toda la de este tema, proporcionada por fuentes de inteligencia federal.

El primer laboratorio importante de los últimos tiempos que fue descubierto en Culiacán lo manejaba Li Chun Chiang. Las autoridades pensaban que era un químico, un especialista chino, pero en realidad venía de Taiwán y tiene nacionalidad mexicana; este hombre trabajaba en un pequeño laboratorio, en comparación con los grandes laboratorios de metanfetaminas, donde se producía una gran cantidad de productos derivados del fentanilo, básicamente ampollas, pastillas y polvo de fentanilo. Su detención ocurrió el 9 de mayo de 2019; recordemos las fechas porque son importantes.

Después de la detención de Li Chun Chiang se descubrió un segundo laboratorio, que manejaba Édgar Urquídez Acuña, en Guamúchil, relativamente cerca de Culiacán, según informó públicamente la Secretaría de la Defensa Nacional. Guamúchil es la tierra donde nació Amado Carrillo, *el Señor de los Cielos*. Urquídez fue detenido el 31 de mayo en un laboratorio con miles de pastillas y fentanilo. En una de esas cosas extrañas sobre cómo funciona la justicia en México, Urquídez Acuña fue liberado a unas semanas de ser detenido.

Poco después se localizó un tercer laboratorio, también en Culiacán, manejado por una pareja con un equipo operativo muy pequeño; según las autoridades, lo controlaba Alberto Martínez Zambada, quien tiene el mismo apellido que el Mayo Zambada, pero no hubo certeza de que fueran familiares. Este hombre fue detenido el 14 de agosto de 2019 en Culiacán, y era hasta ese momento el laboratorio más grande, en potencialidad de producción, que se había decomisado.

Todos estos decomisos relacionados con laboratorios en Culiacán fueron entre mayo y agosto. Hay un dato fundamental que permite explicar muchas cosas que ocurrieron luego en esa ciudad: todos esos laboratorios, sus operadores, sus químicos, los manejaban dos jóvenes: Iván Archivaldo y Ovidio Guzmán, los hijos del Chapo Guzmán, comandados por el primero. Ellos son los que manejan los laboratorios de fentanilo en Culiacán, lo cual explica cómo llegaron las fuerzas militares a Ovidio y la movilización del Cártel de Sinaloa cuando se intentó detenerlo.

* * *

Hay una historia terrible sobre cómo operan estos laboratorios que fueron decomisados (decenas más siguen trabajando). Como dijimos, la dosis de una pastilla de fentanilo para consumo debe ser de 0.5 a 1.5 mg. Si llega a los dos miligramos, que es una cantidad ínfima, el fentanilo es mortal. Por eso produce tantos decesos, sobre todo en Estados Unidos, que es donde más se consume. Pero en un laboratorio clandestino es difícil medir con tanta exactitud las dosis. Para calcular la cantidad, los traficantes tomaban indigentes de las calles de Culiacán y de las zonas cercanas e iban preparando pastillas con lo que les parecía el gramaje adecuado, si esos indigentes morían al consumir las pastillas, quería decir que se habían pasado de droga. Así iban calculando y cuando alguien sobrevivía, entonces los porcentajes de esas pastillas estaban bien. Con ese mecanismo de prueba y error se produce el fentanilo en México; como diríamos coloquialmente, a "ojímetro". Por eso causa tal cantidad de muertes, porque la diferencia entre 0.5 y dos miligramos es pequeñísima. De esa manera murieron muchas personas, como conejillos de Indias probando la cantidad de fentanilo que tenía que llevar cada pastilla.

* * *

Todo esto explica también las rutas de la violencia. Los Chapitos, como han sido bautizados por la prensa, dirigen los laboratorios en Culiacán, pero las rutas son mucho más amplias y las manejan tanto ellos como otros narcotraficantes, incluso más importantes que Iván y Ovidio.

Hay tres grandes rutas (mapa, pp. 244-245) la ruta del Golfo y la del Caribe, que suele pasar también por el centro del país, y la ruta del Pacífico.

La ruta del Golfo y la del centro de la República están dedicadas particularmente a drogas como la cocaína y la marihuana, que se exporta cada vez menos, y a veces también heroína.

La ruta del Pacífico es fundamental para las metanfetaminas, o sea, las drogas sintéticas, y el fentanilo. Como mencionamos antes, el fentanilo suele entrar por el puerto de Manzanillo y por el de Lázaro Cárdenas, y se distribuye en laboratorios de distintas ciudades, donde se va transformando en pastillas, en polvo de fentanilo o en ampolletas (algunos, los menos, lo usan para inyectarse), que llegan a los Estados Unidos.

Las rutas del Pacífico son decisivas para el tráfico de drogas en México. Si se les da seguimiento, se verá que en los lugares por donde pasan esas rutas es donde se registran los mayores índices de violencia en nuestro país. Las rutas se disputan con tanta violencia porque en el caso del fentanilo, que llega en cargamentos relativamente pequeños, se busca trasladarlo por carretera muy rápido a los laboratorios y de la misma forma al otro lado de la frontera. Los requerimientos para traficar fentanilo son completamente diferentes a los usuales para traficar cocaína, heroína o marihuana, lo cual ha cambiado toda la geografía del narcotráfico.

Entre 2017 y 2018 se decomisaron 244 kilos de fentanilo puro y poco más de 150 000 pastillas. Hasta octubre de 2019, casi 66 000 kilos, 200 000 pastillas y 150 ampolletas.

Los decomisos son cada vez más importantes, no solamente porque se identifica mejor el problema y se puede confiscar más, sino también porque cuanto mayores son los decomisos, significa que mayor es la producción, el tráfico y el consumo de estas drogas.

Si regresamos a los mapas de las rutas, en la línea del Pacífico hay un punto en el que se cruzan Chihuahua y Sonora, ahí donde cruza esa línea, desde donde se ingresa con toda facilidad hacia los Estados Unidos, es donde mataron a los niños y mujeres de la familia LeBarón en 2019. Ello no es una casualidad, pues es uno de los puntos clave para el tráfico de drogas, cuyo control se disputan por lo menos dos organizaciones criminales. El tráfico de fentanilo explica la disputa entre La Línea (Cártel de Juárez) y Los Salazar (Cártel de Sinaloa) en el territorio donde fueron asesinados los LeBarón o el intento de toma de Villa Unión, en Coahuila, por el Cártel del Noreste.

* * *

La operación del narcotráfico en torno al fentanilo va a provocar cambios enormes en el crimen organizado: se necesita poco para producirlo, las ganancias son enormes, las posibilidades de traficarlo son muchas porque es muy sencillo hacerlo ingresar al otro lado de la frontera, los narcotraficantes necesitarán menos gente, pero más especializada, y tendrán mayores utilidades.

La pregunta es ¿qué pasará con muchas de las bandas que giran en torno al narcotráfico y que hoy comercializan heroína, cocaína, marihuana? Por supuesto no van a abandonar esas drogas, pero serán desplazadas como en su momento la cocaína lo hizo con la marihuana, y como las metanfetaminas y las drogas sintéticas desplazaron a la cocaína. ¿Qué ocurrirá con esas bandas, con esos cientos de miles de personas que están involucradas de una forma u otra en este negocio? Va a ocurrir lo que ya está pasando: se dedicarán a financiarse a través del secuestro, la extorsión y el robo, es decir, aumentará la violencia.

El fentanilo incrementa la violencia en México al mismo tiempo que crecen las muertes en los Estados Unidos y por ende la presión de ese país sobre México. Ése es el nuevo mapa del narco-tráfico y ésa es la nueva droga que se apoderará del eje del narcotráfico en nuestro país.

* * *

Las agencias estadounidenses dicen que los grupos criminales cuentan con 13 rutas para hacer llegar el fentanilo a su país. Pero también hay organizaciones criminales asiáticas que conducen estas actividades de tráfico de drogas en las costas este y oeste de Estados Unidos.

Estas organizaciones establecidas en la Unión Americana trabajan en conjunto con las de Canadá y otros países para importar y exportar drogas ilícitas. Apenas en mayo de 2019, tras un acuerdo con Estados Unidos, China comenzó a regular y clasificar 25 variantes del fentanilo que vendía libremente y las incorporó a una lista complementaria de drogas controladas. La venta ilegal, mientras tanto, sigue siendo enorme.

* * *

La crisis de opiáceos en Estados Unidos no nació en las comunidades más pobres o marginales de ese país. Vayamos a uno de los suburbios de Salt Lake City, Utah, el territorio mormón por antonomasia. Ahí, en 2014, pastillas de colores y etiquetadas como oxicodona eran surtidas desde la casa de Aaron Shamo, un joven de 29 años, quien sólo necesitó su computadora, el sótano de su casa y el correo tradicional para establecer uno de los negocios ilegales más redituables del mundo. Junto con un grupo de amigos de su antiguo trabajo, Shamo creó uno de los imperios de drogas en Estados Unidos más relevante de los últimos años.

Durante el juicio en su contra, en 2019, Aaron se describió a sí mismo como un "traficante de cuello blanco". Lo cual en parte era verdad. A través de internet, en páginas del mercado negro, solicitó un precursor desde China para elaborar fentanilo. Cuando llegaba en paquetes de mensajería a su casa, lo llevaba a su sótano, donde junto a sus amigos operaba un laboratorio clandestino. Vendiendo a sus amigos y conocidos muy pronto tenía más de un millón de dólares en efectivo.

Con una simple máquina para hacer comprimidos, producía pastillas de fentanilo y las repartía, vía mensajería, a los buzones de millones de casas en Estados Unidos. Los pedidos se solicitaban por la red y llegaban a todo el país.

Aaron, que había sido diácono de la iglesia mormona e integrante de los Boy Scouts, no sólo distribuía fentanilo a través de pedidos realizados en internet, también lo ofertaba en centros nocturnos y a través de narcomenudistas que revendían la droga en las calles.

Después de algunos años sin que nadie lo molestara, las fuerzas de seguridad comenzaron a interceptar los envíos tras seguir la pista a farmacéuticas y dar un seguimiento a las muertes por sobredosis en Utah. Los trabajos de inteligencia localizaron una casa particular a la que llegaban pedidos desde China.

Las autoridades identificaron que en tan sólo un día de pedidos de Shamo se enviaban más de 34 000 pastillas de fentanilo, destinadas a diferentes direcciones de 26 estados del país. De acuerdo con la Administración para el Control de Drogas (DEA, por sus siglas en inglés), un kilo sintetizado con una inversión de unos miles de dólares le generaba a Aaron más de un millón de dólares en ganancias.

Shamo fue detenido en 2016 y su juicio terminó en septiembre de 2019. Los fiscales sostenían que decenas de sus clientes murieron, pero de los 13 cargos en su contra sólo uno era por asesinato, el de un joven de 21 años, quien falleció en su habitación en California. Junto a su cadáver encontraron un sobre en el que había recibido pastillas provenientes de Utah.

La condena a cadena perpetua de Shamo fue por los otros 12 cargos, incluido el de desarrollar actividades delictivas en forma continuada, un cargo reservado a narcotraficantes como el Chapo Guzmán. La muerte del joven de California quedó desestimada.

Lo paradójico es que su caso se produjo en medio de la disputa que libran las farmacéuticas en Estados Unidos sobre su responsabilidad por la crisis de opiáceos. Una de las compañías, Purdue Pharma, afronta un juicio civil donde le exigen una indemnización de miles de millones de dólares.

A diferencia de Shamo, la compañía creadora del OxyContin se declaró en bancarrota, y sus directivos no parecen estar cerca de la cárcel: la quiebra es apenas el primer paso de un plan para afrontar y resolver los miles de demandas en su contra impuestas por gobiernos estatales y locales por la grave crisis de opioides que enfrenta Estados Unidos. Pero están lejos de tener condenas en su contra.

Las muertes por sobredosis relacionadas con opioides se han cuadruplicado en Estados Unidos en las últimas dos décadas. De acuerdo con los centros para el control y la prevención de enfermedades, desde 1999 los opioides han matado a unos 400 000 estadounidenses.

El fentanilo es un opioide sintético. No obstante su notable capacidad para neutralizar el dolor, también es evidente su potencial altamente adictivo. Es, hay que insistir en ello, 50 veces más potente que la heroína y 100 veces más que la morfina. Tan sólo en Estados Unidos el consumo de fentanilo provoca la muerte de más de 18 000 personas al año, en una crisis de consumo de opiáceos que provoca entre 60 000 y 70 000 muertes anuales. Lo que ha llevado a una crisis sanitaria en ese país, donde la droga no sólo se consigue de manera ilegal sino también se encuentra en medicamentos, que son recetados en forma masiva por médicos.

* * *

Ante esto, se dio un primer fallo histórico en Estados Unidos. Un juez de Oklahoma condenó a una farmacéutica a pagar 572 millones de dólares por su responsabilidad en la crisis de los opioides, por la comercialización agresiva de analgésicos. El fallo señala que la farmacéutica contribuyó a crear una mortal crisis de adicción a los opioides y convertirla en la peor epidemia de drogas en la historia de ese país, además de aumentar los índices de adicción, muertes por sobredosis y síndrome de abstinencia neonatal.

Tan sólo en Oklahoma, 4 653 personas fallecieron producto de una sobredosis de analgésicos entre 2007 y 2017. De acuerdo con los documentos judiciales del caso, el número de recetas de opioides dispensados por las farmacias llegó a 479 cada hora en 2017.

Se trata del primer caso estatal por opioides que llega a juicio, por lo que la decisión del magistrado del distrito de Cleveland, Thad Balkman, es vista como un precedente para los cerca de 2000 demandantes que presentaron una denuncia colectiva ante un juez federal en Ohio. Y hay otros 40 estados que están liderando batallas legales similares.

El juez Balkman explicó en el fallo que la farmacéutica lanzó campañas de marketing falsas, engañosas y peligrosas que provocaron un aumento exponencial de las tasas de adicción, muertes por sobredosis y bebés nacidos expuestos a los opioides. En sus campañas, aseguraban que había un bajo riesgo de abuso de los opioides para tratar el dolor, lo que comprometió la salud y la seguridad de miles de personas de Oklahoma, dice la decisión judicial.

El juez también agregó que la crisis generada por la adicción a estas sustancias representa un peligro inminente y una amenaza a la sociedad, y que la multa de 572 millones de dólares permitirá pagar los servicios necesarios, por un año, para combatir la epidemia en el estado.

En 2017 el fiscal general de Oklahoma, el republicano Mike Hunter, demandó a tres farmacéuticas y sus subsidiarias por causar un perjuicio público, al lanzar una campaña de marketing agresiva y engañosa, que exageraba la efectividad de los medicamentos para tratar el dolor crónico y subestimaba el riesgo de adicción. Según el fiscal, entre 2015 y 2018 una de las empresas otorgó 18 millones de recetas de opioides en un estado con una población de 3.9 millones de habitantes. Las otras dos compañías farmacéuticas demandadas llegaron a acuerdos extrajudiciales con las autoridades locales por 270 millones y 85 millones de dólares, respectivamente. Parte de este dinero se destinará a financiar un centro de estudios de adicciones en la universidad estatal de Oklahoma en Tulsa.

Sobre la farmacéutica que continuó el juicio, el juez Balkman aseguró en su fallo que en 2001 la propia junta de asesoría científica contratada por la empresa les informó que muchos de los principales mensajes de marketing que usaron para promover los opioides eran engañosos y no debían difundirse. La empresa informó que no abandonará la batalla legal y apelará el fallo. Por lo pronto, la decisión del juez Balkman llegó dos meses antes de que comenzara el primer juicio federal por opioides en Ohio, quizá el estado más castigado por la crisis del consumo de opiáceos. Lo cierto es que, legalmente, aún no ha pasado nada.

* * *

Según la DEA, los cárteles mexicanos exportan las mayores cantidades de heroína, cocaína, metanfetamina, marihuana y fentanilo a la Unión Americana. Una vez que estas drogas ingresan a Estados Unidos, llegan a los usuarios a través de rutas de transporte y células de distribución, las cuales son manejadas o influenciadas por los mismos cárteles mexicanos.

Pero lo cierto es que son también las organizaciones criminales asiáticas las que conducen estas actividades de tráfico de drogas en el este y costas occidentales de Estados Unidos. Estas organizaciones ya establecidas en Estados Unidos trabajan en conjunto con las de Canadá y otros países para importar y exportar drogas ilícitas.

Las bandas asiáticas dominan el suministro de éxtasis en la mayor parte de los mercados negros de Estados Unidos. El éxtasis, o MDMA, normalmente es importado de China a Canadá, o fabricado en laboratorios clandestinos en este último país, para ser contrabandeado a Estados Unidos.

China es considerado actualmente como el mayor productor de fentanilo y sus principales rutas de tránsito hacia Estados Unidos no sólo pasan por México, sino también por Canadá.

México no es el principal productor de goma de opio, de la que se produce la heroína, ni el único productor ilegal de pastillas de fentanilo:

PRODUCCIÓN DE GOMA DE OPIO
1. Afganistán: 183000 hectáreas
2. Myanmar: 55500 hectáreas
3. México: 24800 hectáreas

Sin embargo, el Departamento de Estado de la Unión Americana aún considera que entre 90 y 94% de los opiáceos que llegan a ese país provienen de México. Pero la Oficina de las Naciones Unidas contra la Droga y el Delito asegura que China es el mayor proveedor, a través de los cultivos de Afganistán introducidos por la frontera entre Canadá y Estados Unidos.

* * *

Como parte esencial del tráfico de drogas, las organizaciones criminales usan cada vez más las monedas virtuales para lavar dinero, debido a su naturaleza anónima y facilidad de uso. La principal moneda que usan es el bitcoin. Es la forma de pago más común para transacciones de drogas en internet.

Pero nada reemplaza el sistema financiero tradicional para lavar el dinero procedente de actividades ilícitas. El mecanismo más utilizado es abrir cuentas de banco a nombre de apoderados de empresas que en realidad son sólo empresas fachada.

* * *

En junio de 2019 Donald Trump inició en Orlando, Florida, su campaña para permanecer en la Casa Blanca cuatro años más y no soltará ni por un segundo el tema que le ha generado un enorme beneficio en los últimos días, el de la amenaza a México con aranceles, para así detener la creciente migración ilegal.

Pero debemos recordar que la migración no es la única carta que tiene Trump en contra de México. Estados Unidos insiste, con datos duros, que cada vez ingresan más drogas desde México a su país, lo que se combina con la dramática caída de los decomisos de droga en el nuestro.

En otras palabras, según la administración de Trump, mientras estuvimos dejando pasar migrantes, también dejamos pasar drogas.

En una serie de tuits publicados en abril de 2019, el presidente de Estados Unidos escribió: "Estoy buscando una sanción económica para los 500 000 millones de dólares en drogas ilegales que son enviadas y contrabandeadas a través de México y a través de nuestra frontera sur. Más de 100 000 americanos mueren cada año,

¡por lo que hay muchas familias destruidas!" Y dio un año para revertir la situación.

Semanas después, ya en mayo de 2019, la Oficina de Aduanas y Protección Fronteriza (CBP) informó que desde octubre de 2018 se había incrementado exponencialmente el trasiego de drogas en la frontera. La CBP informó que entre octubre y abril de ese año las autoridades estadounidenses incautaron 55 000 kilos de marihuana, 14 000 de cocaína, 12 000 de metanfetaminas, 1 000 de heroína y 425 de fentanilo. Lo que significó, según esa institución, un incremento de 300% en el tráfico de drogas, con tendencia a aumentar en la medida en que transcurría 2019.

En esos mismos meses el decomiso de drogas en nuestro país cayó de manera dramática. En Estados Unidos se entiende que de la misma forma en que se abrió la frontera para el paso de migrantes, también se atenuó seriamente el combate al narcotráfico, lo que es coherente con las promesas de campaña que hizo en su momento Andrés Manuel López Obrador como candidato, incluyendo la posibilidad de una amnistía a los traficantes.

Esas visiones han topado con la realidad. La política de puerta abierta y facilidades para alcanzar la frontera norte y tratar de ingresar a Estados Unidos nos han costado una crisis con la Casa Blanca, pero, por sobre todas las cosas, nos han dejado a la defensiva y en una situación de debilidad. La carta del tráfico de drogas, cuando la ejecute la administración de Trump (y no falta mucho para ello), será una carga más pesada aún.

Después de la advertencia de abril de 2019, cuando estalló el tema de los migrantes, Trump volvió a abordar el de las drogas, aunque el peso lo mantuvo en la migración. La administración estadounidense sigue insistiendo en que 90% de la droga que ingresa a los Estados Unidos lo hace desde México y que en 2019 hubo 60 000 muertos por sobredosis de opiáceos, de los cuales 15 000 se debieron a sobredosis de fentanilo o sus derivados ingresados desde México.

Cuando comenzó la crisis migratoria dijimos que por supuesto era algo que Donald Trump estaba utilizando para su beneficio y su campaña electoral, pero que también era un problema de agenda interna, de seguridad interior y nacional; que no podíamos tener una frontera abierta por donde ingresaran decenas de miles de personas sin que supiéramos siquiera quiénes eran, de dónde venían y a qué se dedicaban. Era una crisis humanitaria, pero también de seguridad. Se cambió la política y se está asegurando la frontera, pero se hizo luego de las amenazas de Trump, y lo que era una decisión soberana se percibe como una imposición externa.

Con el tema de las drogas pasará lo mismo. Si no se ejecuta una amplia vuelta de tuerca que garantice el aumento de decomisos y el desmantelamiento de redes del narcotráfico, el problema estallará más temprano que tarde (gane o no Trump la reelección de noviembre) y será mucho más complejo de resolver que el tema migratorio. La política ante el narcotráfico no sólo nos está creando una crisis anunciada con Estados Unidos; la estrategia de pacificación ha sumergido a nuestro país en una ola de violencia e inseguridad mayor aún a la que veníamos arrastrando. Los números de 2019 y 2020 no mienten y, lamentablemente, los que exhiben en Estados Unidos tampoco.

* * *

Al momento de escribir estas líneas, finales de mayo de 2020, no existe un tratamiento para la covid-19 aprobado por la Administración de Alimentos y Medicamentos de Estados Unidos; sin embargo, muchas de las personas diagnosticadas pueden recuperarse si reciben atención adecuada para aliviar y tratar los síntomas. Pero lo cierto es que las unidades de cuidados intensivos están al límite. A la escasez mundial de respiradores y dispositivos de ventilación mecánica se suma la falta de fármacos para sedar a los pacientes.

Los medicamentos sedantes se han convertido en fármacos esenciales para los pacientes con covid-19, debido a que la infección grave obliga a sedar profundamente en fases iniciales para que los pulmones puedan sanar. Existe desabasto a nivel internacional, es por eso que se están tomando alternativas para aumentar la producción de drogas que se utilizan mucho en el mercado del narcotráfico que van desde la ketamina hasta el fentanilo.

El fentanilo se utiliza de manera legal para el tratamiento de dolores crónicos considerados insoportables, aunque también se recurre a él como apoyo en la anestesia, para ayudar a la inducción y mantenimiento de la anestesia general. Cualquiera que en los últimos años haya sufrido una operación relativamente delicada ha utilizado un parche de fentanilo.

En el caso de Estados Unidos, el gobierno establece límites anuales sobre la cantidad de narcóticos estrictamente regulados que las compañías farmacéuticas pueden producir. Y ante la crisis de los opiáceos había reducido significativamente la producción legal de los mismos. La DEA había reducido en 2019 la cuota general de producción de fentanilo en más de 30% para 2020.

Sin embargo, en una carta dirigida a la DEA, ante la pandemia de covid-19 la asociación médica estadounidense y la sociedad de farmacéuticos del sistema de salud advirtieron que los suministros de fentanilo, morfina e hidromorfona inyectables ya son escasos, por lo que pidieron mayores asignaciones. Por eso la DEA autorizó aumentar 15% la producción de esas drogas y otras sustancias controladas. Además, autorizó aumentar las importaciones de ketamina, diazepam, midazolam, lorazepam y fenobarbital, medicamentos necesarios para tratar a los pacientes con respiradores mecánicos, víctimas de covid-19. Y es que la demanda de estas drogas creció 67% en marzo en comparación con lo reportado en enero. Y se incrementó mucho más en abril y mayo.

Lo cierto es que, pasada la pandemia, aumentará mucho más la demanda de fentanilo y otros opioides, legales o no, en el mercado estadounidense. Mientras tanto, en el mercado ilegal de fentanilo, el Cártel de Sinaloa ha incrementado sus precios lo mismo que los de las metanfetaminas, debido a que la cadena de suministro para los productos químicos utilizados en su fabricación y que normalmente vienen de China se ha desacelerado por el brote mundial de covid-19.

* * *

En medio de la pandemia, China anunció que comenzará a regular y clasificar los derivados del fentanilo. Liu Yuejin, director adjunto de China National Narcotics Control Comission, declaró que "ahora que se están produciendo cambios profundos y complejos en todo el mundo, los cuales no son muy optimistas, los nuevos medicamentos, como las sustancias relacionadas con el fentanilo, han sido ampliamente abusados en algunos países, lo que lleva a muchas muertes y graves problemas sociales".

La decisión, que regula cerca de 25 variantes de la droga, fue anunciada en una declaración conjunta del Ministerio de Seguridad Pública, la Comisión Nacional de Salud y la Administración Nacional de Productos Médicos.

China añadirá todos los derivados del fentanilo a una lista complementaria de drogas controladas. Para ello, dice, realizará inspecciones en la industria química y farmacéutica, hará un monitoreo en redes sociales y publicaciones en internet, e impondrá un mayor control en el envío de paquetes con fentanilo fuera de su área geográfica.

Esta medida es complementaria a una anterior que incluía el fentanilo en la lista de narcóticos y sustancias psicotrópicas sin uso médico, y se dio como parte del compromiso que adquirió China en diciembre de 2019 para designar al fentanilo como sustancia controlada e imponer duras penas a quienes comercien con ésta, algo exigido por el gobierno estadounidense.

Sin embargo, la fuerte demanda de fentanilo podría convertir a la India en el siguiente gran productor de fentanilo en el mundo, debido a sus regulaciones farmacéuticas poco estrictas. Por cierto, los laboratorios de la India se han convertido en uno de los principales proveedores de medicamentos en México. Podemos imaginar de dónde llegará ahora el fentanilo.

3

El Chapo Guzmán
y el futuro del Cártel de Sinaloa

> Aquellos que consideran al diablo como un partidario del mal y a los ángeles como guerreros del bien aceptan la demagogia de los ángeles. Claramente, las cosas son más complicadas.
>
> MILAN KUNDERA

La historia del Chapo Guzmán ha sido contada por todos y desde todos los ángulos, por series más o menos serias hasta algunas apologéticas y caricaturescas, en innumerables libros (sin duda el mejor de todos, el más completo, es el que escribió Diego Enrique Osorno sobre el Cártel de Sinaloa), pero no se puede percibir el futuro del narcotráfico en el país sin dar otra mirada al Chapo Guzmán después del juicio que lo condenó a cadena perpetua, más otros 30 años de cárcel y una sanción económica de 12 600 millones de dólares.

Cuando el 17 de julio de 2019 el Chapo, entonces de 62 años, llegó a la Corte de Brooklyn, vestía un traje gris y una corbata oscura. Antes de escuchar su condena se dirigió por 10 minutos a la corte y al juez del caso, Brian Cogan. Leyó una carta en la que sostenía: "Fui sometido a un trato injusto, con falta de evidencias y basado en una mala fama que me dieron los medios [...] aquí no hay justicia y Estados Unidos no es un mejor país que otros donde existe corrupción". También habló de las condiciones de su encarcelamiento, dijo que había sido una tortura, "la situación más inhumana que he vivido en toda mi vida".

En ningún momento mostró arrepentimiento y sólo dirigió una mirada a su esposa Emma Coronel, que estuvo presente en la corte y se retiró sin dar una declaración.

De esta forma concluyó el llamado "juicio del siglo", el más caro en la historia de Estados Unidos, con un costo superior a los 50 millones de dólares, que duró casi tres meses, con 12 jurados, 56 testigos, incluidos capos de la droga de México y Colombia, así como exagentes de la DEA y del Buró Federal de Investigaciones (FBI, por sus siglas en inglés).

* * *

El veredicto del jurado de la Corte de Brooklyn era previsible. La fiscalía de Nueva York presentó decenas de miles de pruebas, testimonios de 56 personas, muchas de ellas testigos colaboradores que habían sido parte fundamental de la estructura del Cártel de Sinaloa en México y en Colombia, y logró, con un guion digno de Hollywood, entremezclar desde las acciones de más cruel violencia hasta el despecho de amor de una examante.

La defensa sólo podía jugar una carta: desacreditar testimonios, testigos, hablar de corrupción en México o tratar de demostrar que Ismael *el Mayo* Zambada era en realidad más importante que el Chapo. Pero ante pruebas tan abrumadoras era imposible otro veredicto que el de la culpabilidad y la condena a cadena perpetua.

Ahora, concluido el proceso, hay varias reflexiones que deben hacerse. La primera es preguntarnos por qué no pudimos tener en México un juicio contra un personaje tan notorio como el Chapo Guzmán con el mismo nivel de eficiencia y credibilidad. Ni contra él ni contra ningún otro destacado narcotraficante.

Los testigos principales presentados por la fiscalía fueron, en la mayoría de los casos, detenidos en nuestro país, y aquí no nos hemos enterado ni de las líneas generales de sus declaraciones, si es que las brindaron. Es una demostración más de la debilidad de todo nuestro sistema de seguridad y procuración de justicia que debería, más allá del *show* mediático que siempre genera este tipo de juicios en Estados Unidos, avergonzarnos.

Segunda, y más importante aún: por supuesto que el Chapo era y es responsable de innumerables delitos, pero a pesar de que el veredicto se celebró por el aparato político de Washington como un triunfo histórico, lo cierto es que el Cártel de Sinaloa sigue operando bajo el liderazgo de Ismael *el Mayo* Zambada y otros personajes. Según cifras oficiales, el Cártel de Sinaloa, por ejemplo, introdujo en 2019 a la Unión Americana 37% más de heroína y fentanilo que en 2018.

Y la abrumadora cantidad de pruebas que presentó la fiscalía neoyorquina también admite otras preguntas: ¿cómo, con tal cantidad de elementos, incluyendo la infiltración del sistema de comunicaciones del Chapo, que éste pensaba que estaba encriptado, o la colaboración durante meses de Vicente Zambada, *el Vicentillo*, cuando aún estaba en libertad, se tardó tanto tiempo en detener al Chapo, en cercarlo, en impedirle su operación? ¿Se guardaron la información en las agencias estadunidenses, esperaron el momento político, no la compartieron con México o la compartieron y aquí no se utilizó? Nadie respondió esas preguntas, el problema es que tampoco se hicieron.

Tercera: la red del narcotráfico en México y Colombia quedó develada hasta en sus detalles. En realidad no se dijo casi nada que no se supiera o intuyera, pero ha habido confirmaciones de todo tipo, desde las formas de ingreso de las drogas hasta la operación y comunicación cotidiana del Chapo y del cártel, pasando por la vida amorosa del capo. Sólo un tema no se tocó: el narcotráfico y las redes de esas organizaciones en Estados Unidos.

En el juicio sólo aparecieron como testigos dos operadores mexicanos del Chapo en Chicago que se convirtieron en testigos protegidos. Pero incluso ellos no pudieron hablar sobre cómo opera el tráfico de drogas y las redes que lo manejan en Estados Unidos. Ése fue un tema explícitamente vedado por la fiscalía y por la defensa.

Quizá también por eso, pese a que se había hablado, y mucho, sobre los miles de millones del Chapo Guzmán (la fiscalía dijo que obtuvo ganancias ilegales por unos 14 000 millones de dólares, y cuando fue extraditado Guzmán Loera, Trump aseguró que con ese dinero se pagaría el muro en la frontera), lo cierto es que hasta ahora, que se sepa, no se ha incautado un dólar de las cuentas de Guzmán Loera, ni de este ni del otro lado de la frontera.

Por supuesto que ha habido incautaciones de dinero en operativos, y que el Departamento del Tesoro ha puesto en su lista Kingpin a algunos narcotraficantes, sus familiares y operadores, pero la verdad es que no hemos sabido qué pasó con el dinero del Chapo, ni siquiera sabemos con qué les paga a sus abogados o cómo sostiene el estilo de vida de su familia directa, mucho menos cuáles son sus negocios "legales" o sus lavadores. De nada de eso se habló en el juicio.

Hubo también mensajes que deberían ser atendidos de este lado de la frontera. Richard Donahue, fiscal del estado de Nueva York, sostuvo que ante aquellos que criticaban "la guerra contra las drogas", este proceso y sentencia deberían ser ejemplificadoras, ya que "cada captura, cada condena, vale la pena" y "ahorra vidas".

El director de la DEA fue más allá y aseguró que esa agencia "va a alcanzar (incluso en sus países de origen) a todos los grandes narcotraficantes". Cuando de este lado de la frontera se piense en otra estrategia, se tendrán que tomar en cuenta esas afirmaciones. Acabar con el Chapo en una cárcel de máxima seguridad en Colorado es un logro, pero es mucho más sencillo que acabar con su organización criminal, con estrategias que no admiten respuestas estrechas o maniqueas.

* * *

La condena contra el líder del Cártel de Sinaloa es considerada como el mayor triunfo judicial desde que el gobierno de Estados Unidos inició la guerra contra las drogas en 1971. Los fiscales que llevaron el caso dejaron claro que Guzmán Loera "nunca más envenenará la frontera estadounidense" y garantizaron que el Chapo Guzmán pasará cada minuto de su vida en prisión.

Brian A. Benczkowski, asistente fiscal adjunto, dijo: "Hoy se aporta una medida de justicia para el pueblo estadounidense, se aporta una medida de justicia para México, cuyas instituciones fueron corrompidas durante décadas por el señor Guzmán y el Cártel de Sinaloa".

Jeffrey Lichtman, abogado del Chapo, sostuvo: "Este caso fue simplemente una inquisición, hubo un espectáculo de juicio y cómo terminó es exactamente perfecto para esa descripción, en eso no hizo una diferencia lo que vio el jurado, lo que dijeron, lo que discutieron, lo que votaron, al final del día lo único que importaba eran las pruebas del gobierno, sin importar cuán defectuosas pudieran haber sido".

* * *

La condena a Joaquín *el Chapo* Guzmán cierra los capítulos principales de una historia en la que aún habrá mucho por ver y por saber, aunque el Chapo sea ya parte de un pasado que quedará encerrado de por vida a cal y canto.

Pero si la historia del Chapo es la del pasado, la de sus sucesores es la del día a día, la de hoy: ahí están Ismael *el Mayo* Zambada, Rafael Caro Quintero, los hijos del Chapo, el Guano, como los principales protagonistas de una lucha por la sucesión que está muy lejos de estar resuelta.

Lo cierto es que la sentencia contra Joaquín *el Chapo* Guzmán a cadena perpetua más 30 años no detiene la operación del Cártel de Sinaloa. Al contrario, con su líder alejado de los reflectores, el cártel parece estar trabajando en forma aceitada y con menos contratiempos que en el pasado. Por supuesto, como lo demostró el intento frustrado de captura de Ovidio Guzmán, la decisión de las autoridades federales de no enfrentarse a los cárteles de forma frontal los ayuda, y mucho, en este sentido.

Si bien el cártel funciona en forma horizontal, son varios los grupos y personajes que disputan el liderazgo, sobre todo porque sujetos como el Mayo Zambada o Caro Quintero son ya mayores y no queda claro cuál será su propia sucesión de cara al futuro. Ello ha provocado pugnas y fracturas internas, el incremento de la violencia y la pérdida de terreno frente a otros grupos como el CJNG.

La DEA ha documentado que entre los líderes a tomar en cuenta está Ismael *el Mayo* Zambada, hoy líder indiscutible, quien junto con el Azul Esparragoza y el Chapo fundó el Cártel de Sinaloa. Según la DEA, debido a la edad del Mayo (72 años), le es difícil tener el control de toda la organización criminal.

Quienes también disputan el control, según dicha dependencia estadounidense, son los hijos del Chapo, Iván Archivaldo Guzmán Salazar y Jesús Alfredo Guzmán Salazar, que tuvo con su primera esposa, María Alejandrina Salazar Hernández, y Ovidio Guzmán López, nacido de su unión con Griselda López Pérez.

Para la DEA, los Chapitos (bautizados así por la prensa) se han involucrado en una espiral de violencia significativa por el manejo del cártel. Alfredo fue incluido en la lista de los 10 más buscados de la DEA y está acusado de narcotráfico en Illinois. A diferencia de su padre, que mantenía un perfil bajo, los hermanos Guzmán Salazar no se esconden y presumen sus bienes a través de redes sociales.

Un tío de los Chapitos, hermano del Chapo, también es visto por la DEA como un posible sucesor. Aureliano Guzmán Loera, *el Guano*, siempre trabajó en el crimen organizado tras la sombra de Joaquín, con un perfil bajo que le permitió estar fuera del ojo de las autoridades tanto mexicanas como estadounidenses. Opera desde su natal Badiraguato, Sinaloa, donde coordina al cártel en el Triángulo Dorado.

El otro que ha sido mencionado es el hijo de Juan José Esparragoza, *el Azul*. Se trata de Juan José Esparragoza Monzón, *el Negro*, que se fugó de un penal de Sinaloa en marzo de 2018.

El último en la lista es un viejo conocido, Rafael Caro Quintero. Iba a pasar prácticamente toda su vida en la cárcel por el asesinato del agente de la DEA Enrique Camarena, pero repentinamente, en un acto marcado por la corrupción, obtuvo su libertad en 2013 alegando violaciones al debido proceso en México. La mayoría de los especialistas asegura que tiene su propia organización, pero la DEA lo ubica como parte del Cártel de Sinaloa y como uno de los potenciales sucesores de Joaquín Guzmán Loera.

* * *

A finales de 2017, cuatro años después de su liberación, aunque había hecho trascender que se retiraba de ese negocio, un informe de la DEA designaba nuevamente a Rafael Caro Quintero como una de las cabezas del narcotráfico. El reporte denominado National Drug Threat Assessment colocaba a Caro Quintero de nueva cuenta en el organigrama del Cártel de Sinaloa. El documento revelaba que las cabezas de la organización, incluyendo a Caro Quintero, coordinaban el transporte de drogas ilegales que parten desde Phoenix, Arizona, hacia varias ciudades de Estados Unidos.

En abril de 2018 el gobierno de Estados Unidos anunció la apertura de un nuevo proceso criminal en contra de Caro Quintero. Era la primera vez que un fugitivo de la DEA se incluía en la lista del FBI de los "diez fugitivos más buscados". Es el quinto hombre más buscado por los Estados Unidos.

El nuevo caso contra Caro Quintero se encuentra en la ya conocida Corte del Distrito Este de Nueva York, en tanto que el Departamento de Estado de Estados Unidos anunció una recompensa de hasta 20 millones de dólares, una de las "más altas jamás ofrecidas".

Rafael Caro Quintero fue acusado y llevado a prisión por el secuestro, tortura y asesinato de Enrique *Kiki* Camarena en abril de 1985, pero un tribunal federal le otorgó un amparo que lo dejó en libertad en 2013, con el argumento de violaciones al debido proceso. El juez indicó que Caro Quintero debió ser procesado por el fuero común y no por el federal, porque Enrique Camarena no era un agente diplomático, ni consular. Así fue que la madrugada del 9 de agosto de 2013 Rafael Caro Quintero salió por la puerta principal del Reclusorio Preventivo de Jalisco, sin que ni siquiera se le avisara de su liberación a la PGR.

Desde ese momento, las autoridades estadounidenses iniciaron un nuevo proceso en su contra y lo acusaron de delitos de narcotráfico entre 1980 y 2017. Ya libre, asienta la DEA, Caro Quintero regresó al negocio del narcotráfico, lo hizo en Chihuahua. En julio de 2016 el entonces fiscal estatal, Jorge Enrique González Nicolás, señaló que Caro Quintero disputaba la plaza de Chihuahua a los restos del Cártel de Juárez. La detección de grandes cantidades de droga en la región y el recrudecimiento de la violencia en Ciudad Juárez parecían confirmarlo.

Según Michael Vigil, exjefe de operaciones internacionales de la DEA, Caro Quintero se había aliado con los restos del cártel de los hermanos Beltrán Leyva, en un intento de tomar control de la frontera y de otras zonas del estado, lo cual, sin embargo, sería contradictorio con la ubicación simultánea de Caro Quintero como una parte, aunque autónoma, del Cártel de Sinaloa.

A finales de 2017 otro informe de la DEA lo colocó nuevamente como una de las cabezas del narcotráfico, pero ya para entonces como parte del Cártel de Sinaloa.

* * *

De padres campesinos, Caro Quintero nació el 24 de octubre de 1952 en Badiraguato, Sinaloa, el mismo pueblo donde nació Joaquín *el Chapo* Guzmán. Junto con Miguel Ángel Félix Gallardo y Ernesto Fonseca fundó, en la década de los setenta, el Cártel de Guadalajara, el cual concentraba la mayor distribución y sembradío de drogas en México.

En abril de 1985, tras el asesinato de Kiki Camarena, a Caro Quintero lo encontraron en el rancho California, en Costa Rica, tras una persecución de película, incluyendo el "secuestro" (en realidad la muchacha era su amante, se había fugado con él) de Sara Cosío, hija del maestro Octavio César Cosío Vidaurri, quien fuera secretario de Educación de Jalisco y hermano del que luego fue gobernador de ese estado, Guillermo Cosío Vidaurri, y lo deportaron a México.

Al momento de su aprehensión le encontraron un arma chapada en oro con incrustaciones de diamantes, 300 000 dólares en efectivo, joyas por un valor de un millón de dólares y dos carros de lujo.

Cuatro años después, en 1989, fue sentenciado a 199 años de cárcel por secuestro, homicidio, asociación delictuosa y operaciones de narcotráfico. Más tarde se consideró que la condena era excesiva y se redujo a 40 años, por ser el máximo permitido en las leyes de la época. En 2013, cuando llevaba 28 años de cárcel, Caro Quintero quedó en libertad. Una ofensa que el gobierno de Estados Unidos nunca olvidará, como tampoco el secuestro, tortura y asesinato de Camarena. En mayo de 2020, ante una audiencia programada para analizar su extradición, los abogados de Caro Quintero argumentaron que no se presentaba porque su edad se lo impedía y además no tenía ingresos, dijeron, para llegar al tribunal.

* * *

Un capítulo central en la vida del Chapo Guzmán, que va de la mano con su biografía y sus sucesores, es el de sus mujeres, desde las que fueron sus cómplices hasta las que fueron finalmente su perdición.

Su actual esposa es Emma Coronel, con la que se casó cuando ella apenas tenía 18 años y es la hija de un importante operador del Chapo. Con los años, Coronel se ha convertido en un personaje protagónico en la vida del narcotraficante. Estuvo presente en casi todo momento en el juicio de su esposo. Un día sorprendió a todos cuando llegó a la Corte de Brooklyn vestida igual que el capo, con una chamarra de terciopelo de burdeos y camisa blanca.

En la audiencia del 9 de enero de 2019 la fiscalía de Estados Unidos presentó audios y mensajes de texto que aludían a ella. En otra de las conversaciones, el Chapo le pidió a su esposa zapatos de talla siete, pantalones y hasta tinte para su bigote; fue el 22 de febrero de 2012, día en el que escapó a una redada que las autoridades mexicanas y estadounidenses hicieron a su casa en Cabo San Lucas. En otros mensajes pasaban de los comentarios sobre sus gemelas (procrearon dos niñas que nacieron en Estados Unidos y tienen, como Emma, nacionalidad estadounidense) a las operaciones del grupo criminal: el Chapo le preguntaba sobre si ciertos hombres asesinados pertenecían al cártel y le aconsejaba, por ejemplo, que utilizara teléfonos Blackberry por el encriptado. Pero Emma no ha sido enjuiciada e incluso ha aparecido en un *reality show* de hijos y esposas de narcotraficantes y suele exhibir sus actividades en redes sociales.

* * *

De la sala de juicios en Nueva York, Emma Coronel pasó a la televisión en Estados Unidos. La esposa del Chapo apareció en la segunda temporada del *reality show Cartel Crew*, que documenta el día a día de familiares de narcotraficantes y de exconvictos. De acuerdo con el *reality*, buscan a personajes que, aunque en el pasado tuvieron conexiones con cárteles de la droga, hoy buscan una nueva vida, alejados del mundo del crimen.

Emma compartió créditos con una larga lista de personajes como Marie Ramírez, esposa de Michael Blanco, quien es el hijo menor de Griselda Blanco, la primera gran introductora de cocaína a Miami en los años setenta y ochenta (hay un documental fantástico al respecto titulado *Cocaine Cowboys*). El padre de Marie fue también un conocido traficante y ella misma participó en el negocio y fue detenida hasta que decidió retirarse del mismo. Hoy ambos manejan una tienda de venta de marihuana legal en California.

También participó Stephanie Acevedo, una bella y conocida cantante y modelo de Miami cuyo padre, el exnarcotraficante José Ramón Acevedo, encargado de ingresar droga de cárteles de Colombia, México y Bahamas a territorio estadounidense, estuvo buena parte de su vida en la cárcel. "La mayor parte del tiempo —dijo Emma en su participación en ese programa— trato de ser positiva y no engancharme en lo que ya pasó, ya no podemos hacer nada." Lamentó que la gente la juzgue sin conocerla, porque al final, dijo, simplemente es una mujer normal.

Pero Emma Coronel, además del *reality show*, está muy activa en sus redes sociales. En enero de 2020, sin especificar el lugar, se le ve en una pista de esquí, lucía el cabello suelto y una chamarra blanca, gorro, guantes y lentes oscuros. Tuvo más de 8 000 likes en Instagram. Actualmente cuenta con más de 170 000 seguidores.

* * *

La hija del Chapo, Alejandrina Gisselle Guzmán, se casó en Culiacán el 25 de enero de 2020. Alejandrina contrajo nupcias con Édgar

Cázares, sobrino de Blanca Margarita Cázares, conocida como *la Emperatriz del Narco* y señalada por autoridades de Estados Unidos como presunta operadora financiera de Ismael *el Mayo* Zambada.

Según reportaron medios de buena parte del país, la misa se celebró a puerta cerrada en la Catedral Basílica de Nuestra Señora del Rosario, en Culiacán. Desde horas antes del evento toda la zona estuvo cerrada y rodeada de un fuerte dispositivo de seguridad, que incluyó la participación de presuntos integrantes armados del Cártel de Sinaloa. La zona fue acordonada con cinta amarilla para evitar el paso de la gente. El obispo Jonás Guerrero Corona, encargado de esa catedral, asegura que nunca estuvo enterado del evento.

Los invitados llegaron en autos de lujo, la mayoría blindados. La fiesta se realizó en el salón Álamo Grande y estuvo amenizada por grupos y cantantes de música regional. Llamó la atención la participación de personajes del espectáculo que son investigados por el Departamento del Tesoro de Estados Unidos y que años atrás habían negado tener contacto con personas vinculadas al Cártel de Sinaloa.

En agosto de 2017 autoridades estadounidenses dieron a conocer supuestos vínculos entre el cantante Julión Álvarez y Raúl Flores Hernández, *el Tío*, uno de los narcotraficantes más importantes del país, que había mantenido durante años un bajo perfil, pero que fue socio, en distintos momentos, de grupos tan disímbolos como el del Chapo Guzmán, los Beltrán Leyva y el CJNG.

Flores fue un hombre poderoso que no se involucró en los negocios y enfrentamientos de pandillas y en el narcomenudeo, por eso su nombre no era tan conocido públicamente. Según dichas autoridades, su objetivo había sido introducir toneladas de cocaína a Estados Unidos, a partir de su sociedad con distintos grupos criminales y sus contactos, de casi 40 años, con los cárteles colombianos.

El Tío fue detenido en Zapopan el 20 de julio de 2017, y espera su extradición a Estados Unidos.

* * *

De acuerdo con los registros ministeriales, fueron más de tres las esposas y 10 los hijos reconocidos por el Chapo Guzmán. Siete de ellos han sido identificados por la DEA como líderes u operadores financieros del Cártel de Sinaloa.

En 1977 el Chapo se casó con María Alejandrina Salazar Hernández, con quien tuvo a César, Iván Archivaldo, Jesús Alfredo y Alejandrina Gisselle. Años después, una nueva esposa llegó a la vida de Guzmán Loera: Griselda López Pérez, con quien también procreó cuatro hijos: Joaquín, Édgar, Ovidio y Griselda Guadalupe.

En 2007 el Chapo se casó con Emma Coronel Aispuro, sobrina de su antiguo socio Ignacio *Nacho* Coronel, de esa relación nacieron en 2011 sus gemelas María Joaquina y Emalí Guadalupe.

* * *

Durante su juicio también salió a la luz una conversación del Chapo con una presunta amante, Agustina Cabanillas, quien además traficaba droga del Cártel de Sinaloa, según aseveró la acusación.

Otra amante está detenida y se presentó a declarar en la Corte de Nueva York, es Lucero Sánchez, exdiputada local de Sinaloa y con quien el Chapo tuvo una relación sentimental, aunque también de negocios. En su declaración, *la Chapodiputada*, como la bautizaron medios mexicanos, dijo que entre 2012 y 2013 vivieron juntos en una de las casas de seguridad que Joaquín tenía en Culiacán y que su relación sentimental inició en febrero de 2011, cuando éste ya estaba prófugo. Contó que en algunas ocasiones el Chapo la envió a la sierra del Triángulo Dorado para que aprendiera sobre los diferentes tipos de marihuana y a finales de 2011 le pidió comprar 400 paquetes de 10 kilos de marihuana.

Lucero Sánchez dijo que en 2012 comenzó a trabajar, siempre a petición de Guzmán Loera, en "negocios fachada" manejados por terceros, para ocultar el tráfico de cocaína, incluida una empresa de jugos de frutas en la Ciudad de México y otra de harina de pescado en Ecuador. Durante el juicio, la fiscalía presentó una carta escrita por el Chapo en la que detallaba el plan para que pudiera visitarlo en el Penal del Altiplano, tras su segunda detención en febrero de 2014, lo que la diputada en funciones hizo presentando una identidad falsa, y se presentaron también más de 235 mensajes que ambos intercambiaron durante su relación. En uno de ellos hablan de cómo le ayudó al Chapo a crear tres empresas para lavar dinero; en otros detallaban la logística de la compra y envío de marihuana; también hablaban de tener una relación más formal.

Una mujer que involuntariamente terminó siendo clave en la vida y la caída del Chapo es la actriz Kate del Castillo. Este vínculo salió a la luz a inicios de enero de 2016, cuando la revista *Rolling Stone* publicó el relato del actor Sean Penn sobre el encuentro que sostuvo con Guzmán Loera en octubre de 2015 y que había sido concertado por Kate del Castillo con los abogados del Chapo.

Según Penn, el encuentro fue propiciado por la actriz, a quien el narcotraficante le había pedido que hiciera una película sobre su vida. En una entrevista, Kate contó que cuando tuvo contacto con el abogado de Guzmán Loera, Andrés Granados Flores, inmediatamente se interesó en tener una reunión con el capo y reveló una carta escrita a mano, que recibió de los abogados del Chapo, donde éste le ofrece los derechos de la película sobre su vida, ante la fascinación que tenía el capo con la actriz. Pero las comunicaciones y encuentros que Joaquín Guzmán Loera tuvo con Kate del Castillo y Sean Penn fueron parte de los indicios que llevaron a las autoridades a su captura en enero de 2016 y que terminaron con su extradición a Estados Unidos y la celebración del juicio en su contra, donde fue condenado a cadena perpetua.

* * *

Pero la historia del Chapo Guzmán, está marcada por hechos de extrema violencia, con miles de muertos y víctimas. El líder del Cártel de Sinaloa fue despiadado con sus rivales y enemigos.

Durante el juicio contra Joaquín Guzmán Loera, Dámaso López Núñez, *el Licenciado*, que fue por años su mano derecha y quien lo ayudó a escapar de Puente Grande en 2001, colaboró con la fiscalía de Nueva York y testificó contra su compadre. Habló del lado sangriento del Chapo, dijo que ordenó personalmente al menos seis asesinatos de rivales y traidores, y, además, informó sobre un video que mostró la fiscalía de un supuesto traidor que fue torturado antes de ser asesinado. Se trataba de Israel Rincón Martínez, *el Guacho*, quien, dijo, fue asesinado por órdenes del Chapo porque estaba presionado por los Beltrán Leyva para trabajar con ellos.

Dámaso también relató cómo fueron asesinados Rodolfo Carrillo y su esposa en 2004, y su primo Juan Guzmán Rocha en diciembre de 2011. La muerte de Rodolfo, hermano menor de Amado y Vicente Carrillo Fuentes, que era llamado *el Niño de Oro*, fue el detonante para la ruptura y el enfrentamiento que dura hasta hoy entre el Cártel de Sinaloa y el de Juárez.

Durante el juicio, la fiscalía también presentó a un testigo clave para lograr la condena contra el Chapo: se trata de Isaías Valdez Ríos, *el Memín*, que fue guardaespaldas de Guzmán Loera durante 10 años. El Memín contó con lujo de detalle dos asesinatos que, dijo, el Chapo ejecutó personalmente entre 2006 y 2007. En el primero fueron dos miembros de Los Zetas, muertos frente a una hoguera en medio de las montañas. Los hombres fueron torturados y golpeados, y al final el Chapo les disparó en la cabeza y ordenó que los pusieran en la hoguera. "No quiero que queden huesos", recordó Isaías Valdez que fue la instrucción de su entonces jefe. Los cuerpos ardieron toda la noche en el fuego; por la mañana, los sicarios de Guzmán Loera enterraron los restos que no se calcinaron, aunque casi todo estaba reducido a cenizas.

Luego, el Memín le contó al jurado de un segundo caso, el de un miembro del Cártel de los Arellano Félix. Esta vez el escenario fue un cementerio. Joaquín Guzmán pidió que le llevaran al hombre, amarrado y con los ojos vendados, a quien habían capturado días antes y había estado encerrado en un gallinero. Lo torturaron con una plancha y su piel estaba tan quemada que se había fundido con la playera que llevaba puesta. El capo lo interrogó, y mientras el sujeto respondía, le disparó y pidió que lo desamarraran y enterraran en una tumba que ya estaba cavada. Isaías Valdez contó que, junto con otro sicario, se acercó al cuerpo del hombre, se dieron cuenta de que no estaba muerto y aún intentaba tomar aire, pero la orden ya estaba dada. Lo enterraron con vida.

Vicente Zambada Niebla, *el Vicentillo*, es hijo de Ismael *el Mayo* Zambada. Cuando le tocó testificar saludó al capo con una inclinación de la cabeza y una sonrisa. Habló de las rutas de contrabando, de los planes de lavado de dinero, sobornos multimillonarios, guerras sangrientas, acuerdos personales y peticiones de favores presuntamente a militares.

También aseveró que fue el Chapo quien decidió asesinar a Rodolfo Carrillo Fuentes, porque supuestamente lo insultó. Esto inició una guerra entre ambos cárteles y se extendió contra el Cártel del Golfo (una parte de éstos, Los Zetas, se aliaron con el Cártel de Juárez y los Beltrán Leyva contra el Cártel de Sinaloa), porque desde junio de 2005, según el Vicentillo, el Chapo había empezado una operación por la ruta de Nuevo Laredo. Los Zetas, el entonces brazo armado del Cártel del Golfo, respondieron con inusitada violencia que tuvo repercusión en todo Tamaulipas, Nuevo León y Coahuila.

* * *

Los episodios más violentos de la vida del Chapo Guzmán ocurrieron durante la guerra que emprendió contra los hermanos Arellano Félix, la cual sembró el terror durante una década.

Francisco Javier, Benjamín y Ramón Arellano Félix habrían sido quienes comenzaron la guerra con el Chapo o por lo menos dieron el primer golpe al asesinar a hombres del Cártel de Sinaloa. Fueron, además, quienes ordenaron el asesinato de la esposa y los hijos de Héctor *el Güero* Palma Salazar, entonces socio y mano derecha del Chapo.

Uno de los pasajes más violentos de esta guerra fue la matanza en la discoteca Christine en Puerto Vallarta el 8 de noviembre de 1992. Alrededor de 50 individuos fuertemente armados dispararon más de 1 000 balas en el establecimiento con el fin de asesinar a Francisco Javier y Ramón Arellano Félix, que se encontraban en el sitio pero lograron escapar.

Al año siguiente, en mayo de 1993, la disputa tomó otro rumbo cuando en el aeropuerto internacional de Guadalajara fue asesinado a balazos el cardenal Juan Jesús Posadas Ocampo, al que supuestamente confundieron (ambos llegarían al aeropuerto en un automóvil Grand Marquis) con el Chapo. Tras el asesinato del cardenal, el gobierno federal comenzó una cacería contra Guzmán

Loera, quien fue detenido en Guatemala unas semanas después, en junio de 1993. Desde la cárcel, el Chapo preparó su venganza contra los Arellano Félix. Tras fugarse en 2001, uno a uno, los hermanos, líderes del Cártel de Tijuana, fueron muertos o detenidos.

* * *

La historia del Chapo Guzmán y del Cártel de Sinaloa también está ligada a una forma de operar que lo hizo famoso y que sigue utilizando con mucho éxito esa organización criminal: los túneles que le sirvieron para todo, desde traficar droga hasta escapar de redadas, pasando por la famosa fuga del penal de Almoloya.

El uso de túneles fue su sello, algunos incluso lo llamaron su aporte a la "narcoingeniería". Lo mismo los usaba para traficar que para escapar de las autoridades. En más de una ocasión fueron evidenciados esos pasadizos que mandó construir en los años noventa. En ellos se utilizaban (se siguen utilizando hasta el día de hoy) sofisticadas herramientas y sistemas de cableado y luz, e iniciaban comúnmente en bodegas del lado mexicano y terminaban en almacenes para distribuir mercancía del lado estadounidense. De los 120 túneles encontrados en California y Arizona en los últimos años, 62 eran del Cártel de Sinaloa.

Nogales, Sonora, fue llamada la capital de los túneles, debido a que ahí fue donde más corredores se construyeron para traficar droga; uno de ellos, detectado a principios de febrero de 2014, tenía 146 metros de largo. Ayudaba también que en esa ciudad el sistema de drenaje estaba conectado con el de Nogales, Arizona, lo que les permitió a los ingenieros del Chapo construir numerosos atajos para cruzar la frontera bajo tierra.

Otro gran túnel fue detectado en Agua Prieta, Sonora, y conectaba desde la residencia privada de un abogado hasta un almacén en la ciudad de Douglas, Arizona. Según reportes policiales, en el domicilio, bajo una mesa de billar, había una palanca que activaba la entrada hidráulica al túnel.

En 2016 fue detectado uno más en la colonia Garita de Otay, en Tijuana, Baja California, donde se utilizaba un carrito para llevar los paquetes de manera subterránea sin ser detectado. Un túnel casi idéntico al que utilizó para fugarse del penal del Altiplano.

Pero los túneles más sofisticados fueron construidos en sus casas de Culiacán, Sinaloa. El 16 de febrero de 2014 la Marina llevó a cabo la operación Gárgola, con la que buscaba capturar a Guzmán Loera. Tres de sus viviendas fueron cateadas, en ellas se encontró droga y equipos de seguridad, pero nunca fue posible sorprender al capo. La respuesta llegó luego de revisar los inmuebles: el Chapo había construido un mecanismo hidráulico en las tinas de baño, que le permitía bajar por unas escaleras a un túnel que conducía a los drenajes de la ciudad de Culiacán, un trayecto de 20 minutos, con varias alternativas, que contaba con luz eléctrica.

Finalmente, luego de una de esas fugas por los túneles de Culiacán, el 22 de febrero de 2014 el Chapo fue capturado en Mazatlán.

Casi 17 meses después, para su segunda fuga del Altiplano, el penal de máxima seguridad en el Estado de México, el capo volvió a usar su experiencia en túneles. El 11 julio de 2015 estaba en la celda número 20, se quitó el brazalete con el que era monitoreado, entró a la regadera y escapó por el hueco que por meses se había estado construyendo. El pasadizo iba desde la prisión hasta una casa en obra negra; se trataba de un túnel de 10 metros de profundidad y de un kilómetro y medio de distancia, el cual recorrió en una moto instalada en rieles, después abordó una camioneta y escapó.

La libertad le duró poco tiempo, pues el 8 de enero de 2016 fue recapturado y regresado al Altiplano, donde, de acuerdo con información de inteligencia, ya construía nuevamente otro túnel para escapar, por lo que fue trasladado al penal federal de Ciudad Juárez en mayo de ese mismo año, para ser extraditado finalmente a los Estados Unidos.

* * *

Semanas después de que concluyera su juicio, el Chapo fue trasladado a la prisión de máxima seguridad ADX, mejor conocida como el "Alcatraz de las Montañas Rocosas", ubicada en Florence, Colorado, y considerada una de las prisiones más seguras no sólo en Estados Unidos, sino en el mundo. A prueba de fugas. Tiene capacidad para 490 reos, los más peligrosos y declarados enemigos del Estado. Ocupa 150 000 metros cuadrados, con seis unidades habitacionales de distintos niveles de seguridad.

Algunos de los presos tienen acceso a televisión, libros y publicaciones periódicas y sólo pueden salir a ejercitarse por algunas horas a la semana. Las salidas al patio están limitadas a una jaula personal. Las visitas también están restringidas en esta prisión, se permiten cinco visitas al mes.

El Chapo pasa 23 horas aislado, en una celda de 2.1 por 3.6 metros, con muros gruesos de cemento y cerrada por una doble puerta metálica que impide que vea a otros presos; cuenta con baño, ducha y un colchón para dormir.

En caso de intentar escapar, el reo enfrenta 1 400 compuertas de acero controladas a control remoto, alambres de púas que se elevan a casi cuatro metros de altura en la parte exterior, rayos láser, cámaras, perros guardianes, una docena de torres con francotiradores y un sistema especial de seguridad por fuera de la cárcel.

Un reporte de Amnistía Internacional de 2014 indicó que en esta cárcel algunos reclusos son incapaces de lidiar con el aislamiento, desarrollan problemas mentales e incluso se hacen daño físicamente.

Los abogados del Chapo reportaron que su cliente sufrió de depresión luego de ser enviado a la cárcel en Manhattan, donde estuvo recluido desde su extradición a Estados Unidos en enero de 2017. Allí estaba en una celda de 6 por 3.6 metros ubicada en el piso 10.

* * *

El Chapo Guzmán cumplió 63 años el 4 de abril de 2020. Este año, el onomástico del fundador del Cártel de Sinaloa pasó inadvertido en medio de la vorágine de información sobre el coronavirus, que mantiene en confinamiento a muchos países del mundo. Una de las pocas personas que felicitó al Chapo a través de las redes sociales fue su esposa, Emma Coronel, quien en una cuenta de Instagram publicó una foto de una pintura de Guzmán Loera cuando era joven, con una corona. La imagen estaba acompañada de la frase "Feliz cumpleaños" y de la canción "De los pies a la cabeza" de Los Nuevos Rebeldes, un grupo de música norteña.

En las prisiones de Estados Unidos esos meses fueron de alarma por el crecimiento vertiginoso de casos de covid-19. El reporte del Buró Federal de Prisiones (BOP, por sus siglas en inglés), actualizado al 26 de abril, señalaba que en las cárceles del sistema federal 1 046 reclusos y 330 empleados habían dado positivo en las pruebas por covid-19, de los cuales 390 reos y 124 trabajadores se habían recuperado.

Las últimas declaraciones de los abogados del Chapo Guzmán señalaban que estaba trabajando arduamente junto con los defensores para interponer una apelación ante las autoridades estadounidenses. En su cuenta de Twitter, citando al abogado Jeffrey Lichtman, el periodista Keegan Hamilton, quien cubrió el llamado juicio del siglo, aseguró que el narcotraficante ocupa su tiempo libre trabajando en su apelación al juicio por el que fue condenado a cadena perpetua.

Guzmán Loera apelará ante el Tribunal de Apelaciones de Estados Unidos, del Segundo Circuito, su caso, número 19-2239, archivado el 22 de julio de 2019, por la presunta mala conducta del jurado en el juicio realizado en su contra en la Corte del Distrito Este de Nueva York, donde fue encontrado culpable de 10 delitos relacionados con tráfico de drogas y lavado de dinero.

Una publicación de Hamilton de 2019 dice que integrantes del jurado reconocieron que violaron las reglas que se les habían impuesto durante el juicio, como no informarse a través de las redes sociales sobre el tema, lo que es una de las principales cartas de la defensa del narcotraficante.

El 22 de julio de 2019 Marc Fernich, otro de los defensores del Chapo, presentó ante el Tribunal de Apelaciones un documento en el que solicitó la revisión de la sentencia a cadena perpetua más 30 años de prisión, así como del pago de 12 166 millones de dólares, dictada por el juez Brian M. Cogan.

* * *

Actualmente, la prisión ADX de Florence aloja a 376 reclusos. Entre los delincuentes de alta peligrosidad que se encuentran ahí recluidos están Ted Kaczynski, alias *Unabomber*; el conspirador de los atentados del 11 de septiembre, Zacarias Moussaoui; Terry Nichols, que perpetró el atentado con bomba de 1995 en Oklahoma; Richard Reid, alias *Shoe Bomber*; Dzhokhar Tsarnaev, que puso una bomba en el Maratón de Boston, y Ramzi Yousef, uno de los participantes en el atentado de 1993 contra el World Trade Center de Nueva York.

En esa misma cárcel de máxima seguridad también está detenido uno de los enemigos del Chapo, Francisco Javier Arellano Félix, *el Tigrillo*, exlíder del Cártel de los Arellano Félix, sentenciado a cadena perpetua en 2007 por una corte de San Diego. También está recluido en ese lugar Miguel Caro Quintero, hermano de Rafael Caro Quintero, quien fue detenido en 2001 y extraditado en 2008 a Estados Unidos, donde se le dictó sentencia de 17 años. Y en Florence también se encuentra el exlíder del Cártel del Golfo Juan García Ábrego, que está purgando 11 cadenas perpetuas por narcotráfico y delitos contra la salud.

* * *

¿Ha terminado la historia del Chapo Guzmán? En el plano de su actividad como líder de un cártel de la droga, sin duda sí. Pero seguirán las historias, los mitos, continuará la lucha sucesoria entre sus hijos y otros líderes del Cártel de Sinaloa.

Es casi imposible pensar que, bajo cualquier circunstancia, pudiera salir de la prisión en la que está encerrado o que se le pudiera reducir su condena o modificar las condiciones en las que vive, por más que el gobierno federal apoye a la madre y a los abogados del Chapo y pueda ser visitado por esta mujer, a quien el presidente saludó en Badiraguato el 28 de marzo de 2020, donde se divulgó que varios secretarios de Estado, empezando por el canciller Marcelo Ebrard, están haciendo gestiones con sus contrapartes estadounidenses con el objetivo de aligerar la prisión del capo.

La mamá del Chapo es una señora de 92 años y se le debe respeto, dijo el presidente López Obrador para justificar aquel saludo, pero es también la madre de uno de los mayores criminales de la historia de México, que ordenó la muerte de miles de mexicanos, hizo caer en las adicciones a millones en el mundo y los destruyó a ellos y sus familias.

4

El *culiacanazo* y sus consecuencias

> El mundo es un lugar peligroso para vivir, no a causa
> de la gente mala, sino de las personas que no hacen
> nada al respecto.
>
> ALBERT EINSTEIN

Estaban siguiendo a Ovidio Guzmán López desde hacía casi un mes. La razón es que el hijo de Joaquín *el Chapo* Guzmán controlaba los laboratorios para procesar fentanilo en Culiacán —varios de los cuales habían sido descubiertos semanas atrás—, que es enviado a Estados Unidos y que ha causado miles de muertes en ese país. Pero ésa es una historia que ya contamos.

Lo cierto es que en la mañana del jueves 17 de octubre de 2019 una unidad militar especializada, que ha detenido a decenas de narcotraficantes importantes en los últimos años, en la mayoría de los casos sin disparar un solo tiro, tenía ubicado a Ovidio: iría a comer a una de sus casas, donde vivía su esposa con sus tres hijas. Ovidio se movía con tranquilidad porque no tenía orden de aprehensión. No sabía que ya había una orden de extradición, e incluso que ese mismo día personal de la Interpol estaba en camino hacia Culiacán para cumplimentarla una vez que fuera detenido.

El comando militar participaba en la operación, más un equipo de la unidad antinarcóticos de la Policía Federal, que debían realizar legalmente la detención; para ello había un contacto directo con la Fiscalía General de la República para que el Ministerio Público le pidiera a un juez, en cuanto se localizara con seguridad a Ovidio, la orden de cateo para detenerlo. Muy poco antes de comenzar el operativo se pidió apoyo a la zona militar de Culiacán, y se desplegaron más de 100 elementos para realizar un círculo de seguridad en torno a la zona de Tres Ríos, donde vivía Ovidio. Esos grupos no sabían cuál era el objetivo del operativo que se realizaría.

Cerca de las dos de la tarde llegó Ovidio a su casa. Inmediatamente después, el comando rodeó la vivienda y le pidió que se entregara, mientras esperaba la orden judicial: en el mejor de los casos tardaría media hora, en un caso normal nunca más de tres horas. Las fotos que se difundieron de ese operativo se le tomaron a Ovidio en el garaje de la casa, cuando trató de negociar su detención. Se comunicó con su gente, y lo que pidió fue un abogado.

Lo que sucedió después no estaba previsto porque nunca había sucedido. Unos 20 minutos después de que se rodeara con fuerzas de seguridad federal la casa de Ovidio, comenzaron las agresiones contra el círculo de seguridad no desde dentro de la casa sino desde afuera, que fueron repelidas por los elementos militares. El problema fue que de esa forma se ponía en peligro incluso a la propia familia de Ovidio, a tal grado que soldados les proporcionaron chalecos antibalas a su esposa, a su suegra y a sus hijos.

Según las versiones fidedignas a las que hemos tenido acceso, ese grupo podía mantener el control de la vivienda, pero al mismo tiempo que era atacado, inició la embestida en la ciudad, y también comenzaron a trasladarse hacia Culiacán sicarios de otras ciudades y estados (sobre todo de Durango), al mismo tiempo que se ofrecían entre 20 000 y 40 000 pesos a cualquiera que participara en los bloqueos.

El problema se agudizó cuando un convoy del ejército, que estaba a 200 kilómetros de Culiacán, en El Fuerte, fue retenido por un grupo de sicarios, o cuando fue secuestrada una pipa con combustible y se difundió la amenaza de que la harían estallar dentro de la unidad habitacional donde viven familias de militares, la cual fue balaceada por los agresores.

No hubo improvisación. Sí se tenía previsto que hubiera reacciones y bloqueos, por supuesto también enfrentamientos, pero nunca había ocurrido que esos ataques se dirigieran contra la población civil y elementos de fuerzas de seguridad, incluso a muchos kilómetros del lugar de los hechos. No sucedió ni siquiera en las dos detenciones del Chapo Guzmán en Sinaloa. No existe una explicación oficial de por qué el Cártel del Pacífico reaccionó con tanta virulencia en esta ocasión, aunque sin duda la reacción y las consecuencias que tuvo sentarán un precedente.

Cuatro horas después de iniciado el operativo, el comando recibió la orden de retirarse. Sí era posible establecer un cordón que protegiera el trayecto hacia un aeropuerto, pero existía la convicción de que en el camino habría combates y que, además, los sicarios sacrificarían a los rehenes que habían tomado en Culiacán y en otras localidades. Cerca de las seis de la tarde el operativo en sí había concluido y se había iniciado la retirada. Culiacán seguía en llamas, Ovidio quedó libre y unos 50 reos se fugaron de la cárcel. Un soldado murió, nueve quedaron heridos, uno de gravedad, los sicarios tuvieron numerosas bajas, pero se llevaron a la mayoría de sus muertos y heridos. La orden de cateo nunca llegó.

No fue un operativo improvisado. Fallaron otras cosas. Lo seguro es que el precedente de Culiacán obligó a cambiar la estrategia operativa, la comunicación y las consideraciones legales.

* * *

El *culiacanazo* implicó un antes y un después en la lucha contra el narcotráfico en México. Jamás se había dado un levantamiento de esa intensidad para evitar una detención (quizá sí, los que se realizaron poco antes en Guadalajara para evitar la detención del Mencho), pero sobre todo nunca se había claudicado de tal forma ante la presión de los criminales. En términos de seguridad y de lucha contra el narcotráfico, el *culiacanazo* es algo así como el Ayotzinapa de la administración de López Obrador. Nunca el Estado se había mostrado tan débil ante los criminales al extremo de dejar en libertad a un detenido para que no hubiera enfrentamientos. El *culiacanazo* fue la mejor demostración del fracaso de la estrategia de seguridad de la administración de López Obrador, de que aquello de los abrazos y no balazos podría estar muy bien como eslogan de campaña pero no como una política pública y que, además, el crimen organizado ya no dudaba en desafiar al Estado y que éste tampoco dudaba en dar marcha atrás ante una situación crítica.

* * *

Podrá ser de mal gusto, como dijo en su momento el presidente López Obrador, pero es inevitable que autoridades de unos países opinen sobre otros, particularmente cuando deben enfrentar un desafío multinacional como el narcotráfico y el crimen organizado. Lo hace México cuando le pide a Estados Unidos que controle el tráfico de armas y ellos, previsiblemente, piden saber cuál es la estrategia de seguridad de nuestro país para trabajar en consonancia. Estamos hablando de dos caras de una misma moneda.

Decir que la política de seguridad de nuestro país la definimos solos y sin intervención está muy bien para que salga en los titulares de la mañanera, pero en realidad no es así.

Cuando la administración de Trump amenazó con imponer aranceles comerciales si no se frenaba el flujo migratorio, se dio un giro de 180 grados a la política de puertas abiertas y terminamos empleando a 27 000 elementos de la Guardia Nacional para controlar las fronteras. Con más de 60 000 muertos al año por sobredosis de opiáceos, cada vez más por uso de fentanilo que proviene en un alto porcentaje de México, sería absurdo pensar que Estados Unidos no va a buscar opinar o intervenir en la política antidrogas de México; lo hará en forma diplomática o con rudeza, como en el tema migratorio, pero lo hará.

No deja de ser significativo lo dicho por Rich Glenn, subsecretario de Estado adjunto para asuntos de narcotráfico internacional, durante una audiencia en la Cámara de Representantes, en Washington, inmediatamente después del *culiacanazo*. Glenn sostuvo que sólo se logrará un progreso en la lucha contra el crimen organizado una vez que México desarrolle y comparta (con Estados Unidos) una estrategia integral para confrontarlo.

El subsecretario insistió en que su gobierno "no conoce" la estrategia antidrogas de la administración de López Obrador y sostuvo que la subsecretaria de Estado, Kirsten Madison, había viajado dos semanas antes a México para explicar la necesidad de que nuestro país compartiera una estrategia con objetivos claros.

Puede ser una declaración de mal gusto, pero Glenn tiene razón: nosotros tampoco conocemos la estrategia de seguridad de la administración de López Obrador, no sabemos cuál es y a qué objetivos quiere llegar. Hablar de pacificación, de programas sociales, de creación de la Guardia Nacional está muy bien y es muy importante, pero eso no es una estrategia, en todo caso son instrumentos para implementarla.

Los hechos de Culiacán demostraron no sólo esas carencias, sino, incluso, la necesidad de revisar todo lo hecho, porque lo sucedido define para el futuro inmediato un escenario distinto, diferente: ya se les enseñó a los grupos criminales un camino que recorrer. Nada impedirá ahora que, ante una detención o la amenaza de una extradición, un grupo criminal pueda presionar no sólo en la ciudad o la región donde se produjo esa acción, sino a muchos kilómetros de distancia. Ello obliga a defender a familias de militares y policías, a cambiar y modernizar mecanismos judiciales anacrónicos para este tipo de combate.

Obliga a revisar esa estrategia que no conocemos, pero que ha permitido meses de relajamiento a los grupos criminales y, por ende, los ha fortalecido. No ha redundado ello en pacificación: se ha incrementado la cantidad de muertos, la violencia y todos los delitos de alto impacto.

Nos falta también inteligencia. Más de un operativo fue exitoso (como las dos capturas del Chapo Guzmán) porque se compartió inteligencia crucial con Estados Unidos, desde intercepciones telefónicas hasta ubicación satelital. Hoy no tenemos ese tipo de intercambio, porque salvo para temas muy específicos, fue cancelado. No ha habido extradiciones a Estados Unidos. Las oficinas de la procuraduría, ahora de la fiscalía, en los consulados mexicanos en la Unión Americana han sido cerradas, y ahí era donde se realizaba mucho del trabajo cotidiano de intercambio de información, de pedidos de extradición, de seguimiento de ciertos delitos y delincuentes.

Se equivocan quienes opinan que detrás del operativo de Culiacán estuvo Estados Unidos, más allá de la solicitud de extradición de Ovidio Guzmán por sus actividades en el tráfico de fentanilo. Al contrario. Lo que hay es poca relación con Estados Unidos en estos temas. Y pensar que con una llamada a Trump, que no es precisamente un hombre estable, ocupado en los detalles y las estrategias de seguridad del día a día, se puede establecer esa relación es un error grave. En Estados Unidos están molestos con las estrategias de seguridad del gobierno mexicano y lo están haciendo notar.

* * *

Aunque no ha habido información oficial, sabemos qué se hizo bien y qué falló el 17 de octubre de 2019 en el operativo en Culiacán. Lo que resulta importante es hacer las correcciones necesarias, una vez puestas de manifiesto las notables falencias que exhibió el operativo.

En primera instancia se debe revisar, sin duda, la estrategia de seguridad. La idea de pacificación, abrazos y no balazos, los chascarrillos como método para tratar a los delincuentes deben quedar enterrados en el discurso presidencial y comenzar a trabajar con seriedad. A los criminales se les han regalado meses para poder armarse, prepararse, fortalecerse. Es verdad que ha habido algunos golpes puntuales, pero la norma ha sido el dejar hacer, dejar pasar. Por eso, cuando alguien se asombra de la capacidad de reacción del Cártel de Sinaloa en Culiacán, habrá que recordarle que no se le ha golpeado durante meses, de tal forma que el control que ejerce sobre esa ciudad es casi absoluto.

Faltó, se ha dicho, inteligencia, y es verdad, pero faltó inteligencia porque los recursos del Estado han sido puestos en otros objetivos. Los recursos materiales y humanos existen.

Se dijo que ese día el Estado mexicano demostró prudencia. Se han dado algunos golpes muy puntuales, como a la Unión Tepito y a Los Rojos, o el gran operativo de lavado de dinero contra el CJNG en junio de 2019, pero las principales cabezas del crimen organizado no parecen haber sido hostigadas.

Y si algún día eso ocurre habrá que ver cómo reaccionan los narcotraficantes. Se les ha empoderado. Lo más peligroso que vimos en Culiacán no fue la movilización de sus fuerzas en las calles, sino la toma de centros habitacionales donde viven las familias de los militares y la amenaza de utilizarlas como rehenes, lo que ocurrió también con soldados retenidos en las afueras de la ciudad, e incluso en lugares tan alejados de Culiacán como El Fuerte. Eso implica adoptar medidas de seguridad permanentes y mucho más firmes en puntos débiles, como multifamiliares, hospitales y otros espacios relacionados con personal policial y militar. Sin embargo, en esa lógica, toda la sociedad puede convertirse en víctima o potencial rehén. Lo que obliga a actuar de verdad para comenzar a desarticular esas bandas.

No hay otra opción: o se les deja hacer y se les entrega el territorio, o se les enfrenta con inteligencia, operación y objetivos claros. No puede haber ningún acuerdo de paz con el narcotráfico.

* * *

No deja de desconcertar la incapacidad gubernamental de autocrítica. Cuando había pasado un mes de los sucesos de Culiacán, en su conferencia mañanera el presidente López Obrador prefirió centrarse en lo anecdótico y emprenderla contra los medios, a los cuales califica como uno de sus adversarios, por la forma en que, dijo, atacaron al ejército.

En realidad la crítica en aquellos días no fue contra el ejército, sino contra el accionar gubernamental, contra la falta de información, por la confusión existente, por la forma en que se dejó tan solo al ejército que incluso sobre sus mandos recayó la tarea de informar lo sucedido y hasta establecer los hilos de tiempo, cuando eso debería ser una responsabilidad eminentemente civil, gubernamental.

Lo cierto es que nadie en el gabinete quiso asumir esa responsabilidad y se la dejaron al ejército. Incluso en la información posterior, cuando se difundieron los videos del operativo, se puede observar lo impecable que fue el momento de la detención de Ovidio, el trato profesional hacia éste y su familia, la forma en que se actuó y se preservó el lugar. Ese capítulo fue irreprochable. Lo que falló fue lo que sucedió en torno al operativo y en las oficinas, muy lejos de Culiacán, donde se tomaron las decisiones.

Los militares explicaron muy bien lo que ellos hicieron y por qué y la gente lo ha reconocido. El gobierno federal todavía nos debe una explicación de cómo funcionó la cadena de mando, qué tanto supo o dejó de saber el presidente, quién dio las órdenes sobre el operativo y sobre todo de la retirada. Esas explicaciones son las que se han demandado desde los medios, donde el ejército es tratado con respeto y asumiendo su realidad. La forma en que fue recibido el ejército a su regreso a Culiacán, a un mes del operativo, lo confirma.

En realidad, la que sufrió mayores daños ha sido la propia estrategia gubernamental. La gente casi con unanimidad reclama una estrategia coherente, lo mismo que muchos de los mandos e integrantes de las instancias de seguridad que deben aplicarla a nivel federal y estatal. No se entiende lo que se está haciendo. Tampoco lo entienden, y lo han dicho en voz muy alta, en Estados Unidos, que ante ese vacío, incrementado semanas después con el caso de la familia LeBarón, ha llevado incluso a presiones intervencionistas de varios funcionarios del departamento de Estado.

No hay una estrategia clara, y lo confirma la posición de personajes tan lejanos del conservadurismo, como Javier Sicilia. El poeta urgió en una carta al presidente a cambiar su estrategia, demandó actuar para garantizar la seguridad pública, le dijo que ya no había tiempo para tener paciencia, y "lo que falta es la humildad del que escucha y la voluntad política de quien gobierna". En respuesta, el presidente dijo que Sicilia era conservador, que podía marchar cuanto quisiera, que no lo recibiría, y le encargó la tarea al subsecretario Alejandro Encinas.

* * *

Si hubo otra área que quedó dañada con los hechos de Culiacán, fue la comunicación, ante la palpable falta de la misma. Pasaron dos semanas hasta que hubo una versión relativamente clara y verosímil de lo sucedido. Y una vez más no la dio ningún funcionario civil, sino el secretario de la Defensa, el general Luis Cresencio Sandoval. Eso se repitió días después, con el asesinato de la familia LeBarón, cuando el que tuvo que dar la explicación oficial no fue ningún funcionario civil, ni del gobierno ni de la fiscalía, sino el jefe del Estado Mayor de la Defensa, el general Homero Mendoza, cuando el ejército no tenía nada que ver en esa historia, ni siquiera tangencialmente.

* * *

También trataron de echarle la culpa del *culiacanazo* a la DEA. La Secretaría de Marina emitió un comunicado —062—, fechado el 2 de septiembre, informando que los días 27 y 30 de agosto "personal adscrito a la Cuarta Región Naval, en funciones de apoyo a la seguridad pública, en coadyuvancia con la Secretaría de Seguridad Pública de Sinaloa, localizó e inhabilitó cuatro presuntos laboratorios clandestinos, abastecidos con precursores químicos, equipo y material empleado para la elaboración de droga sintética, en distintas posiciones geográficas de Culiacán, Sinaloa".

"Estas acciones —agrega el boletín— se llevaron a cabo tras realizar trabajos de inteligencia [usaron drones de última generación], donde se tuvo conocimiento de lugares presuntamente dedicados a la fabricación de droga sintética, por lo que se realizó una operación de reconocimiento en citadas áreas, por parte de personal de Infantería de Marina, empleando unidades aéreas y terrestres, encontrando aproximadamente 3 840 litros de presunta metanfetamina líquida y 2 938 litros de presunta anfetamina líquida, así como material y equipo empleado para la elaboración de droga sintética."

La Marina no dijo que los laboratorios habrían sido localizados por la información proporcionada por la DEA. Usaron drones de alta generación para ubicarlos y destruirlos (con un costo de más de 70 millones de pesos). Pero el miércoles 11 de septiembre de 2019 una delegación de 20 personas, entre servidores públicos y fiscales procedentes de Alabama y Nueva Orleans, llegó a México para entender cómo opera el crimen organizado en nuestro país.

El viaje habría sido organizado y gestionado al más alto nivel del gobierno mexicano, dada la preocupación del presidente Trump de que en Alabama y Nueva Orleans había crecido sin control la presencia de drogas sintéticas provenientes de cárteles mexicanos.

El jueves 12 de septiembre un helicóptero Blackhawk de la Secretaría de Marina llevó a ambas delegaciones hasta Culiacán, y fueron a los lugares que habían sido desmantelados días antes por la Marina. Los estadounidenses se sorprendieron con lo que vieron, pues el laboratorio destruido era capaz de producir tres toneladas de metanfetaminas a la semana, lo que equivalía a 120 millones de dólares al mes.

"El fiscal federal Jay E. Town y el agente especial adjunto de la DEA, Clay Morris, ofrecieron información de un reciente viaje encubierto a México y al hogar del Cártel del Pacífico", dijo una nota de la televisora estadounidense WAFF TV. Morris declaró a la televisora: "Con el apoyo de la policía estatal en Sinaloa, trabajaremos para llevar ante la justicia a las personas que están en la cima de estas organizaciones".

Al día siguiente, el *Alabama Local News* publicó a detalle la visita al "vientre de la bestia", como llamó a Sinaloa. Le narraron a la reportera Carol Robinson el asombro que les causó ver la cantidad de drogas que se producen a poca distancia de Culiacán. La información no fue registrada en México.

El 16 de septiembre hubo una reunión privada en las oficinas de la Secretaría de Seguridad Pública en Culiacán entre Uttam Dhillon, director de la DEA, y el gobernador Quirino Ordaz Coppel y parte de su gabinete; la reunión contó con la presencia de los comandantes Maximiliano Cruz Ramos, de la Novena Zona Militar, Carlos Ramón Carrillo del Villar, de la Tercera Región Militar, y representantes de la Guardia Nacional y la Secretaría de Marina.

En entrevista radial con Ciro Gómez Leyva, Ordaz Coppel negó que en la reunión que sostuvo con los funcionarios de la DEA se tocara la detención de Ovidio. Detalló que en la reunión participó el entonces representante del despacho de la embajada de Estados Unidos en México, John S. Creamer, así como el director de la DEA, Uttam Dhillon, "que por primera vez venía a Culiacán, porque están viendo de manera muy satisfactoria los resultados que estamos teniendo en materia de seguridad".

Lo cierto es que la delegación estadounidense que visitó México en septiembre de 2019 elaboró un reporte durísimo. Los laboratorios tenían dueño: Ovidio Guzmán. No es casual que entonces Washington haya solicitado a México la orden de detención provisional con fines de extradición de Ovidio. Esa orden es la que trataban de implementar las fuerzas militares cuando fueron a detenerlo. Ése es el nivel de frustración al otro lado de la frontera.

* * *

Una cosa es la pacificación y otra la rendición. Una cosa es tratar de implementar una política que reduzca los enfrentamientos violentos, y otra, someterse a los designios de los grupos criminales. Dicen los especialistas que con los grupos del crimen organizado siempre hay una suerte de diálogo implícito, que se realiza a partir de las acciones que tanto el Estado como los grupos criminales realizan. El accionar determina los límites, las líneas rojas que no se pueden cruzar. En el *culiacanazo*, los criminales cruzaron todos los límites.

Las implicaciones de lo ocurrido son difíciles de imaginar de cara al futuro. Podría existir en la violenta reacción del CJNG contra las autoridades la percepción de que hay algún tipo de acuerdo con el Cártel del Pacífico, no necesariamente un acuerdo formal pero sí tácito.

Lo sucedido pone de manifiesto el verdadero rostro de la violencia del narcotráfico y la imposibilidad de establecer una política de pacificación que no pase previamente por la justicia.

Lo que vimos ese día en Culiacán no es sólo una demostración de la capacidad de operación de los cárteles criminales, incluyendo la fuga masiva de reos en una prisión del propio estado, la cual evidentemente estaba bajo control de los delincuentes, no de las autoridades. Si a eso se suma la liberación del detenido el escenario es desolador.

Hay tres puntos que deben ser abordados: resulta evidente que la estrategia de seguridad, la de pacificación, no funcionaba, y por el contrario, los grupos criminales parecen asumir esa política de pacificación como una forma de rendición del Estado ante ellos.

Un segundo punto es la propia configuración de los cárteles. Hoy operan en el país unos 80 grupos criminales, pero sólo dos grandes cárteles: el de Sinaloa y el Jalisco Nueva Generación, todos los demás, de una forma u otra, gravitan en la órbita de éstos, como aliados o como enemigos. En el Cártel de Sinaloa, los hijos del Chapo Guzmán manejan sólo una parte de la organización. El mando lo tiene Ismael *el Mayo* Zambada, el más antiguo, el más experimentado y el más político de los narcotraficantes en activo. También tiene espacios Rafael Caro Quintero, junto con los hijos, algún hermano y otros operadores ligados a la familia del Chapo, pero desde la extradición de Joaquín ellos tienen menor capacidad de control. La reacción de todo el cártel en defensa de los hijos de Joaquín Guzmán, con los que muchos están enfrentados, demuestra que tiene que haber detrás de lo sucedido algo más que la defensa de uno de los suyos.

Un tercer punto que no es menor es que la presión estadounidense sobre el tema del narcotráfico estará creciendo en forma constante. Luego del tema migratorio y pasada la pandemia de covid-19, el de la epidemia de opiáceos en la Unión Americana es clave en la vida social y en la política estadounidense. Y buena parte del tráfico de opiáceos desde México hacia Estados Unidos la ejecutan el Cártel de Sinaloa y el CJNG. La reacción estadounidense será difícil de sostener.

* * *

El problema mayor es la mentira. Decía el italiano Silvio Pellico que "cuando se comete un error, no mientas para negarlo o atenuarlo. La mentira es una torpe debilidad. Acepta que te has equivocado; en ello hay magnanimidad". El gran tema que gira en torno al *culiacanazo* (o después en torno a la pandemia) es si se mintió o no. Si hubo un error o una suma de mentiras.

Es una falacia la disyuntiva de tratar de elegir entre una masacre o la fuga de un narcotraficante. La verdadera pregunta es por qué se tuvo que llegar a esa disyuntiva, qué ocurrió y cómo se tomaron las decisiones.

Sabemos que el intento de detención del hijo del Chapo Guzmán fue el fruto de un operativo hacia un objetivo de seguridad, de un hombre con pedido de extradición de Estados Unidos, cuya orden se quería cumplimentar. Sabemos también que la tesis de que tardó en llegar la orden de cateo no explica el fondo de la situación: Ovidio estuvo detenido por lo menos cuatro horas, se le hicieron todos los estudios antropométricos para confirmar su identidad e incluso se le tomaron fotos que se distribuyeron en redes y a los medios.

Es difícil creer que un equipo de militares, altamente entrenados, haya cometido errores de improvisación en un operativo con estas características. No estamos hablando de principiantes: son grupos que han detenido a muchos de los principales narcotraficantes del país, en la mayoría de los casos sin disparar un solo tiro.

El presidente no puede estar incomunicado, como lo estuvo durante por lo menos una hora, mientras volaba a Oaxaca en plena crisis de Culiacán, cuando se estaba decidiendo el destino del hijo del Chapo y de muchas familias mexicanas. Resulta insólito que un presidente no pueda participar en una toma de decisiones porque está en un vuelo. Ahora bien, meses después el presidente cambió esa versión y dijo que él dio la orden de liberar a Ovidio.

Hay muchos problemas de diseño en la estrategia de seguridad, incluso en el ámbito legal y de toma de decisiones. Primero, el presidente no puede ser el jefe operativo del gabinete de seguridad: él es el presidente. Debe haber mandos que, como en todas las democracias, sean los encargados de aplicar las medidas que se tienen que tomar por una razón de Estado. Y no nos engañemos, para hacerse responsable de que se instaure esa razón de Estado es que se elige a un presidente. Un gobierno puede tener que tomar medidas muy duras, incluso de vida o muerte, pero debe haber espacios que implementen esas medidas, expertos alejados del sentimentalismo o la conveniencia política coyuntural de un mandatario.

Segundo, no se puede contraponer la fe a la legalidad. Como se ha dicho, no se elige un presidente para saber cuáles son sus convicciones humanistas o religiosas ante una crisis, sino para que haga cumplir la ley. El humanismo, la fe y la paz son sentimientos compartibles por todos, pero la aplicación del Estado de derecho es una obligación legal (incluso cualquier juez estricto podría iniciar acción penal contra una autoridad que haya ordenado la liberación de un delincuente detenido sin que existiera una orden judicial que lo autorizara).

Un presidente, más allá de defender una acción, controvertida o no, lo que debe garantizar es la transparencia en el accionar gubernamental y el cumplimiento de la ley. En el caso de Culiacán lo que tuvimos fue penumbra y falta de claridad.

* * *

Diversas autoridades, sobre todo el secretario de Seguridad y Protección Ciudadana, Alfonso Durazo, habían asegurado que la decisión de liberar a Ovidio Guzmán había sido colectiva y que el presidente López Obrador, de viaje ese día hacia Oaxaca, simplemente la había avalado. Pero el propio presidente informó el 19 de junio de 2020 que fue él quien ordenó la liberación de Ovidio Guzmán para evitar que en los enfrentamientos que se preveían en la ciudad "hubiera —dijo— 200 muertos". Asumir personalmente esa decisión, que no es una atribución del Poder Ejecutivo, posiblemente será una declaración que perseguirá al presidente durante toda su gestión. Sobre todo por aquel saludo a la madre de Joaquín *el Chapo* Guzmán, a finales de marzo.

5

El Mayo Zambada, el verdadero jefe de jefes

Cada sociedad tiene el tipo de criminal que se merece.

ROBERT KENNEDY

Lleva medio siglo en el negocio del tráfico de drogas y nunca ha pisado la cárcel... Ismael Zambada García, conocido como *el Mayo*, opera con un perfil bajo, no le interesa destacar; sabe, lo ha vivido, que cuando un narcotraficante comienza a ser figura pública —le pasó a Amado Carrillo Fuentes, *el Señor de los Cielos*, o a Joaquín *el Chapo* Guzmán—, termina siempre muerto, en ocasiones asesinado por los suyos, como Amado, o en la cárcel, como el Chapo.

Es el narcotraficante en activo más antiguo, el que tiene mayor experiencia. El más importante, el que maneja las mejores rutas, el que tiene mayor penetración en Estados Unidos, sobre todo en las rutas de heroína y fentanilo, el que está mucho más interesado en el negocio de introducir la droga en la Unión Americana que en el narcomenudeo.

El Mayo lleva más de medio siglo siendo uno de los principales (hoy es el más importante) jefes del mundo de la droga, nunca ha estado en la cárcel, y pese a que sus hijos, un hermano y otros familiares están detenidos en Estados Unidos y que ese país ofrece una recompensa por su captura de más de cinco millones de dólares (México ofrece 30 millones de pesos), jamás ha sido delatado.

En 50 años sólo ha aparecido públicamente una vez, en una charla con el entonces director de *Proceso*, Julio Scherer García.

En esa conversación el Mayo habla de su relación con el monte, del que dice ser su hijo. "El monte es mi casa, mi familia, mi protección, mi tierra, el agua que bebo [...] conozco los ramajes, los arroyos, las piedras, todo." Siempre ha podido escapar porque su hábitat es el monte, ahí se protege y opera, en el llamado Triángulo Dorado, donde se unen Sinaloa, Chihuahua y Durango. Según lo que le dijo a Scherer, se inició en el narco a los 16 años y hoy, a sus 72, sigue estando protegido por un monte que se ha convertido en su hábitat natural.

Según la DEA, Zambada es un hombre de 1.79 metros de estatura, pesa 72 kilos, conserva el pelo negro y la piel blanca, sólo bronceada por el sol del Triángulo Dorado. El personaje que conoció Scherer y que le pidió al periodista que se tomaran una foto ("la foto probaba la veracidad del encuentro"), "posee un cuerpo como una fortaleza, más allá de una barriga pronunciada. Viste una playera y sus pantalones de mezclilla azul mantienen la línea recta de la ropa bien planchada. Se cubre con una gorra y el bigote recortado es de los que sugieren una sutil y permanente ironía".

Nació en 1948 en la comunidad El Álamo, en Culiacán, Sinaloa. Era un campesino que, como muchos otros, comenzó a incursionar en el tráfico de drogas desde los 16 años. A partir de los años ochenta y principios de los noventa se alineó con el Cártel de Juárez, liderado por Amado Carrillo Fuentes, *el Señor de los Cielos*, y quien conocía al Mayo Zambada desde que ambos eran jóvenes, cuando eran simples operadores, sicarios del cártel que encabezaba Miguel Ángel Félix Gallardo.

El Mayo Zambada estaba al frente de una célula criminal que tenía a su cargo el estado de Sinaloa, con enormes sembradíos de marihuana y amapola. Desde entonces ha trabajado con el tráfico de heroína, y se ha convertido sin duda el principal introductor de esa droga a Estados Unidos.

Tras la muerte de Amado Carrillo Fuentes en julio de 1997, el Mayo se encargó de ejecutar la venganza en contra de quienes ordenaron, dentro del propio cártel y encabezados por Eduardo González Quirarte, el asesinato de Amado. Los asesinos consideraban que el Señor de los Cielos, que mantenía un alto perfil público en La Habana, Santiago de Chile y sobre todo en Buenos Aires, se había convertido en un peligro, y ordenaron su muerte durante una operación de cirugía estética que se estaba realizando en una clínica en Polanco. Los médicos colombianos que habían sido contratados para operarlo aparecieron muertos, entambados, pocos días después en la autopista del Sol, entre Cuernavaca y Acapulco. González Quirarte fue decapitado y su cuerpo arrojado en una carretera de Jalisco.

Poco después el Mayo y Juan José Esparragoza, *el Azul*, otro personaje mítico en el mundo del narcotráfico (que se supone murió hace unos años de causas naturales pero que fue durante décadas el verdadero padrino del narcotráfico en México), decidieron unirse y sumar al Chapo Guzmán, que entonces estaba preso pero desde la cárcel dirigía una fuerte organización criminal. A finales de los noventa y sobre todo cuando en enero de 2001 el Chapo se fuga de Puente Grande, el Cártel de Sinaloa se convirtió en el más importante del país.

Se sabe que el Mayo vivió en Tijuana, donde controló la lucha contra los Arellano Félix; también estuvo en la Ciudad de México... Pero su centro de operaciones, además de la sierra del Triángulo Dorado, es el sur de Culiacán, donde posee ranchos a los cuales se trasladaba en helicóptero o vía terrestre. La bahía de San Carlos, en Guaymas, Sonora, o las montañas de la sierra de Durango también son refugio ocasional cuando se refuerzan los operativos en su contra.

En los hechos, el Mayo tomó el control del Cártel de Sinaloa durante los largos periodos de persecución del Chapo Guzmán, sobre todo después de que fuera extraditado a Estados Unidos y cuando murió el Azul Esparragoza, una versión no confirmada pero que la mayoría de las fuentes de inteligencia mexicana y estadounidense consideran verosímil, porque no se han vuelto a detectar movimientos suyos.

Los reportes de inteligencia señalan que el Mayo controla gran parte de la producción de heroína en México que luego es traficada a Estados Unidos; con sus socios del Cártel de Sinaloa, entre ellos los hijos del Chapo, controla cada vez más el tráfico de fentanilo, y nunca ha dejado el negocio de la cocaína y las metanfetaminas. Una de sus características es que se ocupa poco de las disputas internas o de temas como el narcomenudeo, que deja en manos de sus subordinados. Lo suyo es el tráfico a la Unión Americana.

Sus cargamentos de marihuana, metanfetaminas, heroína y fentanilo (que le llega principalmente de China), que produce en Sinaloa, Durango y Chihuahua, suelen moverse vía terrestre. Pero la cocaína, importada de Colombia, requiere de una logística especial: la debe hacer pasar por Centroamérica, llegar a la frontera sur de México y de ahí recorrer, vía aérea o terrestre, todo el país hasta Sinaloa o Sonora, donde se almacena en bodegas a la espera de ser cruzada a Estados Unidos.

Según registros oficiales, el Mayo comenzó a ser buscado por las autoridades mexicanas mucho tiempo después que el Chapo, hasta 1998 tuvo su primera orden de detención, que nunca se ha ejecutado. Desde 2004 el gobierno de Estados Unidos ofrece cinco millones de dólares como recompensa por su captura o datos que ayuden a localizarlo.

El bajo perfil del Mayo no le ha impedido actuar como empresario y se ha encargado de muchas operaciones financieras del Cártel de Sinaloa, según informes de la Oficina de Control de Bienes Extranjeros (OFAC, por sus siglas en inglés). Los mismos reportes estadounidenses indican que controla, a través de familiares y prestanombres, negocios como gasolineras, mueblerías, granjas porcícolas, bienes raíces, restaurantes, centros comerciales y establos. Tiene un gran rancho al sur de Culiacán que le había sido incautado y que le fue regresado años después a su esposa. Santa Mónica, una de las marcas de leche consumida en Sinaloa, es producida por la empresa Nueva Industria de Ganaderos de Culiacán, la cual, según el Departamento del Tesoro de Estados Unidos, es propiedad del Mayo.

La familia del Mayo Zambada ha participado en los negocios del tráfico de drogas en distintas formas. Unos señalados por ser prestanombres, otros por ser operadores destacados en el cártel. Muchos de ellos están tras las rejas en prisiones de Estados Unidos o han fallecido en enfrentamientos entre cárteles o con fuerzas de seguridad.

Su hermano menor, Jesús *el Rey* Zambada García, fue detenido en la Ciudad de México en octubre de 2008. Ese día también se
arrestó a otras 15 personas, entre ellas su hijo Jesús Zambada Reyes,
de 21 años, y también a su sobrino, Juan José Parra Zambada, *el
Juanjo*, de 33 años. Cuatro años después, el Rey fue extraditado a
los Estados Unidos, donde se convirtió en testigo colaborador y fue
uno de los principales participantes en el juicio contra el Chapo
Guzmán. Una declaración suya es la que tiene en prisión al exse-
cretario de Seguridad Pública Genaro García Luna.

El Rey comenzó a trabajar para el Cártel de Sinaloa en 1987.
Estableció el sistema contable para seguir los cobros por la venta de
droga en los Estados Unidos. Él mismo se consideraba el "sublíder"
del cártel. De acuerdo con los procesos judiciales, fue el principal
responsable de esa organización en la Ciudad de México, donde ges-
tionó almacenes en los que se clasificaban los cargamentos de cocaína colombiana y organizaba el transporte hacia la frontera norte. El
Rey Zambada también participó en el operativo que permitió escapar al Chapo en su fuga del penal de Puente Grande en enero de 2001.

Fue uno de los primeros testigos presentados por la fiscalía de
Nueva York en el juicio contra el Chapo. A cambio de reducir su
condena, el Rey dio detalles de las operaciones de la organización
criminal y aseguró que el Chapo era el verdadero líder del Cártel
de Sinaloa, por encima de su hermano el Mayo.

Otro que también estuvo presente en el llamado juicio del siglo
fue Vicente Zambada, el primogénito del Mayo. Conocido como
el Vicentillo, era considerado un lugarteniente del Chapo Guzmán.
Fue arrestado en marzo de 2009 en la Ciudad de México y extraditado en febrero del siguiente año a Estados Unidos. Desde comien-
zos de la década de los noventa el Vicentillo fue responsable de la
supervisión de la cocaína entregada por traficantes colombianos y
de muchas de las relaciones con esas organizaciones criminales.

Ante la Corte de Brooklyn admitió que ayudó a supervisar y
fungir como enlace con otros capos del mundo para la organización
de Joaquín *el Chapo* Guzmán. El 8 de noviembre de 2018 se declaró culpable de narcotráfico en Estados Unidos y durante la audiencia no interpuso ningún recurso para impedir el decomiso de 1.37

millones de dólares que tenía en cuentas que le fueron decomisadas. Tras cooperar con las autoridades de la Unión Americana, su sentencia quedó en 15 años de prisión en una cárcel de Míchigan.

Otro de los hijos del Mayo es Ismael Zambada Imperial, *el Mayito Gordo*, que fue capturado en Culiacán, Sinaloa, en noviembre de 2014 por portación de armas de uso exclusivo del ejército. Permanecía en la prisión de Puente Grande, Jalisco, pero a mediados de diciembre de 2019 fue extraditado a Estados Unidos, donde ya fue presentado ante una corte federal en San Diego, California. El Mayito Gordo se declaró inocente de los delitos de asociación delictuosa para distribuir metanfetamina, cocaína, heroína y marihuana.

Serafín Zambada Ortiz es el hijo menor del Mayo Zambada. Siguió los pasos de su padre en el crimen organizado, pero él también fue detenido por las autoridades estadounidenses. El 6 de septiembre de 2018 cumplió la sentencia que le fue impuesta y salió libre tras cinco años y medio de prisión por el delito de narcotráfico. De acuerdo con reportes estadounidenses, mientras estuvo detenido, en dos ocasiones los enemigos de su padre, los Arellano Félix (que fueron sus padrinos de bautizo), intentaron acabar con su vida.

Otra hija del Mayo, María Teresa Zambada Niebla, es una de los seis hijos que el Mayo procreó con Rosario Niebla. Los investigadores la señalan de liderar la red de lavado de dinero de su familia con diversas empresas que operan sobre todo en Culiacán. También fue propietaria de una estancia infantil que dejó de operar cuando fue señalada como uno de los lugares donde lavaban dinero para el Mayo.

Desde 2010 sus hijas María Teresa y Modesta Zambada Niebla están identificadas como operadoras de la red de lavado de dinero del capo por la OFAC.

Además, otros dos sobrinos del Mayo que también participaban en el cártel fallecieron. Uno fue asesinado en un enfrentamiento en Culiacán, y otro, Jesús, fue encontrado ahorcado en 2009.

Se sabe que el Mayo Zambada tuvo seis parejas estables. La información oficial dice que a sus 72 años tiene cerca de 10 hijos procreados con cuatro de esas parejas: Rosario Niebla, Margarita

Imperial, Leticia Ortiz y Norma Sicairos. Tiene 15 nietos y un par de bisnietos. Una de sus parejas fue Sandra Ávila Beltrán, *la Reina del Pacífico*, quien está en libertad después de ser detenida en 2007 y extraditada a los Estados Unidos bajo la acusación de lavar dinero para el Mayo.

* * *

En Sinaloa no se mueve un dedo si no lo autoriza Ismael *el Mayo* Zambada, así es como agentes de la DEA describen la operación del cártel en esa entidad. Eso fue notable cuando la tarde y noche del 17 de octubre el Mayo movilizó a su gente para ayudar a rescatar a Ovidio Guzmán López, a quien las autoridades identifican como ahijado del Mayo Zambada. Esa misma tarde, en medio de las balaceras, en redes sociales circularon audios que indicaban que era él quien daba las órdenes para apoyar a los Chapitos...

Este rescate, que ya analizamos en otro capítulo, demostró que entre los jefes del Cártel de Sinaloa no se rompió la relación, como algunos indicaron que ocurrió con el juicio contra el Chapo en Nueva York, pese a que en ese juicio, que terminó en la cadena perpetua para el Chapo, testificaron el hermano del Mayo, Jesús *el Rey* Zambada, y su hijo Vicente *el Vicentillo* Zambada. Ambos indicaron que Guzmán Loera era el verdadero jefe del Cártel de Sinaloa, no su hermano y su padre, y lograron reducción en sus condenas en Estados Unidos.

Lo ocurrido durante el *culiacanazo* no fue la única intervención que el Mayo Zambada tuvo a favor de los Chapitos, el grupo que encabeza Iván Archivaldo, Ovidio, Jesús y Alejandrina Guzmán Salazar (la única que actúa en libertad y legalidad e incluso ha registrado la marca El Chapo para múltiples productos comerciales).

La noche del 14 de agosto de 2016 Iván y su hermano Alfredo fueron secuestrados cuando estaban en un restaurante ubicado en Puerto Vallarta, Jalisco. Guzmán Loera estaba preso en Ciudad Juárez, en espera de su extradición. Ocurrió durante la celebración del cumpleaños de Iván. Hombres encapuchados y armados, presuntos integrantes del CJNG, entraron al restaurante y sometieron a los comensales. Uno de los sicarios fue captado cuando pateó a uno de los hijos del Chapo, que estaba arrodillado. Todo ocurrió en unos pocos minutos.

Días después los Chapitos fueron liberados. De acuerdo con reportes de inteligencia, el Mayo intercedió ante el CJNG para que fueran liberados sin daños.

El Mayo Zambada es compadre del Chapo y siempre estuvo para apoyar a los Guzmán. Así quedó evidenciado durante las declaraciones del Rey Zambada en el juicio contra el Chapo. En la Corte de Brooklyn relató que su hermano ayudó a Joaquín Guzmán a ocultarse tras su fuga del penal de Puente Grande, Jalisco, en 2001. La versión oficial indica que el Chapo se escapó escondido en un carro de lavandería y posteriormente en un vehículo de recolección. La fuga fue organizada por Dámaso López, *el Licenciado*, quien era entonces el jefe de seguridad del penal y se fue con el Chapo, y a partir de allí se convirtió en uno de sus principales operadores. Hoy Dámaso y su hijo, *el Mini Lic*, también están detenidos y procesados en la Unión Americana. En aquella ocasión el Rey Zambada confesó que su hermano le pidió buscar un lugar donde pudiera aterrizar el helicóptero que le había facilitado al Chapo para volar de Jalisco a Sinaloa.

* * *

El Mayo Zambada es un líder de perfil bajo, no le gusta ni quiere aparecer. En Sinaloa cuenta con una red de protección muy poderosa. Es de la vieja escuela y es uno de esos narcotraficantes que reparte dinero, construye carreteras o iglesias en los pueblos de la región. La Virgen de la Candelaria de la iglesia en Quila lleva una corona de oro patrocinada por el Mayo. Durante una crisis de secuestros que vivió Sinaloa, el Mayo ordenó a sus subalternos apoyar a la policía local para terminar con los secuestradores que afectaban la región. El índice de secuestros bajó radicalmente.

El Cártel de Sinaloa, como antes lo fue el de Juárez, no es un cártel con un mando vertical: es más una suerte de *holding*, con estructuras horizontales en la distribución del poder y en la toma de decisiones. Hay varios grupos que participan y tienen mando y zonas de operación propias, pero dentro del cártel hoy nadie discute el liderazgo de Ismael Zambada.

* * *

El 15 de febrero de 2020, en la misma Corte de Nueva York donde se llevó el caso de Joaquín *el Chapo* Guzmán y se lleva al momento de escribir estas líneas el de Genaro García Luna, inició el proceso contra Iván Reyes Arzate, un excomandante de la Policía Federal mexicana que fue el responsable, entre 2008 y 2016, de la relación de esa dependencia con la DEA estadounidense. En 2017 Reyes Arzate se entregó en la Unión Americana ante una corte de Chicago y aceptó haber filtrado por años información al cártel de los Beltrán Leyva, incluyendo la identidad de un agente encubierto que fue asesinado por el propio cártel.

Reyes Arzate recibió en Chicago, merced a los acuerdos que estableció con la justicia estadounidense, una condena de tres años, que terminaría de cumplir a finales de enero de 2020. Pero poco antes de quedar en libertad fue reclamado por la fiscalía de Nueva York, acusado de narcotráfico, para involucrarlo en el caso de García Luna, que lleva esa misma fiscalía.

El expediente de Reyes Arzate fue presentado ante el juez Brian Cogan y el propio fiscal argumentó que su proceso estaba ligado con el del Chapo Guzmán y el de García Luna. Se indicó que existen horas de grabaciones de audio de Reyes Arzate con líderes de los Beltrán Leyva que demostrarían su responsabilidad en los hechos por los que es procesado.

De la culpabilidad de Reyes Arzate no quedan demasiadas dudas: él mismo reconoció haber dado información al cártel de los Beltrán Leyva. Lo que llama la atención es que haya llegado a un acuerdo para tener una condena reducida en el tribunal de Chicago y luego, prácticamente por los mismos delitos, sea procesado en Nueva York. En el juicio contra el Chapo, Arzate no participó, sobre todo porque sus relaciones eran con uno de los principales enemigos del Cártel de Sinaloa, el de los Beltrán Leyva.

Los Beltrán Leyva fueron parte del cártel que encabezaban el Mayo Zambada, el Azul Esparragoza y el Chapo Guzmán y llegaron a convertirse en los responsables de la seguridad de toda la organización, sobre todo en Sinaloa. Entre 2004 y 2006 los Beltrán comenzaron a distanciarse porque querían un lugar en la mesa con los tres jefes y mayores márgenes de autonomía. Pero lo que detonó la ruptura fue la detención de uno de los Beltrán Leyva, Alfredo, *el Mochomo*, que sus hermanos atribuyeron a una delación del propio Cártel de Sinaloa y en particular al Mayo Zambada. En ese hecho podría encontrarse el momento del inicio de la verdadera guerra entre los cárteles del narcotráfico.

Los Beltrán Leyva se aliaron con el Cártel de Juárez, de Vicente Carrillo (también separado de Sinaloa luego del asesinato de Rodolfo, otro hermano de Amado Carrillo, el Señor de los Cielos, y su esposa, cometido en Culiacán y también ordenado por el Chapo, según consideraron), y más tarde con Los Zetas, contra el Chapo y sus socios. La lucha entre esas organizaciones criminales fue brutal y dejó, y sigue dejando, miles de muertos.

Todo esto viene a cuento porque entonces resulta difícil entender cómo un agente que trabajó en la Policía Federal para los Beltrán Leyva termina siendo testigo en un proceso que involucra al Chapo, a través de la acusación que hizo Jesús *el Rey* Zambada (hermano del Mayo) contra García Luna, a quien señaló de proteger al cártel del Chapo. Reyes Arzate tuvo otros capítulos oscuros: por un lado, reconoció haber dado información a los Beltrán Leyva, y, por otro, estuvo trabajando con la DEA hasta 2016.

Eso significa que siguió en el cargo en la Policía Federal por otros cuatro años luego de que dejara el puesto García Luna, pero tuvo que haber estado certificado por la agencia estadounidense para recibir de ella información durante esos años.

Tampoco se explicaría cómo, en medio de esa guerra entre cárteles, un funcionario como Reyes Arzate, o incluso como García Luna, pudiera recibir dinero de cárteles enfrentados sin sufrir represalias de esos mismos grupos. Por cierto, en su comparecencia en Chicago, Reyes Arzate, al declararse culpable de los cargos que se le atribuían, no acusó a García Luna ni dijo que fuera obligado a dar esa información a dicho grupo criminal. Algunos creen que la mano del Mayo se extiende hasta la Corte de Brooklyn e incide en las confesiones de algunos de sus socios y familiares. La idea es clara: lograr la mayor reducción posible de las condenas para sus hijos, hermanos y otros operadores y familiares.

6

La sucesión en el Cártel Jalisco Nueva Generación

> El narcotráfico, no la droga, el narcotráfico es el peor
> flagelo que estamos soportando en América Latina.
>
> José Mujica

El 15 de mayo de 2020, desde Uruguay, donde estaba detenido desde 2016, fue extraditado a Estados Unidos Gerardo González Valencia, hermano de Abigael, el líder de Los Cuinis y él mismo uno de los principales operadores financieros de esa organización, estrechamente ligada al Cártel Jalisco Nueva Generación. Para las autoridades estadounidenses ambas organizaciones son en realidad dos caras de una misma moneda: el CJNG enfocado en la operación global y Los Cuinis en el lavado de dinero y la operación financiera. Es en Estados Unidos donde tienen la mayor investigación sobre estos grupos y allá están detenidos Rubén, el Menchito, y Johanna, los hijos del Mencho.

El CJNG y Los Cuinis son grupos con muchos y largos años de operación, con liderazgos consolidados. Los Cuinis y el CJNG están unidos por lazos operativos, familiares y hasta por su historia.

Los hermanos González Valencia, Los Cuinis, son sobrinos de Armando Valencia Cornelio, *el Maradona*, quien fue líder del Cártel del Milenio, hasta que fueron desplazados por La Familia Michoacana. Los Cuinis surgieron como grupo independiente en la década de los noventa, dentro del propio Cártel del Milenio, y siempre se dedicaron a la cocaína y las metanfetaminas. La estrecha alianza entre el CJNG y Los Cuinis se debe no sólo a sus orígenes en el Cártel del Milenio, sino también a la relación familiar con Nemesio Oseguera Cervantes, casado con Rosalinda, la hermana de Abigael.

El CJNG nació, como tal, hace unos 10 años. Primero fueron conocidos como Los Matazetas, y se reestructuraron a partir de los restos del Cártel del Milenio, que fue desmantelado tras la captura de su líder, Armando Valencia Cornelio, y sus sucesores, y tras la muerte de Ignacio *Nacho* Coronel, quien era originalmente el jefe de Oseguera.

Juntos, Los Cuinis y el CJNG han crecido desde Jalisco, Colima, Michoacán, Guanajuato hacia todo el centro y el sur de México; hoy controlan unos 10 estados del país y tienen redes en Oriente, Estados Unidos y América Latina, sobre todo en Venezuela y Colombia. En la medida en que Los Caballeros Templarios y Los Zetas se fueron deteriorando, el CJNG, con sus aliados, ha ido capturando muchos de sus territorios.

Nemesio Oseguera Cervantes, *el Mencho*, es un viejo operador del narcotráfico desde los años noventa. Es de los que se formaron con Caro Quintero, Ernesto Fonseca y Félix Gallardo. Nació en Michoacán el 17 de julio de 1966, en una ranchería de la Tierra Caliente michoacana. Nemesio no terminó la educación primaria y durante su niñez y adolescencia trabajó en el cultivo de aguacate. A los 17 años emigró a California, donde se vinculó a la delincuencia común, pero más tarde terminó trabajando en una red de distribuidores de heroína.

Tenía 25 años de edad cuando fue arrestado en Sacramento, California. Fue sentenciado a cinco años de prisión, acusado de tráfico de heroína. En 1992, tras un acuerdo con la fiscalía para declararse culpable, la condena se redujo a tres años. En cuanto se le otorgó la libertad, fue deportado a México.

Abigael González Valencia fue detenido por la Marina el 28 de febrero de 2015 en Puerto Vallarta, y se le identifica como el principal operador financiero de Los Cuinis. Desde marzo de 2014 el gran jurado de la Corte Federal para el Distrito de Columbia acusó a Oseguera Cervantes y a Abigael de ser líderes de un mismo grupo criminal. Abigael tiene pedido de extradición a Estados Unidos, pero permanece en el penal del Altiplano desde 2019.

En Jalisco, el cjng tiene en Guadalajara y Zapopan uno de sus principales corredores de distribución de cocaína. Han abierto "tienditas" por todas partes y tanto la policía municipal como la estatal se encargan de su protección. Cuando distribuyeron despensas en Zapopan durante la pandemia, fue con el respaldo de la policía municipal, según se documentó. Controlan toda la costa, Puerto Vallarta, Nuevo Vallarta y Nayarit.

El Mencho y Abigael comenzaron a trabajar juntos en Michoacán, con José Revueltas, *el Cachetes*, cabeza del grupo llamado Los Viagras. Oseguera se casó con una de las hermanas de Abigael, Rosalinda, y así se fortaleció su relación con Los Cuinis, quienes progresivamente se encargaron de las operaciones financieras de la organización criminal que más tarde se convertiría en el cjng.

La historia secreta de ese grupo, junto con los testigos, los familiares de los líderes y algunos de los políticos que trabajaron con ellos, como Édgar Veytia, el exfiscal de Nayarit, se está construyendo en Estados Unidos. Mientras tanto, en México distintos personajes comienzan a disputarse la sucesión del Mencho (enfermo y con sus hijos detenidos en la Unión Americana), pero el cjng, con lucha interna o sin ella, sigue creciendo.

* * *

Como ha sucedido con las fronteras y la migración, retomar con seriedad la lucha contra el narcotráfico no debe ser consecuencia de las presiones de Trump, sino de nuestras propias exigencias internas. La cantidad de ejecuciones, la pérdida de control en varias zonas del país, el incremento del secuestro, el robo y la extorsión indican que la política de seguridad se debe volver a concentrar en combatir a los delincuentes, los comunes y los organizados, más allá de darles continuidad a programas sociales positivos y que deberán tener éxito en el largo o mediano plazos, pero el prerrequisito para ello es que la seguridad cotidiana se garantice al mismo tiempo que se rompen las grandes estructuras del crimen organizado.

La licitud y razones de las exigencias estadounidenses sobre la seguridad pueden ser cuestionables, así como el derecho a reclamar por un problema cuya génesis podemos encontrar en aquel territorio, pero resulta incuestionable que tarde o temprano iban a llenarse los vacíos internos que se dejaron, no sólo con las presiones derivadas de demanda estadunidense, sino también poniendo en duda la supervivencia de programas bilaterales de apoyo a instituciones y acciones de seguridad pública y nacional, comenzando por la Iniciativa Mérida y terminando con el intercambio de información e inteligencia.

Y quienes terminan ganando en este río revuelto vuelven a ser nuevamente las estructuras criminales, que, ajenas a cualquier discurso de pacificación, se están aprovechando de los vacíos y están migrando sus centros de gravedad hacia liderazgos alternos, emergentes o diversos, otra de las razones del incremento constante de la violencia.

Ese proceso se está percibiendo en todos los cárteles, pero es más notable en el CJNG. En un video divulgado a finales de 2019 en redes sociales se habla de la probable pérdida de liderazgo de Nemesio Oseguera, *el Mencho,* y el fortalecimiento de un joven de 34 años apodado el Sapo o el Rey Sapo, un operador con un perfil violento, a quien algunas autoridades atribuyen la expansión del CJNG hacia distintos estados mediante el sometimiento de las estructuras criminales locales. Consecuencia de ello fueron las masacres en Uruapan e Irapuato, en 2019, por ejemplo.

Según información de la DEA, este personaje es originario de Apatzingán, tiene 34 años, se llama Gonzalo Mendoza Gaytán y era el brazo derecho y persona de mayor confianza del Mencho. Actualmente, es el jefe de plaza en Puerto Vallarta, considerado el bastión financiero del CJNG, y es responsable del reclutamiento y adiestramiento de nuevos integrantes para la organización. Siguiendo una línea que en el pasado marcaron Los Zetas, ha integrado a sus filas a colombianos y guatemaltecos, que cuentan con preparación bélico-militar, lo que se pone de manifiesto en el grado de violencia utilizada contra organizaciones antagónicas y contra las fuerzas federales. Esos grupos llegados de Colombia y Guatemala no son ajenos a la ola de robos sofisticados a casa habitación en la Ciudad de México y otros puntos del país. Al Sapo se le atribuyen los muertos que aparecen cotidianamente en Uruapan y los enfrentamientos en Guanajuato, donde libra una lucha por el control territorial en contra del Cártel de Santa Rosa de Lima de José Antonio Yépez Ortiz, *el Marro*.

Además de en las grandes redes del narcotráfico, el Sapo participa en la venta de droga, la extorsión y el robo de combustible. Según la DEA su operadora financiera es su actual pareja sentimental, a la que el Departamento del Tesoro incluyó en la lista Kingpin por lavado de dinero por sus inversiones en bienes raíces y adquisición de concesiones de transporte público en Jalisco con recursos de procedencia ilícita.

El Mencho, el hombre más buscado en México, se ha visto obligado a ocultarse en la sierra de Jalisco y alejarse de las actividades de la organización, situación que ha aprovechado el Sapo para quedarse con el control operativo del CJNG. Y está a un paso de quedarse también con el liderazgo de una de las organizaciones más peligrosas en México y el mundo.

* * *

La ola de asesinatos que se está viviendo en Jalisco y otros puntos del país donde tiene influencia el CJNG está relacionada con los ajustes de cuentas internos de esa organización, derivados de luchas sucesorias, de la indisciplina de sus integrantes y de la falta de control de sus líderes, según organismos federales de inteligencia.

Todo ello se cataliza a través de las ejecuciones que son ordenadas y dirigidas contra miembros relevantes del CJNG. El 19 de agosto de 2019 fue asesinado en el penal federal de Puente Grande, en Jalisco, Heleno Madrigal Virrueta, apodado *el 20*, uno de los hombres de mayor confianza y amistad con Nemesio Oseguera, *el Mencho*, líder de la organización. Madrigal fue localizado sin vida dentro de su celda, colgado y duramente golpeado. A pesar de que estaba acompañado, nadie vio nada. El 20 era el jefe regional en los municipios de Autlán de Navarro, La Huerta, Casimiro

Castillo, Cihuatlán, Cuautitlán de García Barragán y Villa Purificación, en Jalisco, y controlaba las actividades de venta de droga, robo de combustible y soborno de autoridades. Era, además, el propietario del Rancho Los Pinos, ubicado en el poblado de Tecomates, en el municipio de Casimiro Castillo, el cual era utilizado por el Mencho y desde donde el 1º de mayo de 2015 fue derribado un helicóptero de la Fuerza Aérea Mexicana.

El 20, asesinado en Puente Grande, era también el presunto responsable de la emboscada en el municipio de La Huerta, Jalisco, el 6 de diciembre de 2018, donde murieron seis elementos de la policía estatal.

Poco antes, el 31 de julio de 2018, en el restaurante Carl's Jr. de Plaza Galerías, en Zapopan, fue ejecutado Martín Arzola Ortega, alias *el 53*, operador de una célula delictiva denominada Los Deltas, asociada al cjng. El 53 era considerado uno de los mayores generadores de violencia en Zapopan y el responsable del control de la venta de droga, adquisición de armamento, extorsiones y soborno de autoridades en ese municipio. En toda la zona metropolitana de Guadalajara se mantiene una disputa por el control de la plaza entre la célula de Los Deltas, afines al cjng, y una banda local conocida como el Cártel Nueva Plaza.

El 4 de mayo de 2019 llegó con graves heridas de bala al hospital Centro Médico Puerta de Hierro Édgar Alejandro Herrera Pardo, alias *el Caimán*, responsable del cjng en Tijuana, Baja California. Había sido balaceado en una fiesta en el salón Piamonte, en Zapopan, donde varios sicarios atacaron con armas de fuego a la concurrencia y secuestraron a Héctor Manuel Morales Guzmán, *el Gallero*, jefe del Cártel Tijuana Nueva Generación, en realidad un brazo del cjng en Baja California. El Gallero coordinaba la eliminación de integrantes de células delictivas antagónicas, principalmente de los remanentes de los Arellano Félix, y recibía órdenes directamente del Mencho. Según las autoridades estadounidenses, era uno de los principales introductores de droga en ese país. Morales Guzmán está desaparecido desde ese día.

Pero los ajustes de cuentas internos habían comenzado desde tiempo atrás. El 4 de diciembre de 2017 murió en Tonalá, Jalisco,

José Luis Gutiérrez Valencia, apodado *el Chelo* o *el Ojo de Vidrio*, suegro del Menchito, hijo de Nemesio Oseguera, durante un enfrentamiento con fuerzas federales. El Menchito está casado con Mayra Jazmín Gutiérrez Ochoa. El Chelo había sido detenido en enero de 2010 en Puerto Vallarta con un arsenal. Dentro del penal de Puente Grande se ocupó de mantener el control de la venta de droga, bebidas alcohólicas, cigarrillos y armas. Según fuentes de inteligencia federal, en 2013 Gutiérrez Valencia le reportó al Menchito 60 millones de pesos de utilidades, como producto de las ganancias obtenidas en el interior de Puente Grande. Además, se ocupaba de la corrupción de autoridades y custodios, quienes le entregaban a los reclusos de reciente ingreso para interrogarlos y en su caso gestionar su cambio a otros penales, de acuerdo con las necesidades del CJNG. Había quedado en libertad en noviembre de 2017.

Por lo anterior, Juan Carlos Valencia, *el Cero Tres*, hijo también de Nemesio Oseguera, una vez extraditado el Menchito y caída la mayoría de los operadores históricos del cártel, creía que por ser el único y último familiar que quedaba dentro de la estructura de mando del CJNG sería el sucesor natural y legítimo de esta organización delictiva, pero para ello se enfrenta a Gonzalo Mendoza Gaytán, *el Sapo*, quien asegura que no permitirá ser desterrado, expulsado o, peor aún, terminar colgado del cuello en una celda, similar a lo que le ocurrió al 20. Lo cierto es que mientras el Mencho está escondido y muy enfermo de una dolencia renal, la sucesión del CJNG está en marcha.

* * *

Agustín González Chavarín es un hombre de aspecto cansado y con un rostro triste. Moreno y corpulento, le cuesta disimular la diabetes que le aqueja y que en muchas ocasiones le impide trabajar a plenitud en la responsabilidad que tiene encomendada, según fuentes de inteligencia mexicanas y estadounidenses, ser el principal operador del CJNG en la costa norte del estado, en la estratégica zona de Puerto Vallarta y Nuevo Vallarta. Apodado *don Guty*, *el 14* y *el Señor de las Tacomas*, González Chavarín tiene también la encomienda del abastecimiento de víveres y apoyos de todo tipo para su amigo y jefe el Mencho, también enfermo y refugiado en la sierra jalisciense junto a su principal círculo de seguridad, para evitar ser detectado por las autoridades.

Don Guty es uno de los seis principales operadores del CJNG y recibe órdenes directas del Mencho.

Toda la zona costera de Jalisco, sobre todo Vallarta, es estratégica para el CJNG. Ahí llega buena parte de la droga que comercializa esa organización criminal proveniente de Centro y Sudamérica, al tiempo que se estrechan cada vez más los lazos con países asiáticos. Allí llega también la droga que se produce en la sierra, sobre todo opiáceos y drogas sintéticas. Dichas drogas se distribuyen desde esa zona hacia los Estados Unidos. Se suma a eso la importancia que, como zona turística, tiene toda esa región para el propio narcoconsumo, con sus secuelas de extorsión y otros delitos.

La importancia de la zona ha ocasionado innumerables disputas con otras organizaciones criminales, como el Cártel de Sinaloa, pero también entre grupos internos del CJNG.

Los hechos de violencia que se vienen sucediendo en la región se explican por esas disputas que se han ido agravando por la aparición en escena de otro actor muy importante: Carlos Andrés Rivera Varela, apodado *la Firma*, designado jefe de plaza de Puerto Vallarta por el Mencho.

El responsable de toda la costa norte del estado y el jefe de plaza chocan por una cuestión generacional y de cultura delincuencial. La Firma es más joven, no tiene problemas de salud ni compromisos previos y es colombiano. Llegó a Vallarta con su propio equipo y tiene fuertes relaciones en su país y en Centroamérica. Su estrategia es imponerse a sangre y fuego y así lo está haciendo en toda la región, desconociendo el mando de González Chavarín y estableciendo sus propias rutas de comercialización de drogas y zonas de extorsión.

Muchos de los asesinatos en poblados como El Tuito y Tomatlán se deben a la operación de Rivera Varela para desplazar a su supuesto jefe. Desde finales de 2019 la posición de González Chavarín se vio desafiada por una doble pinza, considerada por los órganos de inteligencia como lo que podrían ser brazos de una misma amenaza: células de organizaciones antagónicas que ofrecen dinero a los pobladores de la sierra y de la costa a cambio de información sobre el 14 y su gente, para aniquilar sus bases de operación. En realidad, todo indica que esas células son manejadas por Rivera Varela y su grupo de operadores y sicarios provenientes de Colombia.

Lo cierto es que se han sucedido los enfrentamientos y el grupo de González Chavarín se ha llevado, con mucho, la peor parte.

La disputa es transparente: Rivera Varela, traído por el propio CJNG, ha llegado de fuera, tiene su propia gente y sus contactos, no respeta los acuerdos internos de esa organización y se quiere quedar con el control de toda la costa norte de Jalisco y la sierra adyacente, que es la región que controla González Chavarín, uno de los operadores históricos del Mencho.

Ésta es una más de las muchas disputas internas del CJNG, sin un esquema de sucesión claro para el Mencho, quien observa estos movimientos sin poder intervenir directamente en un proceso donde, además de operadores históricos del cártel, están participando nuevos actores.

Lo que está en disputa es la sucesión del Mencho, ya sea que lo doblegue la enfermedad, la persecución de las autoridades o sus crecientes enemigos internos y externos.

* * *

Durante la pandemia, las imágenes, reales, se han repetido en las redes sociales: comandos de personas que se identifican como del Cártel del Golfo, del Cártel de Sinaloa o directamente relacionadas con Alejandrina Guzmán, una de las hijas del Chapo, pero, sobre todo, del CJNG, están repartiendo despensas en distintas comunidades del país.

En algunas de las cajas se ven carteles que anuncian: "En apoyo a Matamoros de parte del sr. Vaquero 46 del Cártel del Golfo", mientras publican en la prensa local que el Cártel del Golfo siempre estará ayudando y repartiendo despensas, "ya que el gobierno no ha asomado las narices por aquí". El grupo que mayor despliegue ha mostrado distribuyendo despensas y otros productos, que suelen robarse de camiones y trenes de carga, es el CJNG.

Esta "labor social" no se contradice en la lógica de los cárteles con la violencia que ejercen contra sus rivales y enemigos, internos o externos, con o sin pandemia, y es muy similar a lo que están haciendo grupos criminales poderosos en otros países, sobre todo en Italia. Pero en el caso del CJNG, todo ello se da en medio de una profunda lucha por la sucesión, con fuertes traiciones internas.

El 26 de septiembre de 2019 fuerzas federales capturaron a uno de los más peligrosos operadores del CJNG, Carlos Almada Castrillo, *el Chicken*, junto con tres colaboradores muy cercanos, todos ellos hombres de confianza y operadores directos de Gonzalo Mendoza Gaytán, conocido como *el Sapo* y jefe de la región occidente del citado cártel.

Algo ocurrió, porque cuando comenzaba a expandirse el coronavirus en el país, dentro del penal de Puente Grande, en Jalisco, el 5 de marzo de 2020, a cinco meses de su detención, el Chicken fue encontrado sin vida dentro de su celda, colgado y severamente golpeado. Lo mismo había ocurrido antes con Adrián Gómez Meza (operador financiero del CJNG) el 11 junio de 2018, y el 19 de agosto de 2019 con Heleno Madrigal Virrueta, *el 20*, jefe regional del CJNG.

Las fuerzas de inteligencia federal creen que la orden para esos asesinatos la dio el propio líder del CJNG, el Mencho, ya que los ahora muertos, sobre todo el Chicken, y los otros detenidos pactaron con autoridades federales y estadounidenses la entrega de información importante que ayudó a la extradición de Rubén Oseguera González a cambio de ser beneficiados durante su estancia en el reclusorio, así como para obtener una pronta libertad. La información que proporcionaron no sólo fue clave para la extradición del Menchito, sino también para la detención en Estados Unidos de la hija de Oseguera Cervantes, Jessica Johanna Oseguera González.

Los detenidos y su líder, el que apareció ahorcado en la cárcel de Puente Grande, eran colaboradores cercanos y de mucha confianza del Sapo. Se espera que los que quedan vivos sean próximamente dejados en libertad por los acuerdos que suscribieron y se estima que seguirán trabajando para el Sapo, quien busca, a su vez, quedarse con el liderazgo de la organización criminal, como sucesor de Oseguera Cervantes.

Lo cierto es que la detención en Estados Unidos de los dos hijos del Mencho, el Menchito y Johanna, cambió la correlación de fuerzas de la sucesión, y deja en muy difícil situación a otro hijo de una de sus parejas, Juan Carlos González, apodado *el Cero Tres*, que es otro de los que apostaba a la sucesión con el beneplácito de éste.

El Cero Tres sigue siendo un operador fuerte del CJNG que trabaja con Érick Valencia Salazar, apodado *el 85*, quien es uno de los fundadores del cártel y cuyo jefe en Guadalajara cuenta también con un brazo armado llamado Los Deltas, pero muchos integrantes de la cúpula de la organización criminal y jefes regionales ya no lo reconocen y desde la extradición del Menchito y la detención de Johanna se han acercado al Sapo.

Éste, aseguran fuentes de inteligencia federal, ya no se reúne ni tiene contacto con el Mencho y todo indica que la confianza entre ellos se ha roto, y la lucha, soterrada hasta hace unas semanas, se ha tornado abierta en esta época de confinamiento.

Una demostración del poder creciente del Sapo, aseguran estas mismas fuentes, son los lujos que ya rodean a la esposa de Mendoza Gaytán, una joven de nombre Liliana Rosas, y sus continuos viajes alrededor del mundo, exhibiendo un nivel de vida que hoy no podría darse Rosalinda González, la esposa del Mencho, aunque ella se supone que ha quedado como la principal operadora financiera del grupo.

La pandemia cambiará muchas cosas en México y en el mundo, pero también cambiará de raíz la conformación de uno de los dos principales grupos criminales del país. Por lo pronto, los criminales, además de ajustar cuentas entre ellos, reparten despensas en las comunidades.

* * *

La noche del martes 21 de abril de 2020, en plena crisis de la pandemia, al menos 80 hombres armados con rifles Barret calibre .50 y AK-47, en 25 camionetas con las siglas CJNG, irrumpieron en

Valparaíso, Zacatecas. El convoy circuló por las principales calles del poblado y se detuvo frente al Palacio Municipal. Ahí, los hombres armados vitorearon al líder de su organización, el Mencho.

A pesar de que los hechos fueron grabados y difundidos en redes sociales, la tarde del miércoles 22 la vocera en materia de seguridad del municipio, Rocío Aguilar, negó los hechos y dijo que las fuerzas federales, así como la policía estatal y la municipal, habían hecho patrullajes, sin haber detectado la presencia de los criminales.

Ese mismo día, sin embargo, se vivieron escenas similares en los municipios de Ojocaliente y Luis Moya.

Zacatecas es un cruce de caminos donde se disputan el territorio muchos grupos: los cárteles del Golfo, del Noreste, de Sinaloa y CJNG, donde las narcomantas lanzándose mutuas amenazas se acompañan con los ajustes de cuentas entre sus miembros. Con la covid-19 el CJNG ha decidido entrar de lleno a Zacatecas dejando narcomensajes en una decena de municipios, en terrenos que hasta ahora ocupaba el Cártel del Noreste que los había heredado de Los Zetas.

* * *

La detención en San Diego del fiscal general de Nayarit, Édgar Veytia, acusado de introducir droga en Estados Unidos ligado con el CJNG, es la confirmación de un rumor que desde hace años habían hecho suyo los nayaritas respecto a la relación del llamado fiscal de hierro con el narcotráfico y la enorme corrupción que se registró en esa institución durante su larga gestión de casi ocho años.

La fiscalía nayarita, aun hoy después de la caída de Veytia, es utilizada para golpear y extorsionar, se pagaba con terrenos, propiedades y recursos, y en el centro de esas denuncias siempre estaba el fiscal Veytia.

Hace unos años, 2012, investigamos en Nayarit la detención de un joven empresario, Eduardo Valencia, que tenía un fuerte pleito legal con un grupo de inversionistas canadienses apoyados por el gobierno del estado y, sobre todo, por el fiscal, entonces procurador Veytia, por unas propiedades inmobiliarias en Nuevo Vallarta. El empresario había sido detenido literalmente a la mala, y más allá de lo complejo del caso, nos pidió que investigáramos su caso. Eso hicimos.

El reportero de *Todo personal* que fue a Tepic y Nuevo Vallarta se encontró con durísimas amenazas de la fiscalía, que luego se hicieron extensivas a un servidor y a mi compañera, Bibiana Belsasso, acompañadas de una campaña impulsada por Veytia en medios locales contra el programa *Todo personal* y sus conductores y terminaron con un recrudecimiento de las condiciones carcelarias del empresario, al que luego intentaron matar.

El propio Veytia nos amenazó judicialmente a través de una carta, simplemente por haber divulgado uno de los muchos casos de aparente corrupción judicial en el estado. El fiscal le dijo a la familia del empresario que como habían aireado su tema en los medios les costaría mucho más sacarlo de prisión. Al empresario le costó todo su patrimonio, lo intentaron matar en dos ocasiones dentro de la prisión, pasó en ella varios años y apenas fue liberado. A pesar de que su caso está ya en manos de la Corte Interamericana de Derechos Humanos, nunca ha podido recuperar su patrimonio.

La de Eduardo Valencia es una historia particular. Más allá de eso, lo importante es el control del CJNG en el estado. En Estados Unidos se le acusa al fiscal Veytia de ser cómplice de ese cártel. Pudo ser detenido porque tiene doble nacionalidad y su caída fue un golpe definitivo para el ahora exgobernador Roberto Sandoval.

El comunicado del Departamento del Tesoro no tiene una pizca de compasión con el exgobernador de Nayarit, Roberto Sandoval Castañeda, a quien en mayo de 2019 colocó, junto con el magistrado federal Isidro Avelar Gutiérrez, en la lista Kingpin, mediante la cual embarga sus bienes en la Unión Americana y les impide todo tipo de relación con ciudadanos o empresas de Estados Unidos.

Sandoval Castañeda, asegura el Departamento del Tesoro, "se enriquece despiadadamente a expensas de sus conciudadanos [...] malversó activos estatales y recibió sobornos de organizaciones narcotraficantes, incluyendo del CJNG, a cambio de información y protección. Además, Sandoval Castañeda aceptó anteriormente sobornos de la organización Beltrán Leyva [...] Sandoval Castañeda también tiene vínculos con la organización narcotraficante Flores y su líder, Raúl Flores Hernández".

Las autoridades estadounidenses también enlistaron a tres familiares del exgobernador: a su esposa, Ana Lilia López Torres, y a sus hijos, Lidy Alejandra y Pablo Roberto Sandoval López. Cuatro empresas fueron enlistadas también por ser propiedad o estar bajo el control de Sandoval o su familia: Bodecarne, S. A. de C. V. (una comercializadora de carnes), Iyari (de ropa y accesorios), L-Inmo, S. A. de C. V. (empresa de inversión inmobiliaria), y Valor y Principio de Dar, A. C. (la fundación apoderada de estas propiedades, cuyo edificio central está valuado en 100 millones de pesos).

Su sobrino y operador, Hugo Ismael Sánchez, que fue asesinado el mismo día en que Sandoval dejó el cargo de gobernador, estaba acusado de extorsión, despojo, robo, amenazas, enriquecimiento ilícito y narcotráfico.

Ninguna de las denuncias que se presentó en contra de Sandoval, su sobrino o Veytia, prosperó durante su gobierno ni en el estado ni a nivel federal. Además, durante su administración se le quitó al Congreso local la atribución de iniciar procesos penales en contra del mandatario.

Antes de gobernador, Sandoval fue presidente municipal de Tepic y comenzó su vida como un modesto tablajero, que se fue de migrante varios años a Los Ángeles, de donde regresó para tratar de incursionar en la política. Terminó siendo un gran amigo del cantante Joan Sebastian (otro personaje, junto con sus hijos, acusado de relaciones con el narcotráfico). Se convirtió en un próspero ranchero, criador de caballos de raza (los cuenta por centenares); es dueño de yeguas españolas cotizadas en 250 000 dólares. A su caballo favorito, al que llamaba El Dandy, cuando murió, lo hizo embalsamar y lo tiene en un mausoleo particular; adorna sus sillas de montar, que son confeccionadas con piel de cocodrilo, con oro y piedras preciosas. No deja de ser notable porque su salario como gobernador no superó los 89 000 pesos mensuales.

Sandoval nunca debió terminar su periodo como gobernador. Desde el mismo día en que Veytia fue detenido en San Diego, pudo ser sujeto a juicio político y removido de su cargo. Las acusaciones contra su hombre de confianza en Estados Unidos surgieron desde finales de 2012, cuando Sandoval apenas llevaba un año en el gobierno. El fiscal, sin embargo, fue promovido, apoyado por Sandoval, aunque se sumaban las denuncias en su contra.

Pero a pesar de la caída de Veytia, y de las denuncias en su contra y de su sobrino, se permitió que Sandoval concluyera su periodo y se fuera a su casa. En México ha sido inhabilitado para el ejercicio de un cargo público, pero no tiene en su contra sanciones penales. El Departamento del Tesoro fue el primero que lo acusó de enriquecerse recibiendo sobornos y dando protección primero a los Beltrán Leyva y luego a Los Cuinis y al CJNG. Era un gobernador del narco.

* * *

¿Cómo logró el CJNG convertirse en uno de los más ricos de México? Según las autoridades federales, ninguna organización criminal maneja tantos recursos como ésa, y también, según las propias autoridades, ése es el cártel que más ha crecido en los últimos años. Uno de los secretos está en Oriente, sobre todo en Japón.

El mercado de Oriente siempre tuvo relación con los cárteles mexicanos; durante muchos años fue manejado por los Arellano Félix, con sus amplias conexiones en California, también por el Cártel de Juárez (y Sinaloa) en los años de Amado Carrillo Fuentes. Luego por el del Chapo Guzmán (se supone que ellos enviaron a los hermanos González Villareal a Malasia). Pero ninguno parece tener los amarres de los que goza el CJNG.

Son relaciones antiguas, pero también complejas, que no se tejen en unas semanas. En Oriente hay tres grandes grupos criminales, con fuertes perfiles nacionales y divididos entre sí en muchos otros. Quizá los más extendidos son las triadas chinas, cada vez más asociadas con sectores del gobierno y con enormes recursos, sobre todo desde la reanexión de Hong Kong. No son nuevas, nacieron desde el siglo XVII. Durante muchos años (hasta 1912) fueron legales. Están organizadas con férreos códigos de honor y disciplina interna, con mandos muy verticales.

Hasta hace unos años había unas 60 triadas; las más importantes son cuatro con bases sobre todo en Hong Kong y Taiwán, pero desde que el control de Hong Kong regresó al Estado chino se han extendido y relacionado en todo el país, con fuertes relaciones gubernamentales. La forma que tienen estos grupos de legitimarse pasa por la incorporación de sus líderes a los llamados *tongs*, que son sociedades de negocios que tienen sucursales en prácticamente todas las ciudades de los Estados Unidos y también (¿recuerda usted el caso de Zhenli Ye Gon?) en México, como en muchas otras partes del mundo. Hay por lo menos seis grandes tongs operando en el mundo que combinan actividades lícitas e ilícitas.

También están los llamados *gangs* vietnamitas y coreanos, involucrados en la prostitución, el juego y el narcotráfico. Tienen presencia en Estados Unidos y actúan sobre todo como distribuidores de droga, organizados como pandillas juveniles en diversas ciudades de Estados Unidos. Si bien tienen disputas feroces con las triadas chinas, su inserción y su relación internacional es bastante menor que aquéllas.

Pero ninguno de estos grupos tiene tanta historia como la *yakuza* japonesa. Su nombre verdadero es Boryokudan (los violentos) y está formado por más de 2000 distintos grupos que controlan a miles de personas. En un pasado lejano, la yakuza tuvo una imagen respetable en Japón y estaban íntimamente ligados a numerosas empresas. Pero cuando además del juego y la prostitución se pasaron al narcotráfico y la extorsión perdieron el respaldo de muchos empresarios. Han logrado enorme influencia tanto en California como en Nueva York. Y también se han desarrollado en la misma medida en que los capitales japoneses han crecido en China operando otro tipo de redes.

En ese mercado y con esas organizaciones ha incursionado en los últimos años el Cártel de Sinaloa y, sobre todo, en la actualidad, el CJNG. ¿Cómo funciona el mecanismo? El CJNG envía cocaína en cargas pequeñas, hormiga, a través de muchas personas a la isla para evitar los controles y disminuir pérdidas. Muchos caen, pero el negocio funciona. La yakuza y sus grupos se encargan de la distribución.

Lavan esas ganancias y pagan la droga por dos vías: una de ellas es regresar hacia México grandes cantidades de precursores para drogas sintéticas, que procesadas en nuestro país (los principales laboratorios están en toda la costa del Pacífico) tienen como mercado los Estados Unidos, donde su venta ha crecido en forma geométrica. Otro mecanismo, de los más redituables, es el comercial, legalizando esos recursos. La yakuza tiene fuertes relaciones con grupos empresariales, a través de los cuales se compra o se vende con precios manipulados, desde Japón o desde otros países donde esas empresas tienen presencia, a proveedores o importadores dependientes del CJNG en México. El dinero llega así ya "legalizado" y las acusaciones por lavado de dinero en México son difíciles de comprobar porque en todo caso el delito se comete en el país de origen de los recursos. Esa red, poco conocida, es una de las más redituables que maneja el cártel.

* * *

En marzo, cuando comenzaba oficialmente la pandemia de covid-19 en Estados Unidos y se decretaba la sana distancia en México, también concluía la primera fase del Proyecto Pitón, un operativo con el que la DEA capturó a más de 700 integrantes del CJNG en varias ciudades de Estados Unidos. Durante el mismo le decomisaron al CJNG 200 toneladas de droga, 15 de ellas de metanfetamina, y alrededor de 22 millones de dólares en efectivo.

La operación fue armada durante seis meses. Fue una acción en la que participaron varias agencias de la Unión Americana contra el cártel mexicano que el gobierno de ese país considera como el de mayor relevancia en el trasiego de drogas y el más violento...

Autoridades estadounidenses tienen detectados centros de distribución en Los Ángeles, Nueva York, Chicago, Houston y Atlanta. Tras el operativo, los nombres y nacionalidades de los detenidos permanecen en el anonimato, pero se informó que son mandos medios y altos del cártel. Durante las investigaciones, las autoridades indicaron que también se frenó, en febrero de 2020, la compra de 200 rifles de asalto y explosivos en California para introducirlos a México.

El gobierno de Estados Unidos busca cercar al CJNG y al Mencho. Caído el Chapo Guzmán, es su objetivo principal. Durante el operativo pasado, la OFAC designó a cuatro empresas mexicanas bajo la ley de designación de cabecillas extranjeras del narcotráfico. Están vinculadas, dijeron, con el CJNG y el grupo de Los Cuinis.

Se suman a las decenas que ya están en la lista negra del Departamento del Tesoro. Entre ellas, inmobiliarias y despachos de abogados, así como seis empresas de la hija del Mencho, Jessica Johanna Oseguera, quien está detenida en el país vecino.

Para la DEA, el Mencho ha ganado más de 1 000 millones de dólares por el tráfico de drogas, el robo de combustible y otras actividades delictivas. También, según la DEA, el CJNG ya distribuye más droga en las calles de la Unión Americana que el Cártel de Sinaloa, que opera en ese país desde hace más de 20 años. Asegura que no sólo copió sus métodos de contrabando, sino que le está quitando clientes y operadores y le lava dinero el sistema financiero estadounidense.

Para reforzar sus acciones, la DEA actualizó su lista de fugitivos y colocó al Mencho como el hombre más buscado del mundo. Y en Los Ángeles, California, colocó la imagen del Mencho en espectaculares en las principales avenidas. En ellos reitera la recompensa por 10 millones de dólares para quien dé informes del paradero del capo.

* * *

El golpe que recibió el Cártel Jalisco Nueva Generación el 2 de junio de 2020 es uno de los más duros que ha sufrido esa organización a lo largo de su historia. La Unidad de Inteligencia Financiera (UIF) que encabeza Santiago Nieto bloqueó 1 939 cuentas bancarias de personas y empresas vinculadas al CJNG en un operativo denominado Agave Azul. Los bloqueos incluyen cuentas de sus principales líderes, de operadores financieros, familiares, empresas, abogados e incluso servidores públicos que operan redes de lavado de dinero, protección y corrupción para la organización que encabeza Nemesio Oseguera, *el Mencho.*

Este golpe parece ser la continuación, en México, del Proyecto Pitón. Según informó Santiago Nieto, en Agave Azul la UIF trabajó en coordinación con la DEA para ubicar a más integrantes del cártel, a sus operadores financieros y a las empresas ligadas al cártel. Según Nieto, la UIF analizó 2 571 operaciones inusuales por 2 951 millones de pesos y 38 459 reportes de operaciones relevantes por más de 11 478 millones de pesos. Por transferencias internacionales consideradas inusuales se generaron 8 424 reportes por 7 216 millones de pesos y otros 2 102 reportes permitieron localizar operaciones por 2 955 000 dólares. Finalmente, se localizaron 6 507 transferencias interbancarias por 657 millones de pesos. Se bloquearon cuentas de 1 770 personas físicas, 167 empresas y dos fideicomisos, todos vinculados al CJNG.

Los golpes simultáneos abarcaron Jalisco, Colima, Ciudad de México, Baja California, Guanajuato, Nuevo León, Veracruz, Nayarit, Sinaloa, Querétaro, Michoacán y Estado de México. La caída del Mencho está en marcha.

* * *

La respuesta del CJNG ante estos ataques y su propia crisis interna fue, el 26 de junio de 2020 en la madrugada, un atentado contra el secretario de Seguridad de la Ciudad de México, Omar García Harfuch, en el que milagrosamente salvó la vida. Ese hecho significa, por la cantidad de hombres, por el armamento pesado, por el lugar en que se realizó —en la avenida y la colonia más próspera de México, zona de embajadas, oficinas de gobierno y de organismos internacionales, restaurantes y viviendas de lujo, una zona hipervigilada en la muy vigilada Ciudad de México—, un ataque directo al funcionario, pero más aún al Estado mexicano. Los Zetas, de los que tantos ejemplos han tomado en el CJNG, nunca llegaron a cruzar ese límite. El propio CJNG derribó un helicóptero del Ejército Mexicano en Jalisco, en un combate librado en un intento de detención del Mencho.

¿Es una demostración de fuerza o de debilidad del CJNG atacar al Estado mexicano en su propio corazón? En términos de la operación terrorista (no hay otra forma de calificarla), en sí misma es una muestra de poder. En el mediano y largo plazos lo será de debilidad. El CJNG ya estaba en la mira del gobierno estadounidense para declararlo una organización terrorista, y ahora, con todo lo que eso implica (sobre todo la posibilidad de poder perseguir al cártel y sus líderes extraterritorialmente), tiene un nuevo argumento para hacerlo. El gobierno mexicano tiene otra presión más para cambiar su estrategia y reconocer que los cárteles no saben de abrazos sino de balazos. Todo ello, en medio de una sucesión interna indefinida, hace pensar que el final del CJNG puede ser muy similar al de Los Zetas. Después de una explosión de expansión y violencia, el aniquilamiento, implosionando en una serie de bandas menores y paradójicamente más violentas aún, pero menos peligrosas desde una óptica geopolítica.

7

El cártel atípico, Santa Rosa de Lima

En los días que corren la gente sabe el precio de todo
y el valor de nada.

OSCAR WILDE

Cuando este libro estaba ya prácticamente en impresión, en la madrugada del 2 de agosto del 2020, fue detenido José Antonio Yepes, *El Marro*, líder del Cártel de Santa Rosa de Lima. Este grupo es de cierta forma una novedad, una organización criminal cuyos fundadores tienen orígenes en el narcotráfico pero que crecieron y se desarrollaron en otro ámbito, en el huachicol, en el robo de combustible. Con los años fueron ingresando a otras actividades y terminaron consolidando, por la competencia y las propias exigencias del negocio criminal, un esquema de operación similar al de sus adversarios. El Cártel de Santa Rosa de Lima, construido en torno a una figura, El Marro, nació y morirá de la mano de su fundador.

Toman su nombre de la comunidad de Santa Rosa de Lima, pero desde allí han crecido hasta operar en 22 municipios de Guanajuato. Liderado por José Antonio Yépez Ortiz, *el Marro*, este grupo criminal tiene una estructura con características de los grandes cárteles, pero se mantiene a nivel local, no ha podido crecer a otros estados. Su fortaleza proviene de las redes de corrupción que ha logrado establecer y de la protección que ha conseguido de los pobladores de las regiones en las que opera.

115

El Cártel de Santa Rosa de Lima está integrado por familiares y amigos cercanos al Marro; todos, de una u otra forma, están vinculados al cártel, ya sea como sicarios o prestanombres.

En abril de 2016 el CJNG comenzó a incursionar en Guanajuato, y sobre todo a tratar de tomar el control sobre el robo de hidrocarburos en esa entidad, por ello le propusieron al Marro, como han hecho con muchos otros grupos locales, trabajar en conjunto. La oferta fue rechazada y a partir de ahí comenzó una verdadera guerra que ha convertido a Guanajuato en uno de los estados más violentos del país.

La refinería de Salamanca ha sido una de las piezas clave para las operaciones del huachicol del Cártel de Santa Rosa de Lima, pues desde ahí se extraía gran parte del combustible que era vendido en el mercado negro, pero este grupo no sólo tenía el control del huachicol en Guanajuato, también se sostiene con el cobro de extorsiones a pequeños y medianos comercios, como tortillerías, restaurantes y hoteles; lo hace en varios municipios como Celaya, Salamanca, Juventino Rosas y Apaseo el Alto. Los cobros van desde los 2000 pesos diarios hasta los 30000 o 40000.

A partir de marzo de 2019 las operaciones del Cártel de Santa Rosa de Lima quedaron mermadas, cuando el gobierno federal lanzó el operativo Golpe de Timón con el que buscaba capturar a José Antonio Yépez Ortiz. Sin embargo, logró escapar por una serie de túneles que construyó en su casa en el municipio de Villagrán. La residencia de 8000 metros cuadrados, donde hay grandes jardines, palmeras, palapas, alberca, caballerizas, un salón de fiestas al aire libre y una cantina, contrasta con lo modesto del poblado.

Ésa era la principal guarida del Marro, quien finalmente fue detenido el 2 de agosto de 2020. En dos ocasiones previas estuvieron a punto de detenerlo, pero pobladores de la zona realizaron bloqueos y otras acciones para frenar la actuación de las fuerzas de seguridad.

* * *

Si el *culiacanazo* ha sido un capítulo neurálgico en la violencia que se vive en el país, Guanajuato, que hasta hace pocos años era uno de los estados más tranquilos y seguros, sufre ahora altísimos niveles de violencia e inseguridad. Uno de los responsables directos es el Cártel de Santa Rosa de Lima y su líder, José Antonio Yépez Ortiz, el Marro, enfrentados a muerte con el CJNG.

De acuerdo con informes de inteligencia, el Marro comenzó como integrante del Cártel del Golfo sin ocupar ninguna posición relevante, y también fue parte de las filas del Cártel del Milenio, el mismo al que perteneció Nemesio Oseguera, *el Mencho*, ahora líder del CJNG.

José Antonio Yépez regresó a Guanajuato, al municipio de Juventino Rosas, de donde es originario, para continuar con sus actividades delictivas, pero quería trabajar en otros ámbitos. Ahí formó hace una década el Cártel de Santa Rosa de Lima, para la extracción y venta ilegal de combustible, operando sobre todo en Apaseo el Grande, Salamanca, León, Irapuato y Celaya, así como en la pequeña población de Santa Rosa de Lima.

Se tiene conocimiento de que el 5 de mayo de 2008 fue detenido en Celaya, en posesión de armas de fuego, vehículos robados y droga, ocasión en la que se identificó como Aurelio Ortiz Reyes, pero por "faltas al debido proceso", quedó en libertad.

José Antonio Yépez es un hombre muy religioso, pero no de cultos oscuros. Profundamente guadalupano, tenía un enorme altar de la virgen de Guadalupe en la entrada de su casa en Villagrán, donde en marzo de 2019 intentaron detenerlo.

También es un hombre muy apegado a su familia, así lo demuestra una llamada, originalmente difundida por el gobierno y que actualmente se puede consultar en YouTube, en la que su madre lo buscaba:

Mamá del Marro: ¿De casualidad no está mi Marriyo ahí?

Chola [su pareja]: Sí, aquí está el güey.

Mamá del Marro: Ay, Chola, mi Marro me destroza mi vida. ¿Sí comió?

El Marro: ¡Ey!

Mamá del Marro: Mijo, ¿no te puedes recoger para la casa, hijo?

Marro: No, ay, amá, no, yo no voy pa' allá.

* * *

De acuerdo con reportes de inteligencia, su aprehensión demoró tanto porque cambiaba de domicilio con frecuencia y mantuvo un perfil bajo. Una de sus últimas moradas identificadas por las autoridades no cuenta con número exterior, se localiza en un camino vecinal de terracería en la comunidad de San José, perteneciente al municipio de Celaya, Guanajuato.

El Marro es un delincuente eminentemente local, estuvo operando en su juventud con otros cárteles, pero su poder y su base son locales. Abandonó aquellos grupos, incluso dejó las tareas de sicariato que desempeñaba para establecerse en su municipio, Juventino Rosas. Ese arraigo local que tiene fue su fortaleza y también su debilidad; no creció con base en el narcotráfico, sino con el huachicol, y después se ha ido extendiendo a otras actividades.

Pero la plaza del huachicol es demasiado importante para el crimen organizado como para dejársela a un delincuente local. Hace ya algunos años el CJNG le ofreció al Marro asociarse con ellos como con muchas de las organizaciones criminales locales, entrando así bajo el paraguas de esta organización global, pero el Marro los rechazó porque se sentía muy fuerte en sus localidades.

No se puede explicar lo que ha sucedido en los últimos meses en Guanajuato sin la lucha que libran desde entonces las dos organizaciones. Si vemos un mapa de esa entidad con la ubicación de ambos cárteles, nos daremos cuenta de que en la ciudad más importante del estado, León, el control ya lo tiene el CJNG. Lo mismo sucede con Silao e Irapuato, las grandes ciudades del estado. El Cártel de Santa Rosa de Lima se ha concentrado en las zonas rurales y la lucha se da por el control de Salamanca y Celaya, donde se han dado los mayores enfrentamientos de estos grupos.

Para el CJNG adquirir esas plazas implica quedarse no sólo con el control del huachicol, el cual depende mucho del dominio de la refinería, sino con buena parte de las principales carreteras del país, con todo lo que eso implica. A la larga el CJNG se irá imponiendo al Cártel de Santa Rosa de Lima porque tiene mayor potencial de fuego y mayor desarrollo, es una estructura mucho más amplia.

Pero mientras eso ocurre, el Cártel de Santa Rosa de Lima sigue teniendo una presencia muy importante. Su base local le ha permitido tener el control de dos aspectos fundamentales: muchas de las autoridades municipales trabajan con el Marro, y varias de las policías locales también; ése ha sido uno de los secretos de la potencia de este grupo delincuencial para sobornar presidencias y policías municipales, y es también la explicación del grado de violencia que ha ejercido contra policías y autoridades locales. Esa realidad explica la violencia en Guanajuato.

Desde el operativo Golpe de Timón, realizado en marzo de 2019 en Santa Rosa, con el que se intentó capturar al Marro, éste ha ido perdiendo poder y espacios y la inseguridad en varios municipios de Guanajuato comenzó a empeorar. En ese operativo se recuperaron más de 90 vehículos robados, hubo 42 detenidos, se aseguraron más de 20 domicilios en Celaya y municipios aledaños, además de que se obtuvo información que propició la caída de colaboradores cercanos al Marro.

La organización criminal, que había impuesto su presencia en 21 de los 46 municipios del estado, que manejaba el robo de entre 40 y 50 pipas diarias que salían de la refinería de Salamanca y que le dejaba ganancias de entre 20 y 30 millones de pesos diarios, de pronto sintió que se desmoronaba. Cuando El Marro fue detenido, sólo mantenían presencia en nueve municipios.

Los golpes dados por distintas autoridades, con la detención de varios de los integrantes del cártel y ahora del Marro, han logrado debilitar su poder operativo y financiero, ya que le han sido decomisadas empresas fachada y cuentas bancarias. Por ello este grupo, además del huachicol, también mermado por la acción de las autoridades, tuvo que incursionar de lleno en el secuestro y la extorsión, en el robo de cajeros y a transportes de carga, y en la distribución local de droga.

En el pasado esta organización tuvo bastante apoyo en las comunidades porque muchos se beneficiaban del robo de combustible, pero progresivamente lo ha ido perdiendo porque ha tenido que expoliar, como otras organizaciones criminales, a la población para poder financiar sus actividades. Y lo hace en los territorios donde operó tradicionalmente. A la pérdida de poder económico y la lucha contra el CJNG se ha sumado la pérdida del apoyo social.

* * *

La ciudad de Celaya es la tercera con mayor población en Guana-juato, y desde hace algunos meses encabeza la lista de las ciudades con mayor criminalidad. De enero a septiembre de 2019 Celaya registró 874.56 delitos de alto impacto por cada 100 000 habitantes, la tasa más alta del estado y de las más elevadas del país.

El robo de autos, los asaltos violentos a negocios y casas, las extorsiones y asesinatos aumentan día con día. De acuerdo con cifras de las autoridades estatales, de enero a septiembre de 2019 se ha denunciado el robo de 1 077 automóviles, 1 374 robos a nego-cio y 301 a casa habitación. Seis de cada 10 robos de vehículos se cometen de manera violenta. En 2019 hubo unos 3 500 asesinatos por ajustes de cuentas en el estado, pero la cifra ha aumentado dra-máticamente en 2020: sólo en los dos primeros meses fueron asesi-nadas 810 personas. Y la tendencia ha continuado al alza en lo que va del año.

Las extorsiones contra los comerciantes de Celaya han llevado a que decenas de establecimientos hayan sido balaceados, con alto número de víctimas en bares y otros giros negros. Pero las extor-siones llegan a todos los ámbitos: algunas tortillerías de Celaya han denunciado que están bajo el control del crimen organizado y les cobran por cada kilo de tortilla que venden, mientras que hoteleros y restauranteros de la región afirman ser víctimas de extorsión. Los comerciantes denuncian pérdidas de hasta 50%. La Asociación de Distribuidores de Automotores de Guanajuato informó que las 16 agencias de Celaya han recibido amenazas por extorsiones, les exi-gen un pago inicial de 400 000 pesos y pagos mensuales de 50 000.

Hasta la Iglesia ha sido amenazada. El obispo de Celaya denun-ció que los grupos criminales que operan en la zona poseen una base de datos con los nombres de los curas de al menos 20 tem-plos, y los han llamado a todos para exigirles dinero con el fin de que no pase nada en su iglesia.

* * *

Si bien el Cártel de Santa Rosa de Lima es exclusivamente local y trabaja en áreas muy específicas de la delincuencia organizada, el enfrentamiento con el CJNG ha provocado una reorganización de ese grupo, que ha tomado las formas de una organización criminal mucho mayor. Se han conformado como un cártel tradicional con sus áreas de protección, de sicariato y de lavado de dinero, y aunque lo hace a escala local, reproduce el mismo esquema que un gran cártel.

La estructura del Cártel de Santa Rosa de Lima gira en torno al Marro, su familia y sus amigos. Tiene una buena organización local, con cuatro áreas en las que se sustenta: una base familiar, una operativa, una de protección y una financiera.

En la base familiar participan todos. Está la madre, el padre, su hermano, su hermana, sus tres parejas sentimentales, todos participan en la organización y son los que le dan buena parte del apoyo cotidiano al Marro, de acuerdo con autoridades e informes de inteligencia.

Hay un área eminentemente operativa, donde están los jefes de plaza, sicarios, muchos funcionarios y operadores locales y algunos familiares más lejanos; estos hombres y mujeres son los que le dan contenido a esta organización criminal, a toda la operación que hacen de huachicoleo, de extorsiones y de robo de cajeros.

Tiene un área de protección, con funcionarios de todo tipo, desde anteriores y actuales alcaldes de Villagrán y Cortázar, elementos de fuerzas policiales, funcionarios de Juventino Rosas, de Pueblo Nuevo. Éstos son los personajes que le dieron protección al Marro. Cuando se hizo el operativo previo en Santa Rosa de Lima para intentar detenerlo hubo una intensa participación de autoridades locales para protegerlo y evitar ese hecho. En ello participó gente de la comunidad, pero también hubo policías municipales y otros funcionarios, incluso llegó gente de otros municipios para realizar bloqueos, como ocurrió en Culiacán, cuando se intentó detener a Ovidio Guzmán, sólo que a una escala más pequeña, pero el mecanismo de protección fue el mismo. Además de los políticos y los jefes de policía que le dan apoyo al Marro, están también trabajadores y funcionarios de Pemex, porque es imposible poder realizar el robo de combustible a la escala en que lo hacía (y aún lo hace) este grupo sin tener conocimientos y complicidad en la empresa petrolera.

Cuando en enero de 2019 se hizo una gran campaña contra el robo en ductos se perdió de vista que el grueso de ese robo se hacía dentro de la propia refinería de Salamanca, que estaba prácticamente bajo el control de este grupo criminal.

Finalmente, el Cártel de Santa Rosa tiene un área financiera encargada de lavar el dinero, y la misma pasa, de nuevo, por la familia del Marro y por un muy pequeño grupo de gente de confianza.

Sobre esas cuatro estructuras hay tres personajes centrales para la operación del cártel, que son quienes permiten el funcionamiento de la organización criminal y son mucho menos conocidos: Adán González Ochoa o González Barragán, llamado *el Gordo* o *el Paiky*, que maneja buena parte de las áreas operativas; otro es Arturo Corona López, apodado *el Arturo*, y el tercero es José Armando Mosqueda Mena, *el Miclo*. Ésos son los tres hombres que están inmediatamente debajo del Marro, y los que manejan esta organización criminal.

* * *

Nadie sabe cuánto podrá persistir el Cártel de Santa Rosa tras la caída del Marro, debido a la persecución tanto por parte de las autoridades como de sus enemigos.

Después de los operativos del fin de semana del 19 y 20 de junio, donde fueron detenidos la madre del Marro, su hermana y su prima, las tres consideradas operadoras del cártel por las autoridades, ocurrió algo inédito: nunca habíamos visto a un personaje del crimen organizado en un video llorando por la detención de su madre y asegurando que se uniría a cualquier otro grupo con tal de vengarse de esas detenciones, de las fuerzas del Estado y de sus rivales del CJNG. Pero tampoco nunca habíamos tenido un personaje como José Antonio Yepez, *el Marro*, al frente de una organización criminal que evolucionó demasiado rápido de un grupo criminal local a verse envuelto en una guerra abierta contra el Estado y sus enemigos, en este caso del CJNG.

No nos engañemos, con su peligrosidad y su capacidad de generar recursos, el Cártel de Santa Rosa de Lima poco o nada puede hacer frente a organizaciones criminales como el CJNG o el Cártel de Sinaloa. Como vimos, el grupo criminal gira en torno al círculo familiar: su madre, sus hermanas, sus parejas sentimentales, sus primas, sus amigos y varios funcionarios locales con arraigo en distintas comunidades. Por eso mismo los golpes que recibió el 19 de junio y el 2 de agosto de 2020 fueron devastadores, más allá de la violencia que generó en Celaya y muchas otras ciudades guanajuatenses.

Desde marzo de 2019 el Marro fue perdiendo poder y espacios. La organización criminal que había impuesto su presencia en 21 de los 46 municipios del estado, que manejaba el robo de entre 40 y 50 pipas diarias que salían de la refinería de Salamanca y que les dejaba ganancias de entre 20 y 30 millones de pesos diarios, de pronto sintió que se desmoronaba. Los golpes recibidos, las decenas de sus integrantes detenidos, incluyendo casi a toda su familia, han logrado debilitar seriamente el poder operativo y financiero del Cártel de Santa Rosa de Lima, por eso tuvo que incursionar de lleno también en el secuestro y la extorsión, el robo de cajeros y a transporte de carga y la distribución local de droga, todo lo cual le ha llevado también a perder simpatías en muchas comunidades a las que antes, de alguna forma, beneficiaba.

Neutralizado El Marro, su estructura criminal terminará de ser desmantelada. Su caída sólo era cuestión de tiempo.

8

La violencia en la Ciudad de México, de La Unión Tepito al CJNG

> Quien quiera salvar la ciudad, debe
> hacerlo aun al precio de su alma.
> NICOLÁS MAQUIAVELO

Durante años se dijo que no había cárteles en la Ciudad de México, que en todo caso en la capital del país sólo vivían familias de narcos pero que precisamente por eso no operaban. No era verdad. No sólo porque al ser la Ciudad de México el principal centro urbano del país es también el más importante centro de consumo de drogas.

Siempre ha habido organizaciones que distribuyen drogas en la ciudad (como en Monterrey o Guadalajara, o en cualquier centro turístico), con una estructura relativamente sofisticada y relacionadas con otros grupos criminales mayores. También siempre ha habido grandes operaciones de narcotráfico. Sin ir más lejos, el aeropuerto capitalino, al ser el *hub* operacional para el transporte aéreo en el país, es uno de los grandes centros de operación del narcotráfico. Controlar el aeropuerto implica tener el control de la llegada y salida de buena parte del comercio y el movimiento de la ciudad y por ende de todo el país. La lucha por ese control se ha llegado a escenificar en enfrentamientos violentos en el propio aeropuerto. Algo similar ocurre en las terminales de autobuses que tienen comunicación con todo el país.

Pero hace unos 10 años algo cambió. El peso que comenzaron a tener las organizaciones que se dedicaban al narcomenudeo comenzó a crecer en forma exponencial, de la misma manera en que lo hizo el consumo de drogas en el país y sobre todo en la capital. Esas bandas comenzaron a convertirse en organizaciones con un potencial mucho mayor. Es probable que estos grupos, como el principal de ellos, La Unión Tepito, no hayan colocado jamás un gramo de droga al otro lado de la frontera, pero no lo necesitaban: su negocio está en la ciudad, en toda el área metropolitana a través del narcomenudeo y extendiéndose, como han hecho todos estos grupos a la hora de controlar un territorio, a la expoliación de la sociedad, vía el robo, el secuestro, la extorsión, la trata de personas, la prostitución. El poderío de estos grupos, derivado de su capacidad económica y de operación, y de los innumerables negocios a los que pueden expandir su actividad, determina su propia capacidad de ir absorbiendo bandas, pandillas, grupos que actúan en forma autónoma, para colocarlos bajo un mismo paraguas operativo.

Y nadie ha exhibido esa capacidad y esa violencia en la Ciudad de México y toda el área urbana más que La Unión Tepito. Ésta es su historia.

* * *

Los antecedentes a los que se remonta La Unión Tepito involucran a los hermanos Mario y Fidel Camarillo, quienes comerciaban fayuca y administraban una bodega para convertirse años después en los controladores de la droga en el Barrio Bravo. Durante la década de los noventa comenzaron a traficar drogas en una escala tan alta que vendían, en promedio, una tonelada de cocaína a la semana. La distribución no sólo era para el entonces Distrito Federal, sino que también abarcaba el Estado de México, Hidalgo, Morelos, Querétaro, San Luis Potosí y Aguascalientes.

Fidel Camarillo fue encarcelado en 1998 y su hermano, apodado *el Loco*, quedó a cargo del grupo criminal. Desde 2001 comenzó una lucha entre los Camarillo y miembros políticos de su familia que culminó en 2003, cuando Mario fue asesinado por sicarios que envió su yerno, un expolicía judicial federal, Alfredo Martínez, apodado *el Goldá*. La lucha entre los grupos se dio por un malentendido entre la banda del *Tanque* y la de la familia Arias, compuesta por David y Víctor Arias Pérez, además de Narciso y Ulises Arias Solario, Héctor y Gustavo Arias Orozco.

La escisión, que se dio en 1995, llevó a que los Arias operaran en la colonia Gabriel Hernández, mientras que el Tanque lo hacía en la calle de Jesús Carranza, en Tepito. El Tanque provenía de una familia dedicada al cobro de piso contra la comunidad coreana en el centro, un negocio que se desarrolló tanto que terminó involucrando a casi todos los comerciantes del Centro Histórico. En 1998 fue detenido por homicidios y tráfico de armas, pero sólo se le procesó por narcomenudeo y salió cuatro años más tarde. Fue entonces cuando inició la lucha contra los Camarillo.

El origen de La Unión, como se la conoce actualmente, se dio a mediados de 2009, gracias a la boda entre Armando Hernández Gómez, *el Ostión*, y Judith Camarillo Feijoo, media hermana de Mario y Fidel Camarillo. El Ostión era colaborador del Tanque y luego fundó, junto con sus hermanos Víctor Hugo y Francisco Javier, apodado *Pancho Cayagua*, el cártel La Unión.

Los Camarillo fueron entonces relegados por La Unión, cuando el cártel fue patrocinado por Édgar Valdez Villarreal, *la Barbie*, antiguo socio de los Beltrán Leyva. Es entonces que se da el ascenso de los hermanos Hernández Gómez, hasta que en mayo de 2016 las autoridades capitalinas documentan una serie de crímenes relacionados con la división interna de La Unión Tepito. Informes de la Procuraduría General de Justicia de la Ciudad de México revelaron que Pancho Cayagua tuvo una discusión con su principal operador, identificado como Roberto Fabián Miranda Ramírez, *el Betito*.

Tras la riña, el 26 de abril de 2016, Pancho Cayagua y otro sujeto apodado *Perro Salchicha*, jefe de sicarios de La Unión, ordenaron ejecutar a tres hombres que estaban en una cervecería en la colonia Prohogar, en Azcapotzalco. Los hombres que fueron ejecutados en aquel negocio eran cercanos al Betito y controlaban la venta de droga en dicha colonia. Quienes los conocían los apodaban *el Loco Fresa*, *el Elvis* y *el Calamardo*.

El asesinato, el 11 de octubre de 2017, de Francisco Javier Hernández Gómez, *Pancho Cayagua*, el fundador y líder de La Unión Tepito, baleado a la salida de un estacionamiento en Insurgentes, revivió la guerra que libraban distintos grupos criminales por el control de La Unión Tepito. Hernández Gómez fue ultimado por dos sicarios que iban en una motocicleta cuando estaba dentro de su auto en el estacionamiento de un supermercado, al que había llegado después de recibir una llamada telefónica. De acuerdo con la procuraduría capitalina, había sido detenido en agosto de 2016 acusado de cometer un doble homicidio en septiembre de 2005. En esa ocasión, Hernández Gómez fue arrestado, pero quedó libre cinco meses más tarde, después de que uno de sus presuntos sicarios se autoincriminó.

Pancho Cayagua era buscado por ser el autor intelectual del asesinato de un vendedor de drogas fuera del bar Black en la colonia Condesa, que era familiar de un líder del grupo rival, La Unión Insurgentes. Esto provocó que se diera uno de los capítulos más conocidos de la lucha entre grupos criminales en la capital, el cual tuvo por escenario el famoso bar Heaven. Dos días después del asesinato supuestamente ordenado por Hernández, el 26 de mayo de 2013, La Unión Insurgentes secuestró a plena luz del día a 13 jóvenes en el bar Heaven, que después aparecieron asesinados y enterrados en una fosa clandestina.

Luego de la muerte de Pancho Cayagua, fue arrestado uno de los principales integrantes del grupo delictivo La U o La Unión, otro rival directo de La Unión Tepito: Víctor Hugo, *el Huguito*, quien a sus 20 años ya había sido relacionado con extorsiones, robos y homicidios. El Huguito era uno de los operadores más cercanos a Roberto Moyado Esparza, *el Betito*, quien se quedó con el control de La Unión tras el asesinato de Pancho Cayagua.

De acuerdo con informes de la Procuraduría General de Justicia capitalina, el Huguito era el encargado del cobro del derecho de piso a los impresores de la Plaza de Santo Domingo y del Centro Histórico. La última semana de octubre de 2017 fue detenido junto con otros tres sujetos cuando llevaban a un hombre secuestrado dentro de una camioneta Nitro por Paseo de la Reforma. Mantenía a su víctima amenazada de tal manera que, al ser rescatada, les dijo a los policías que tenía miedo y prefería no denunciar su rapto.

La ola de crímenes que se dio entonces tenía relación con la lucha entre dos organizaciones, La Unión (Insurgentes) y la llamada de los Tepis (o Unión Tepito), por el control del narcomenudeo en la Zona Rosa y la Condesa, controladas, dentro de La Unión, por el grupo llamado La Unión Insurgentes. Ellos manejan esa arteria que, con el paso de los años, pasó de ser una de las zonas más pujantes y seguras de la ciudad al eje troncal de una suma de despropósitos: desde el desorden urbano y la corrupción en el otorgamiento de todo tipo de permisos, hasta la operación de giros negros, de prostitución, masculina y femenina, de venta de drogas.

Son 15 las bandas que se disputan el control de Tepito y en esa lucha están las razones de los hechos violentos que se han dado en los últimos meses. Y también de hechos misteriosos, como la detención de una ciudadana checa, exbailarina del *table dance* Solid Gold, portando una pistola y algunas dosis de droga. La joven, que tenía una credencial de elector falsa, argumentó que la droga era de su esposo, quien se dedicaba a ese negocio, mismo que, según información que publicó *Excélsior*, estaba desaparecido junto con la hija de la joven detenida desde entonces.

Lo que llamó la atención fue la forma en que fue detenida esta mujer, en pleno día, cerrando, se supone, una operación, pero según versiones fidedignas, se habría tratado de una delación en la lucha entre los distintos grupos que controlan el narcomenudeo. Por cierto, nunca se ha sabido el nombre del esposo prófugo de la joven checa. Y como ése hay varios otros casos que se han dado en los últimos meses, que, cuando se comienzan a recopilar, se transforman en las piezas de un rompecabezas que se llama la operación del crimen organizado en la capital del país.

Que estas bandas hayan operado para los Beltrán Leyva, el Cártel de Sinaloa o La Familia Michoacana es lo de menos; así, a través de pandillas es como estos cárteles han entrado en las diferentes ciudades, desde Ciudad Juárez hasta Monterrey. No colocan un gramo de coca del otro lado de la frontera, no son grandes traficantes, venden en esquinas, escuelas, bares, colonias, pero por eso mismo son los grupos más peligrosos y violentos para la vida cotidiana de la gente, y deberían ser el gran objetivo de las autoridades, porque pasan del narcomenudeo a la extorsión, el chantaje, el secuestro, el robo, sin dilaciones.

La forma en que se ha expandido el involucramiento con el llamado *Zar de los Giros Negros*, Alejandro Iglesias Rebollo, está mostrando una trama que se ha extendido durante muchos años en el ámbito de los lugares de diversión nocturna en el Distrito Federal, tramas que llevan tan lejos como el caso de Salvador Cabañas con *el JJ*, *el Indio*, la Barbie, los personajes que manejaban esos rubros en la capital para los principales cárteles en el pasado. De ahí nació la actual Unión Tepito.

* * *

Son considerados los principales generadores de violencia en la Ciudad de México. Sus delitos abarcan el narcomenudeo; el cobro de piso; extorsiones; trata de personas, en su modalidad de prostitución; soborno de autoridades y asesinatos entre grupos rivales. Uno de los principales rivales de La Unión Tepito se escondía en mayo de 2019 en el fraccionamiento Tlalpuente, en la alcaldía Tlalpan. Era Jorge Flores Conchas, *el Tortas*, líder de la Fuerza Anti Unión.

Desde su residencia, en una zona boscosa, operaba y daba instrucciones a sus subalternos. Sabía que era buscado por sus rivales de La Unión Tepito, pero la madrugada de un martes fue capturado en ese fraccionamiento, junto a su pareja sentimental, quien también quedó bajo custodia por estar vinculada a varios negocios ilegales. El operativo lo realizó personal de la Agencia de Investigación Criminal de la Fiscalía General de la República, acompañado por militares y marinos. Fue el último operativo que realizó frente a esa agencia federal Omar García Harfuch, quien semanas después se convertiría en secretario de Seguridad Ciudadana de la capital del país, que había caído en una terrible espiral de violencia e inseguridad durante los primeros meses del mandato de Claudia Sheinbaum, cuando el secretario de seguridad fue Jesús Orta.

El Tortas estaba acusado de asesinatos, secuestros, extorsión, y de controlar el cobro de piso y la distribución de drogas en las alcaldías Cuauhtémoc, Iztapalapa, Venustiano Carranza y Gustavo A. Madero. También se le indagaba por el desmembramiento de dos cuerpos que fueron abandonados en Insurgentes Norte y Ricardo Flores Magón en junio de 2018. Está relacionado con un ataque ocurrido en la Plaza Garibaldi el 14 de septiembre de 2019, cuando hombres vestidos de mariachi, presuntos integrantes de La Unión Tepito, iban por él para acribillarlo. Esa noche murieron seis personas, pero el Tortas logró escapar.

El poder de la Fuerza Anti Unión devenía del apoyo que le brindaba el Cártel Jalisco Nueva Generación para desplazar a La Unión Tepito. El CJNG le entregó recursos económicos, armas, droga, vehículos, sicarios y adiestramiento, como parte de un acuerdo para expandirse en el narcomenudeo en la Ciudad de México. La idea era ampliar su zona de operación a los municipios mexiquenses de Toluca, Ecatepec, Tlalnepantla, Naucalpan, Atizapán de Zaragoza y Cuautitlán Izcalli, a través de alianzas con diversos líderes de grupos delictivos que operan en esas zonas.

Pero al mismo tiempo en que el Tortas era detenido, al otro extremo de la ciudad, en el municipio de Atizapán de Zaragoza, en el mismo operativo de la Agencia de Investigación Criminal de la Fiscalía General de la República, era capturado su mayor enemigo, Pedro Ramírez Pérez, *el Jamón*, considerado el líder de La Unión Tepito. Había reemplazado en esa posición a David García Ramírez, *el Pistache*. Como sucedió con el Tortas, durante el operativo también fue detenida la pareja sentimental del Jamón.

Pedro Ramírez manejaba una amplia red de corrupción para sobornar a policías y ministeriales, quienes le proporcionaban información de acciones operativas en puntos de venta y distribución de droga. También protegían las bodegas en donde se depositaba la droga que el grupo distribuía en la Ciudad de México. Las acusaciones contra el Jamón iban mucho más allá: era responsable del despojo de terrenos por propietarios que fueron amenazados para cederle sus propiedades. Las ganancias generadas por sus actividades ilícitas eran utilizadas para la compra de terrenos y

propiedades ubicadas en destinos turísticos del país a través de prestanombres. También controlaba el cobro de piso a restauranteros y
dueños de bares, así como la venta de droga en los mismos negocios, principalmente en la Condesa, Zona Rosa, Polanco, Narvarte, Roma, además de Ciudad Satélite.

Los líderes de los dos principales grupos criminales de la capital, enfrentados entre ellos, La Unión Tepito y la Fuerza Anti
Unión, fueron detenidos el mismo día a la misma hora. Sus disputas comenzaron cuando el hermano del Tortas fue asesinado por el
Betito, exlíder de La Unión y quien permanece en prisión.

* * *

El miércoles 8 de agosto de 2018 Andrés Manuel López Obrador
recibió la constancia de mayoría que lo acreditaba como presidente
electo; la maestra Elba Esther Gordillo quedaba libre de las acusaciones por delincuencia organizada y lavado de dinero, y cuando parecía que así terminaba un día bastante agitado, el entonces
secretario de Gobernación, Alfonso Navarrete, informaba a través de su cuenta de Twitter sobre la captura de uno de los máxi-
mos responsables de la violencia, extorsiones y tráfico de drogas en
el Valle de México.

Se trataba de Roberto Moyado Esparza, *el Betito*, líder de La
Unión Tepito, luego de que ordenara el asesinato de Pancho Cayagua. El Betito fue detenido en el pueblo de Santo Tomás Ajusco,
en la alcaldía Tlalpan, por elementos de la División Antidrogas de
la Policía Federal y posteriormente fue entregado a la PGR.

Había sido detenido en 2008 por el robo a un restaurante en
Polanco. Al salir libre, fue reclutado por La Unión Tepito. El seguimiento al Betito por parte de las autoridades se complicó debido
a que utilizaba varias identidades, incluso en 2016 hizo correr el
rumor de su muerte para evitar ser detenido.

Lo cierto es que con el paso del tiempo la figura de Moyado
Esparza comenzó a crecer dentro del grupo criminal, hasta que a
finales de 2015 las diferencias entre Pancho Cayagua y el Betito

provocaron la separación de La Unión en dos células, lo que generó una guerra interna por el liderazgo.

Tras el arresto de Francisco Javier Hernández Gómez, *Pancho Cayagua*, en agosto de 2016, el Betito aprovechó para abrirse paso y reclutar sicarios para fortalecer su propia estructura criminal. Pero el 2 de febrero de 2017 Pancho Cayagua fue liberado luego de que un juez considerara que la Procuraduría General de Justicia de la Ciudad de México no pudo acreditar su participación en un doble homicidio ocurrido el 11 de septiembre de 2005 en calles de la colonia Morelos, alcaldía Cuauhtémoc.

Desde ese momento comenzó la guerra por el control del grupo criminal hasta el asesinato de Cayagua el 11 de octubre de 2017.

Fue así como el Betito tomó el control de La Unión Tepito y se convirtió en el principal detonador de la violencia en la capital. Entregaba a sus hombres gorras bordadas y armas personalizadas, algo parecido a lo que en su momento hicieron Los Ántrax, brazo armado asociado al Cártel de Sinaloa. Algunas gorras tenían la letra "B", otras tenían bordado en color dorado el rostro de un hombre con barba cerrada, lentes y un rifle de asalto; otro modelo muestra el logotipo de la Presidencia de la República que se usó en el sexenio de Vicente Fox y con la inscripción "D la B"; mientras que las armas eran personalizadas con una calavera y el gatillo bañado en oro.

Los que portaban esas gorras estaban autorizados para cobrar las cuotas que exigían por protección a comerciantes, mientras que quienes tenían las armas eran los más cercanos a él. De acuerdo con las autoridades capitalinas, el Betito dio la instrucción de matar a quienes usaran estos objetos y no pertenecieran a su organización. Al ampliar su poder, la organización criminal diversificó sus actividades y comenzó a realizar secuestros exprés, robo de inmuebles, venta de piratería, tráfico de armas y extorsión telefónica. Sin embargo, una de las prácticas más redituables es la extorsión en comercios, restaurantes, bares y centros nocturnos sobre todo en Polanco y el corredor comercial Roma-Condesa.

Ante la creciente hegemonía de La Unión surgió un grupo que les hizo frente e incrementó la violencia en el valle de México: la

Fuerza Anti Unión, inicialmente formado por sicarios contratados por vecinos y comerciantes que habían sido víctimas de La Unión. La Fuerza Anti Unión comenzó a ser liderada por Jorge (o Sergio) Flores Conchas, *el Tortas*, y comenzó a ser cortejada por el CJNG para entrar en la capital del país.

A partir de este momento se incrementó la violencia en la capital; incluso apareció una *narcomanta* en un puente de la alcaldía Miguel Hidalgo, la cual estaba supuestamente firmada por el CJNG. En ella, se exigía al gobierno capitalino "meter orden en Tepito".

Días después fue asesinado Omar Sánchez, *el Gaznate*, identificado como responsable de la venta de droga y extorsión en la Plaza de Santo Domingo. También fue asesinado Juan Iván Arenas, *el Pulga*, identificado como jefe de sicarios de La Unión. En respuesta, La Unión destazó a dos hombres y dejó los restos humanos en Insurgentes Norte, en el puente de Nonoalco. Además, dejaron un mensaje dirigido al Tortas. Poco después los dos líderes, el de La Unión y la Fuerza Anti Unión, fueron detenidos (la misma noche fue detenido un representante del CJNG en la capital del país).

* * *

La Unión pide a los dueños o gerentes de bares y restaurantes de prestigio un mínimo de 15 000 pesos mensuales, y algunas veces hasta 15 o 20% de las utilidades. Cuando los comerciantes o gerentes son secuestrados la exigencia mínima es de 500 000 pesos como rescate.

Asimismo, La Unión comenzó a controlar la mayor parte de las *escorts* que se anunciaban en páginas como Zona Divas y muchas de ellas fueron asesinadas.

* * *

El 15 de enero de 2020 se daban dos operativos simultáneos con dos golpes a La Unión Tepito. La primera detención fue la de Alexis Osmar, alias *el Osmar* o *el Pug*, identificado como el responsable de la planeación y ejecución de homicidios, así como de asaltos a empresarios en la Ciudad de México. Era el encargado del cobro de extorsiones en bares y restaurantes del corredor Roma-Condesa y Polanco. Además, llevaba a cabo robo a transporte de carga, clonación de vehículos y tarjetas bancarias. Encabezaba un grupo de sicarios para atacar a integrantes de grupos antagónicos. Fue detenido en Querétaro, desde donde coordinaba su operación.

No era un principiante, por cuarta vez el Osmar era aprehendido. En 2018 fue detenido en la zona de Villa Coapa acusado de extorsión, y fue puesto en libertad en febrero de 2019. En mayo de 2019 fue detenido en Polanco, pero quedó libre tres meses más tarde. En 2016 había sido detenido por el delito de secuestro exprés, pero también quedó libre unos meses después.

La otra aprehensión de aquel enero fue la de Jorge Jonathan "N", alias *el Johny*, líder operativo y segundo al mando de la organización delictiva que encabeza Lenin Canchola, enfrentado con La Unión y quien controla la venta de droga, cobro de piso y extorsión en las alcaldías Álvaro Obregón y Cuajimalpa. Lo capturaron en la colonia Narvarte. Cuando se vio rodeado por los agentes, los quiso sobornar, les ofreció 100 000 pesos en efectivo y el auto BMW en el que se transportaba. El Johny ya había estado dos veces en la cárcel por los delitos de robo y portación ilegal de arma de fuego, además estaba señalado como el responsable de participar y ordenar diversos homicidios. Junto con el Johny, también fue detenida su novia.

* * *

La fiscalía de la Ciudad de México ofrece hasta dos millones de pesos a quien proporcione información que lleve al paradero de Karina Itzel Morales Baltazar, quien tiene reporte de desaparecida desde el 15 de diciembre de 2018. Cuando se perdió el rastro de Karina Itzel tenía 27 o 28 años y era novia de Alexis Martínez Martínez, *el Alexis*, presunto operador financiero de La Unión Tepito. Lo último que se supo de la joven es que acudió a un evento de música electrónica en Tlalnepantla, Estado de México, con el Alexis y Brayan Mauricio Miranda González, *el Pozoles*, uno de los presuntos líderes de La Unión, actualmente preso por el homicidio de la *escort* venezolana Kenny Finol.

Otros dos millones de pesos de recompensa ofrece la fiscalía capitalina para localizar a Atzin Molina Salinas, de quien no se sabe nada desde el 9 de febrero de 2019. La joven, de 20 años, fue vista por última vez en calles de la Zona Rosa. El día de su desaparición había quedado de reunirse en el *after* Zíngaro con Mauricio Hernández Gasca, *el Manzanas*, quien era su novio y uno de los sucesores del Betito. Informes de inteligencia de la fiscalía capitalina establecen que habría sido Atzin quien delató al Pozoles para que fuera capturado.

A finales de noviembre de 2019 agentes de la Secretaría de Seguridad Ciudadana de la Ciudad de México montaron un operativo para detener a Eduardo Clemente, *el Bandido*, otro operador de La Unión Tepito. Con él fueron detenidas cinco personas más, tres hombres y dos mujeres. Ellas fueron identificadas por las autoridades como Alejandra "N", alias *la Bellaca*, e Ilse "N".

Alejandra es amiga de Karina Itzel Morales, desaparecida un año atrás. Alejandra declaró que el 15 de diciembre de 2018 fueron a un bar y se tomaron algunas fotografías que subieron a sus redes sociales. Luego fueron a un concierto en Tlalnepantla. Karina, como dijimos, era la pareja sentimental del Alexis. Las autoridades sospechan que él la desapareció.

El Alexis fue detenido en marzo de 2020 en un complejo de departamentos de lujo ubicado en San Jerónimo; estaba acompañado de dos mujeres, identificadas como Valeria Díaz y Elizabeth "N". Todos fueron puestos en libertad dos días después.

Valeria Díaz, de 28 años, era otra de las llamadas novias de La Unión. El 15 de mayo de 2020 fue asesinada, junto con Brillit Pérez, de 17 años, en el cruce de las calles Panaderos y Alfarería en la colonia Morelos.

Valeria iba a bordo de su vehículo, acompañada de sus amigas, cuando dos hombres les cerraron el paso. Uno de ellos sacó un arma y le disparó en cinco ocasiones. Aunque elementos de la Secretaría de Seguridad Ciudadana solicitaron una ambulancia, los familiares de Valeria no quisieron esperar y se las llevaron al hospital Balbuena, donde murió mientras esperaba atención, acostada en una de las bancas.

Según las autoridades, ayudaba a los miembros de La Unión Tepito a ubicar víctimas y extorsionarlas. Le gustaba presumir sus viajes a destinos como Cancún, Playa del Carmen y Acapulco. En redes sociales compartía fotografías con bolsas, ropa y zapatos de diseñador.

Apenas en marzo de 2020 su prima Nalliby Mustafa, *la Kimby*, había sido asesinada a tiros en la colonia 20 de Noviembre. En esa ocasión, la Kimby y Jesús Barragán, *el Leónidas*, salían de una vivienda cuando hombres armados les dispararon en más de 30 ocasiones. El Leónidas ya había sufrido un ataque junto a Valeria Díaz. Esa vez, Valeria resultó ilesa, pero el Leónidas recibió un tiro en la cara que lo dejó ciego.

Éstas y otras jóvenes, según las autoridades, acostumbran acompañar a los líderes del grupo delictivo a bares y viajes por distintas partes, no sólo de México, sino del mundo. Además, el Alexis era el encargado de ayudar a estas jóvenes a surtirse de ropa y accesorios en boutiques de prestigio.

* * *

Los líderes de La Unión Tepito se han caracterizado por reclutar *escorts*, algunas del portal zonadivas.com que desde 2017 estuvo bajo investigación de las autoridades locales, debido al asesinato de varias jóvenes extranjeras.

Algunas de estas jóvenes, al pisar territorio mexicano, eran llevadas a departamentos o casas de seguridad. Les arrebataban su pasaporte y las obligaban a firmar un contrato en el que daban a conocer que trabajaban como *escorts* por su propia voluntad. Más de 2 000 jóvenes fueron reclutadas por varios años en el portal.

El primer asesinato que se registró fue el de Génesis Gibson Jaimes, una venezolana de 24 años, muerta en noviembre de 2017 en un hotel de la alcaldía Venustiano Carranza. Por este crimen fue detenido Daniel Uribe Reyes, identificado como operador de La Unión Tepito y quien recibió dos sentencias por 80 años. Fue hallado culpable de la muerte de Génesis, y por el de Wendy Vaneska, de 26, cuyo cuerpo fue encontrado en la habitación de un hotel en la colonia Escandón, alcaldía Miguel Hidalgo.

En diciembre de 2017 otra joven *escort* fue asesinada en un hotel de la alcaldía Benito Juárez. Era Karen Ailén, de 23 años, de origen argentino.

La relación del portal Zona Divas con el grupo de La Unión Tepito se evidenció con el asesinato de la venezolana Kenny Finol. Su cuerpo fue encontrado en calles de Ecatepec en febrero de 2018. Meses antes, la joven había denunciado a su agresor: era el líder del grupo criminal, Brayan Mauricio Miranda González, *el Pozoles*. El 3 de febrero de 2020 fue detenido por el asesinato de Kenny. Y también fue acusado por el homicidio de Karen Ailén.

Araceli tenía 21 años y decía ser estilista. Pero en redes sociales se hacía llamar Keilanny Boo, una *influencer* que contaba con 19 000 seguidores en YouTube y 57 000 en Instagram. Presumía ropa y tenis de marca, autos de lujo, así como las constantes fiestas a las que asistía. Vivía en Nezahualcóyotl. En los videos que subía a redes sociales, la joven también presumía su consumo de alcohol y drogas. Se hizo famosa luego de recrear constantes peleas con Brandon Lee. En esos videos utilizaba frases graciosas con las que logró millones de visitas a su canal de YouTube.

El 17 de julio de 2019 Keilanny fue asesinada afuera de un local llamado La Chelería, en Neza. De acuerdo con los reportes de la fiscalía mexiquense, Keilanny estaba vinculada al grupo criminal La Unión Tepito. Fue pareja de uno de sus líderes. El día que fue asesinada estaba acompañada de integrantes del grupo rival, la Fuerza Anti Unión. Además, se supone que Keilanny pertenecía a un grupo de extorsionadores conocidos como Los Mazos, y que la joven, junto a otras dos mujeres, había amenazado y extorsionado a un político, por lo que eran buscadas por La Unión Tepito. Según las indagatorias, el padre de Keilanny también pertenecía al grupo criminal.

* * *

Una de las integrantes de Zona Divas cuenta: "Cuando yo trabajaba en Zona Divas eran otros tiempos. Los actores y políticos nos hacían regalos y las fiestas eran increíbles. Mucha gente ahora critica a Ignacio Antonio Santoyo Cervantes, *el Soni* (fundador del portal Zona Divas), pero hace unos años la gente lo saludaba en los restaurantes y nosotras éramos más que un objeto de lujo.

"Ahora la gente lo señala y lo crucifica, pero hace siete u ocho años era algo muy común. Una diva era un objeto de lujo. No todas éramos divas, era un lujo. ¡Éramos un objeto de lujo! Algo bonito de ver, de cuidar, de mirar, pero no éramos algo que cualquiera pudiera adquirir. El que podía tener a su lado a una diva era una persona con un cierto estatus económico", aseguró la exdiva Brenda Stewart en entrevista para *Excélsior*. La mujer, de nacionalidad argentina, asegura que a ella nadie la obligó a venir a trabajar como sexoservidora.

Brenda dijo en ese reportaje que era rotundamente falso que les retuvieran sus documentos, aunque admitió que sí debían pagar su pasaje de avión a México, pero la puerta siempre estaba abierta para la que quisiera irse o incluso regresar a su país. "A mí nadie me obligó. Nadie me dijo que pagara nada. Yo no le debía nada a él ni él me debía nada a mí, yo simplemente llegué, me hice mis fotos. Punto. Ése fue todo el negocio."

Zona Divas le pagó a Brenda Stewart el boleto de avión desde Buenos Aires, y al llegar a la Ciudad de México la recibieron en el aeropuerto, desde donde eran trasladadas a una casa que tenía todos los servicios. En ese lugar les explicaban a las mujeres cómo funcionaba el negocio.

A cada cliente se le cobraban 2500 pesos. La "agencia" se quedaba con 40% de cada servicio, lo que quiere decir que las mujeres pagaban 1000 pesos por cada uno de sus clientes. Adicionalmente, ellas debían pagar entre 10000 y 13000 pesos para hacerse un *book* de fotografías, es decir, un portafolio fotográfico, con lo que ellas serían publicitadas en el portal de internet. Brenda aseguraba que, por los permisos de trabajo, existía la posibilidad, si así lo quería la interesada, de sólo permanecer en México por un lapso de 25 días.

"Para nosotras él [el Soni] era nuestra mejor opción. Él no obligaba a nadie, había fila de mujeres interesadas en venir."

La argentina considera que este tipo de servicios se deben legalizar y piensa que el Soni incurrió en un delito de carácter fiscal, pero no en uno penal. "Yo no digo que por ahí [el Soni] no tenga alguna culpa. Tal vez no pagó impuestos, por ahí hizo un montón de cosas que no estaban bien. Lógicamente cada quien sabe lo que hace y tiene que pagar por eso, pero tampoco vamos a decir que el tipo era tan macabro", puntualizó. Hasta ahí el reportaje publicado en *Excélsior*.

* * *

El Soni es el fundador de Zona Divas. Ignacio Antonio Santoyo terminó sus estudios en Administración en la Universidad Anáhuac del Estado de México en 2002 y era habitante de la colonia Santa María la Ribera.

El Soni ha sido detenido por lo menos en dos ocasiones, en una estuvo preso tres años. Regresó de prisión para crear Zona Divas. La entonces titular de la Fiscalía Central de Investigación para la Atención del Delito de Trata de Personas en el gobierno de Miguel Ángel Mancera en la Ciudad de México, Juana Camila Bautista, fue quien relacionó el sitio Zona Divas con los integrantes de La Unión Tepito.

Tras iniciar investigaciones por la muerte de tres mujeres extranjeras, la Procuraduría General de Justicia de la Ciudad de México comenzó la búsqueda de los dueños de la página Zona Divas, en la que habían aparecido las víctimas, por trata de personas. En una cuenta de Twitter a nombre de Sony Saenz, que desde entonces está inactiva, Santoyo negaba que Zona Divas fuera una página de trata de personas y denunció que todo se trataba de una persecución.

El Soni tenía un socio accionista en esa red, su primo Guillermo, *el Memo*, quien también fue detenido en 2019 por la Policía Federal. El Soni fue detenido en un fraccionamiento de Playa del Carmen, en Quintana Roo. En abril de 2018, poco antes de la detención del Soni, la página anunció que "como empresa socialmente responsable, informamos a todos los usuarios de este sitio que en cooperación con las autoridades, de manera voluntaria y EN TOTAL APEGO A DERECHO, hemos decidido suspender actividades". Cuando se anunció el cierre de ese sitio web, decenas de mujeres dedicadas a ofrecer servicios sexuales mostraron su descontento y utilizaron Twitter como nueva plataforma para contactar con sus clientes, a quienes facilitaban un número de WhatsApp para concretar la cita íntima.

* * *

La detención de Roberto Moyado Esparza, *el Betito*, trajo consigo una serie de ejecuciones debido a la reestructuración de los grupos criminales en la Ciudad de México.

De acuerdo con las autoridades capitalinas, el responsable de la ola de violencia que se desató en la capital luego de la detención del Betito fue David García Ramírez o Hernández, *el Pistache*, un personaje que estaba a la par del Betito en la línea de mando; sin embargo, trabajaban por separado y tenían profundas diferencias.

El otro líder de La Unión era Mauricio Hernández Gasca, *el Manzanas*, dedicado a la extorsión de comerciantes del barrio bravo y el Centro Histórico.

Entre ellos se dio la mayor disputa, pero lo cierto es que existen por lo menos 10 familias criminales que participan en la venta de droga tan sólo en la alcaldía Cuauhtémoc. Entre ellas está el grupo liderado por Leticia Vargas, *la Patrona*; *el Salchicha con Huevo*, Los Batlea, los hermanos Hernández Gómez, Los Fortis, el Cártel del 21 y Los de la Rinconada.

Tepito es el principal abastecedor de drogas tanto a consumidores individuales como a bandas del norte de la Ciudad de México y del oriente del Estado de México. Se estima que cada día se venden entre cinco y 10 kilos de cocaína y alrededor de 1.5 toneladas de marihuana. La violencia generada por todos estos grupos en disputa ha producido una ola nunca antes vista en la Ciudad de México.

* * *

A finales de octubre de 2019 La Unión Tepito recibió lo que debería haber sido uno de los golpes más fuertes cuando 147 elementos de la Marina, 600 policías de la Ciudad de México y 90 policías de investigación desplegaron un impresionante operativo en el barrio de Tepito. El objetivo eran tres domicilios y un predio ubicado en Peralvillo, en la colonia Morelos, marcado con el número 33, conocido como La Fortaleza, en la que se encontró un túnel por donde se presume escapó Andrés Flores, *el Lunares*, entonces líder del grupo criminal. El lugar contaba con al menos tres túneles, dos terminados y uno en construcción, que comunican a los predios de Estanquillo 18 y Jesús Carranza 42. El Lunares huyó pero sí se pudo detener a otros 26 hombres y cinco mujeres, presuntos integrantes de La Unión Tepito.

Fue un operativo limpio en el que se buscó que hubiera el menor número de personas en la zona. En uno de los domicilios se localizaron dos laboratorios donde se elaboraban drogas sintéticas. Ahí se aseguraron 50 kilos de precursores químicos, dos y media toneladas de marihuana, 20 kilos de cocaína y cuatro kilos de metanfetamina. En los otros dos inmuebles, que eran utilizados como bodega, se aseguraron 13 armas de fuego cortas, 13 largas, un lanzagranadas, 54 cargadores de armas largas y cortas, así como 1 520 cartuchos útiles y 20 granadas. Además, se aseguró un predio que era utilizado como pensión, en donde se encontraron varios vehículos y costales con marihuana; así como un millón y medio de pesos.

* * *

Pero en este operativo hubo otro aspecto que llamó la atención, y fue que se encontraron altares asociados al culto de la santería, probablemente de la religión Palo Monte o Palo Mayombe. Esa religión tiene orígenes africanos, y llegó a nuestro país a través de inmigrantes cubanos.

El altar o nganga suele estar compuesto por palos de madera, restos humanos y otros elementos, como la cruz cristiana. Como se pudo observar en las imágenes del cateo, en estos altares había cráneos humanos, cuernos de animales e inscripciones hechas con tiza, propias de esta religión.

Las fotografías difundidas sobre lo encontrado en La Fortaleza muestran tres artefactos denominados nganga, o "caldera sagrada", los cuales, de acuerdo con estudios sobre la rama Palo Mayombe de la santería, implican un acuerdo entre un palero, una persona y un muerto, un espíritu que supuestamente accede a brindar su conocimiento y poderes sobrenaturales a cambio de ofrendas como sangre, tabaco y alcohol, entre otras.

En los últimos años el Palo Mayombe ha cobrado popularidad entre miembros del crimen organizado. Pero fue en 1989 cuando se popularizó por el caso de los "narcosatánicos". En abril de ese año David Serna fue detenido en Matamoros, Tamaulipas, en un operativo de rutina de la Policía Federal. Al revisar su automóvil encontraron un extraño caldero con restos de sangre, corazones, partes de columnas vertebrales, que eran trozos del cuerpo del estudiante estadounidense Mark Kilroy, reportado como desaparecido mientras realizaba un viaje a México.

La banda estaba liderada por el cubano-estadounidense Adolfo de Jesús Constanzo, quien practicaba la religión Palo Mayombe, heredada de su madre, que era sacerdotisa del culto.

Constanzo llegó a la Ciudad de México en 1983 para trabajar como modelo, pero comenzó a ganar fama como santero, curandero y médium, lo que le ayudó a establecer relaciones con personas importantes, entre ellas artistas, jefes policiacos y narcotraficantes. Tiempo después, Constanzo se trasladó a Matamoros, Tamaulipas, donde conoció a Sara, estudiante de antropología de la Universidad de Texas.

La banda operaba en el rancho Santa Elena, a unos kilómetros de la frontera con Estados Unidos, lugar donde la policía encontró enterrados los cuerpos mutilados de 13 víctimas, entre ellas Kilroy, a las que les habían sacado el corazón, el cerebro y partes de la columna vertebral que utilizaban para preparar un brebaje que usaban durante sus ceremonias de santería. Constanzo hacía creer a sus seguidores que con el consumo de este brebaje podrían adquirir poderes extraordinarios, como el ser invisibles.

En Peralvillo 33 también se localizó un macabro altar que llevó a una investigación paralela por los restos humanos encontrados. De acuerdo con especialistas sobre el tema, el altar corresponde a Palo Mayombe, variante de la religión Yoruba africana, que fue montado para que a los miembros de La Unión Tepito "se les abrieran los caminos y todo se les facilitara". Fuentes de la Procuraduría General de Justicia de la Ciudad de México certificaron que se trataba de 55 cráneos que corresponderían a personas adultas; algunos presentaban impactos por disparo de arma de fuego en la parte superior. También había 40 mandíbulas, 31 huesos largos y un feto dentro de un frasco, los cuales fueron investigados por peritos expertos en antropología, química, criminalística, fotografía, genética y medicina. Hasta ahora no se han dado a conocer avances en esa indagatoria.

* * *

Por lo pronto, el Lunares, que huyó por los túneles de La Fortaleza, era identificado como el líder de La Unión Tepito y uno de los principales distribuidores de droga a "gran escala" en la Ciudad de México, convertido en uno de los objetivos prioritarios de la policía capitalina.

El operativo era el más exitoso, pese a que no se pudo detener al Lunares, realizado contra La Unión Tepito: se había desmantelado buena parte de su estructura operativa. Pero dos días después el juez Felipe de Jesús Delgadillo Padierna, el mismo que llevaba el caso de Rosario Robles y que había sido increíblemente inflexible con la exsecretaria de Desarrollo Social, ordenó la liberación de 27 personas detenidas, 22 hombres y cinco mujeres, que fueron aprehendidas en un inmueble de la calle Peralvillo.

La defensa argumentó ante el juez Delgadillo Padierna que los detenidos se hallaban celebrando y no estaban al pendiente del armamento y drogas que fueron encontrados en el predio. Eso fue suficiente para que el juez calificara de ilegal su arresto, desechando cualquier argumento que pudiera servir para incriminarlos, como el hecho de que 15 de los 27 detenidos contaban con antecedentes criminales por narcomenudeo, robo, lesiones y secuestro.

En un análisis realizado al informe policial se detectaron inconsistencias, entre ellas, que los policías no habían sido claros sobre la forma en que se realizaron las detenciones. Pero tal vez no habían sido claros por una razón: uno de los reportes fue firmado por el agente Juan Tomás Rangel Balderas, investigado por la procuraduría y separado del cargo junto con otro policía de investigación por presuntamente estar coludido con el Lunares, quien fue alertado por los propios elementos de la policía capitalina que trabajan también para La Unión Tepito.

Los mandos de la Secretaría de Seguridad Ciudadana de la Ciudad de México determinaron que por lo menos 120 policías locales estaban coludidos con ese grupo de la delincuencia organizada. Eran 40 elementos de la Policía de Investigación y por lo menos 80 de la Secretaría de Seguridad Ciudadana. La fuga del Lunares evidenció el vínculo de los elementos con ese grupo criminal.

Durante meses, la Secretaría de Seguridad Ciudadana realizó una investigación interna en las diversas corporaciones policiacas, en la que documentaron, a través de videos, audios y fotografías, esos nexos. Tras el operativo, se mostró una imagen en la que se aprecia al Lunares convivir con varios uniformados de la policía capitalina. Según las investigaciones de la propia Secretaría de Seguridad Ciudadana, les organizaba fiestas a los elementos del sector Morelos y a los que estaban adscritos a los puntos de vigilancia en las alcaldías Cuauhtémoc y Venustiano Carranza, zona de influencia de La Unión Tepito.

En esa investigación las autoridades encontraron evidencia de encuentros entre el Lunares y el coordinador del sector Morelos de la policía capitalina. También se identificó a un mando policiaco que acudió al velorio de tres sicarios del Lunares. Era el jefe Omega del sector Morelos. Durante la misma investigación fue retirado de su cargo el jefe de la Policía de Investigación asignado a la zona de Tepito, bajo la sospecha de que mantenía relación con el jefe de La Unión. El mando era el encargado de la coordinación territorial Cuauhtémoc 3, la cual investiga los delitos cometidos en gran parte de la colonia Morelos y sus alrededores. Fue captado cuando llegaba en una patrulla de la procuraduría capitalina a la vecindad de Peralvillo 33, en donde se realizó el operativo. Un día antes del cateo se reunió con la gente del Lunares.

* * *

El juez Delgadillo Padierna consideró que la Secretaría de Seguridad Ciudadana intentó hacer pasar por delincuentes a personas que no estaban vinculadas con actividades ilícitas: "Alguien le mintió a Omar García Harfuch, alguien le mintió al secretario de Seguridad Ciudadana sobre actuaciones que no ocurrieron conforme a la ley, alguien pretende engañar sobre un cambio en la política de seguridad pública cuando se confirma la tradición de fabricar culpables", señaló el juzgador que, además, ordenó al titular de la Secretaría de Seguridad Ciudadana que se abriera una investigación contra los elementos que participaron en el operativo por falsear el informe y las agresiones contra las mujeres.

Sobre esta decisión, el titular de Seguridad Ciudadana, Omar García Harfuch, señaló: "Por supuesto que no fabricamos culpables, tendríamos que haber fabricado toda la evidencia que se hallaba ahí". García Harfuch fue quien asestó los golpes más importantes contra los grupos criminales que operan en la capital. Fue el responsable de encabezar los operativos de captura de líderes de La Unión Tepito, como el Jamón, y de la Fuerza Anti Unión, como del Tortas. Durante su paso por la Agencia de Investigación Criminal, detuvo a líderes de primer nivel del narcotráfico como Dámaso López Núñez, *el Licenciado*, del Cártel de Sinaloa, y también coordinó el arresto de Javier Duarte en Guatemala y de Roberto Borge en Panamá.

Lo cierto es que nadie le había mentido al titular de la Secretaría de Seguridad Ciudadana capitalina; las denuncias de los vecinos sobre las operaciones en La Fortaleza venían de muchos meses atrás y las cámaras del C5 mostraban "desde hacía meses" actividades irregulares en el lugar.

¿Cómo un juez puede afirmar ante un operativo con estas características que "alguien pretende engañar sobre un cambio en la política de seguridad pública"? ¿Qué atribuciones se toma para hacer un comentario de este tipo? Lo cierto es que el operativo en La Fortaleza puso de manifiesto un cúmulo de irregularidades, como la complicidad de elementos de la policía con el crimen organizado y los intereses políticos de la justicia local, y en particular del juez del caso, en este tipo de eventos.

* * *

¿Quién es el juez Felipe de Jesús Delgadillo Padierna? Tiene 40 años, está especializado en el nuevo sistema penal y su función es controlar el origen de los procesos, es decir, determinar si las acusaciones contra alguien están bien fundadas, si existen pruebas contundentes y testimonios que les den credibilidad.

Fue él quien vinculó a proceso desde la primera audiencia a Rosario Robles por ejercicio indebido del servicio público; además, la envió a prisión mientras se realizaba la investigación, por considerar que existía el riesgo de que se fugara, basado en una licencia de conducir a todas luces falsa.

Además, libró una de las dos órdenes de aprehensión contra el exdirector de Pemex Emilio Lozoya, por lo que, tras su extradición, tendrá que ser presentado ante él.

Pero no ha sido tan duro en temas del crimen organizado. En marzo de 2019 ordenó la liberación de Luis Felipe Pérez, *el Felipillo*, hijo del exlíder del Cártel de Tláhuac, Felipe de Jesús Pérez Luna, *el Ojos*, debido a que, según él, el Ministerio Público integró mal la averiguación previa.

Uno de los puntos que más críticas ha levantado es su parentesco familiar, ya que es sobrino de la vicepresidenta de la mesa directiva de la Cámara de Diputados, Dolores Padierna, y de René Bejarano, su esposo, famoso por los videoescándalos.

Es este parentesco lo que ha llevado a conjeturar a periodistas y analistas que la detención sin fianza de Rosario Robles se debe a una posible venganza contra la rival política de su tía. Pero no sólo eso, sino que esta misma relación familiar habría llevado a liberar a los detenidos en Tepito, pues toda esa área de la capital donde se produjeron las detenciones forma parte de la zona de influencia de la legisladora y su esposo.

En 2005 una investigación periodística con información de Nueva Izquierda, la corriente del Partido de la Revolución

Democrática (PRD) denominada Los Chuchos, reveló que el control de grupos de comerciantes callejeros afines al PRD en la capital del país dejaba ganancias diarias por cinco millones de pesos, de los cuales 10%, es decir, medio millón de pesos, iban a parar a Izquierda Democrática Nacional, creada por René Bejarano, el esposo de Dolores Padierna, cuyo hermano es uno de los principales líderes de ambulantes en la alcaldía Cuauhtémoc.

Según aquel informe, la corriente bejaranista obtenía un millón y medio de dólares mensuales, pues controlaba cerca de 100 000 ambulantes, a quienes les cobran cuotas de al menos 50 pesos diarios.

Diputados locales del PRD, Partido Acción Nacional (PAN) y Partido Revolucionario Institucional (PRI) identificaron la presencia de ambulantes bejaranistas en nueve de las 16 entonces delegaciones, hoy alcaldías: Coyoacán, Cuauhtémoc, Azcapotzalco, Tláhuac, Álvaro Obregón, Gustavo A. Madero, Iztapalapa, Magdalena Contreras y Tlalpan.

* * *

Un comerciante fue asesinado a plena luz del día, frente a más de 10 testigos que sólo atinaron a observar la escena. Emir Vázquez fue interceptado en calles de la colonia Nueva Atzacoalco el 12 de abril de 2020. Tres hombres lo atropellaron con un vehículo sedán. Después se bajaron y lo mataron a machetazos.

La violencia no se detuvo en medio de la emergencia sanitaria por la covid-19. Al igual que el cobro de piso, que continúa en el Centro Histórico. Comerciantes ambulantes denunciaron públicamente que continuaban las extorsiones por parte de integrantes de La Unión Tepito. Contaron que a sus puestos llegaban niños y mujeres con un papel en la mano que decía: "Vengo por el cobro".

La mayoría de los ambulantes decidió dejar de abrir sus puestos en las colonias Morelos y Centro desde que comenzó el confinamiento, porque las ventas estaban a la baja y a eso había que sumarle la cuota para el grupo criminal. Ante ello, La Unión Tepito comenzó a dar créditos a la palabra por 10 000 pesos… para que los comerciantes pudieran pagar las extorsiones.

El grupo criminal convirtió a los comerciantes en uno de sus mayores negocios. Llegan a cobrar como extorsión hasta 300 000 pesos mensuales. Desde hace una década reparte espacios para los vendedores, cobra cuotas e impone multas y castigos.

En las plazas comerciales del Centro Histórico La Unión Tepito tiene lugares de castigo para quienes se niegan a dar su cuota o se tardan en pagar. Una investigación de Héctor de Mauleón describe que ahí los comerciantes permanecen hincados, con bolsas de plástico en la cabeza y son golpeados con palos en la espalda hasta que acceden a la extorsión.

"No te piden permiso, ya es obligado, o se resguardan en las cocinas o en los baños, que es donde tienen su punto de venta, y ahí están ofreciéndole la mercancía a los clientes, si tú denuncias, adiós, ya te levantaron, que es el caso de unos amigos que ahorita están desaparecidos."

Los mercados públicos no son la excepción. Como el de Granaditas, 2 de Abril, La Lagunilla. Las cuotas van de los 50 a 200 pesos diarios para los locatarios. Mientras que para los líderes son entre 12 000 y 30 000 pesos. Para los comerciantes la vida en el Centro Histórico es un infierno, por lo que muchas familias que llevan años vendiendo en la zona, de generación en generación, decidieron bajar sus cortinas o no volver a poner su puesto.

Pero no sólo los comerciantes y ambulantes están obligados a dar una cuota. Los llamados "chineros" y "carteristas" deben pagar lo suyo si quieren operar en el Centro Histórico. El grupo Los Paraguayos, conocido así porque su centro de operaciones está en la calle de Paraguay 62, coordina las actividades centrales de La Unión, que son el despojo de inmuebles, la extorsión y la venta de drogas...

Pero todos están bajo las órdenes de un hombre que desde el Reclusorio Oriente sigue dirigiendo la organización, Roberto Moyado Esparza, *el Betito*. De los 10 fundadores de La Unión Tepito la enorme mayoría está presa o muerta... Del 25 de noviembre de 2019 hasta el 5 de febrero de 2020 han caído 25 integrantes de La Unión.

* * *

Óscar Andrés Flores, *el Lunares*, logró fugarse del operativo en Peral-villo 33, pero fue detenido el 30 de enero de 2020 en Tolcayuca, Hidalgo, en un operativo conjunto entre elementos de la Marina, la fiscalía de justicia capitalina y el gobierno estatal, que catearon dos inmuebles en el fraccionamiento Los Amores de Don Juan Téllez.

Luego de su fuga, el Lunares se instaló en Hidalgo, donde comenzó a coordinar las actividades delictivas del grupo, al tiempo que pensaba comenzar a operar en ese estado.

Con toda la evidencia en su contra, el Lunares no fue libera-do una sino dos veces en apenas una semana. Al salir del penal del Altiplano, en el Estado de México, elementos de la fiscalía de jus-ticia capitalina ya lo esperaban para volver a detenerlo, pero acusa-do de feminicidio, porque ningún juez ha querido procesarlo por delincuencia organizada.

* * *

El Cártel de Tláhuac intentó competir con La Unión Tepito en el trasiego, distribución y venta de droga en diferentes zonas de la Ciudad de México. Ambos eran remanentes de algunos grupos delictivos como los Beltrán Leyva, Los Zetas y el Cártel del Pací-fico, que se han asentado en los perímetros de las alcaldías más conflictivas de la capital del país como Iztapalapa, Cuauhtémoc, Tláhuac, Gustavo A. Madero y Álvaro Obregón.

* * *

Una decena de elementos de Fuerzas Especiales y personal de inte-ligencia Naval de la Secretaría de Marina-Armada de México fue-ron comisionados para realizar una labor de ubicación y detención de un objetivo prioritario para la PGR en la Ciudad de México.

Ese objetivo fue ubicado en cinco domicilios de la zona oriente de la alcaldía Tláhuac. La misión era detenerlo "sin llamar mucho la atención", sin víctimas fatales, sin ciudadanos heridos. Por cinco meses, los elementos de inteligencia naval, con cabello largo y barba, tuvieron la consigna de localizar a Felipe de Jesús Pérez Luna, *el Ojos*, de 48 años y originario de Michoacán.

Lo persiguieron por colonias de las alcaldías Tláhuac, Iztapalapa, Milpa Alta, Xochimilco, Iztapalapa y municipios conurbados como Valle de Chalco y Chalco. Su organización criminal, denominada Cártel de Tláhuac, se dedicaba a la extorsión, secuestros y homicidios en inmediaciones de Tláhuac, Milpa Alta, Xochimilco e Iztapalapa; además de la distribución de cocaína y marihuana en Ciudad Universitaria.

De acuerdo con las autoridades, el Ojos tenía nexos con diversas escisiones de los Beltrán Leyva y La Familia Michoacana en el Estado de México. Esos grupos eran los que surtían cocaína y marihuana a su organización. Durante la investigación que realizó inteligencia naval se analizó el financiamiento de este grupo criminal para la campaña del delegado en Tláhuac, Rigoberto Salgado Vázquez, que, señalaba la investigación, tiene un lazo de compadrazgo con Felipe de Jesús.

El Ojos estaba relacionado con más de 20 ejecuciones y la desaparición forzada de 30 jóvenes. El grupo delictivo que encabezaba mantenía una disputa por la plaza con organizaciones de Chalco y Xochimilco. Con su grupo de sicarios daba seguridad a prestamistas de dinero de origen colombiano, encabezados por Ángela Adriana Alzate Ayala, *Angie*. También promovía la invasión de predios en la demarcación y extorsionaba a sus propietarios para quedarse con ellos.

La organización del Ojos tenía bajo su mando a 200 mototaxistas, para labores de halconeo y trasiego de droga por toda la demarcación, les pagaba 2 000 pesos semanales. La cuota de las extorsiones a comercios establecidos en la zona oscilaba entre los 2 000 y 5 000 pesos semanales.

Felipe de Jesús Pérez Luna, *el Ojos*, fue abatido por la Marina en Tláhuac el 20 de julio de 2018, unos 18 años después de haber iniciado su carrera delictiva, a finales de los noventa y principios del año 2000, gracias a su relación con Andrés Caletri López, un delincuente de alta peligrosidad que comandaba una banda que se dedicaba a secuestrar empresarios, como Elio Margolis, directivo de Chrysler en México, y Manuel Beltrán Stauffer, de la cadena de hoteles Presidente; además, fue parte del grupo delictivo de asaltabancos de Alfredo Ríos Galeana y posteriormente creó su propia banda de secuestradores.

Felipe de Jesús Pérez fue integrante de esta banda, pero no pudo destacar en ella y prefirió dedicarse a la venta de droga porque tenía familiares y amigos ya establecidos en ese negocio. Durante su participación en la banda de los Caletri, el Ojos se alió con *el Cholo*, quien puso a su disposición a un grupo de sicarios, entre 2011 y 2012, que comenzó a apoderarse, colonia por colonia, de puntos de venta de droga y casas de seguridad en Tláhuac, señalan los expedientes.

El Ojos manejaba la venta al menudeo de marihuana y cocaína, así como de mercancía de contrabando, ya que controlaba los tianguis y el comercio informal en Tláhuac, Xochimilco, Milpa Alta, Chalco y Valle de Chalco.

De acuerdo con la investigación que realizó la Marina-Armada de México, el Ojos nació en Michoacán el 5 de febrero de 1969, y sus hermanos Leticia y Baltazar fueron parte de su organización criminal, al igual que Víctor Manuel, ejecutado el 8 de septiembre de 2014. Sus hijos también fueron parte de la organización.

Uno de ellos, Miguel Ángel Pérez, *el Micky*, era parte fundamental en la estructura de mando de la organización criminal. Fue acusado del asesinato de un excomandante de la fiscalía del Estado de México, Felipe Carmona Dávila. Fue detenido en junio de 2018 al acudir al Festival Aca Moto 2017, en el que tendría participación.

El Micky había estudiado en el Colegio de Ciencias y Humanidades plantel Sur (CCH Sur), y como era originario de Michoacán vivía parte de su tiempo en Uruapan. En su declaración dijo trabajar como un *"leader* en empresario joven" y presumía su asistencia a bailes gruperos, el gusto por los automóviles, las motocicletas, los caballos y los tatuajes. Hizo de las letras MK su distintivo, que distribuía en gorras y playeras.

Muchos jóvenes de Tláhuac forman parte de su banda Los Mikis. Se exhiben con armas de grueso calibre e incluso portan uniformes militares y equipos de radiocomunicación. A pesar de estar en reclusión, Miguel Ángel Pérez sigue manejando su red de sicarios y distribuidores de drogas, de acuerdo con las investigaciones que realiza la policía capitalina. Algunos de sus integrantes se exhiben armados en redes sociales e incluso se ven en sus mototaxis en distintas poses, siempre enseñando sus pistolas o rifles de grueso calibre.

* * *

"Exageran por lo de Tláhuac", decía Rigoberto Salgado, el entonces delegado de Morena en esa demarcación. Lo cierto es que su delegación, donde hubo centenares de asesinatos (unos 300, según autoridades federales) y por lo menos 67 desapariciones de mototaxistas realizadas por el Cártel de Tláhuac, se había convertido en uno de los principales centros de narcomenudeo de la capital del país y de varios municipios mexiquenses.

"Yo no sabía del Ojos", declaró muchas veces Salgado. ¿Cómo fue posible que el delegado y hombre fuerte de la delegación (y de toda la zona, incluyendo algunos municipios mexiquenses) no supiera del Ojos, un criminal conocido y reconocido públicamente?

Salgado tenía, sigue teniendo, el control político de la delegación y de toda esa zona conurbada desde hace casi 20 años y fue, incluso, el secretario de seguridad de la delegación. Había y hay hasta un millar de mototaxistas que trabajaban para la organización del Ojos y da la casualidad de que uno de los hermanos de Rigoberto, Ricardo, es el que maneja esos grupos además de los tianguistas y el comercio ambulante, según los propios comerciantes.

Tampoco sabía Salgado del narcotráfico en Tláhuac. El narco, dijo, es tarea de las autoridades federales. Pero en 2016 al propio Salgado y al entonces presidente de Morena en la Ciudad de México, Martí Batres, familiares de los 67 mototaxistas desaparecidos les entregaron documentación demandando apoyo para la búsqueda de sus familiares. La respuesta del delegado fue que no tenían que hacer públicas esas acusaciones que sólo desprestigiaban a la delegación y al partido. No hizo nada, acusaron los inconformes.

Tampoco le preocupó, por ejemplo, que en la delegación, eso fue público, estuviera a punto de ser capturado el hijo de Dámaso

López, uno de los principales operadores del Chapo Guzmán, apodado el Mini Lic, y que allí fueran detenidos seis de sus principales custodios que operaban y vivían en el lugar. Un dato que entonces pasó desapercibido fue que Dámaso López había establecido en secreto un pacto para asociarse, después de la extradición del Chapo Guzmán a Estados Unidos, con el CJNG. Por eso estaba el Mini Lic en la capital con sus sicarios.

Salgado dijo que no sabía de la existencia del Ojos, pero el propio delegado, en otra entrevista, aseguró que él mismo fue quien pidió ayuda al gobierno de la Ciudad de México por el aumento de la criminalidad. Es verdad, la criminalidad aumentó dramáticamente durante el periodo de Salgado como delegado en Tláhuac.

Pero la historia tampoco era nueva. Lo ocurrido en Tláhuac tiene orígenes añejos. Se hizo público con el linchamiento de los policías federales en 2004, cuando López Obrador era jefe de gobierno, Marcelo Ebrard secretario de Seguridad Pública y Fátima Mena delegada. El jefe de la policía local era Rigoberto Salgado, cuando los policías federales fueron linchados y quemados vivos por una turba, no hizo nada, ordenó no intervenir, no movilizó un solo elemento.

Aquellos policías federales fueron secuestrados por un grupo de pobladores azuzados por elementos del Ejército Popular Revolucionario (EPR) y narcomenudistas locales: unos pensaban que los policías los estaban investigando, los otros que iban contra ellos porque no eran de sus policías "conocidos". A dos los mataron, los quemaron vivos, el otro quedó gravemente herido. Si el ahora delegado no hizo absolutamente nada para impedirlo, la delegada Fátima Mena llegó al lugar, acompañada por los policías de Salgado, y decidió que lo que ocurría era incontrolable y se retiró. Para el entonces jefe de gobierno López Obrador los linchamientos como los de Tláhuac, que se sucedían en distintos lugares de la ciudad, eran "usos y costumbres de los pueblos indígenas". En la historia reciente ha sido la época más insegura en la vida de la Ciudad de México, que ocasionó aquella famosa marcha de blanco que el jefe de gobierno calificó como una marcha del pirrurris.

Desde aquellos hechos de Tláhuac de 2004 la delegación, controlada políticamente por los cuatro hermanos Salgado que desde el

PRD saltaron a Morena, se convirtió en una suerte de zona liberada. El grupo del Ojos sobrevivió a la caída de quienes fueron primero aliados y luego rivales: la banda La Mano con Ojos, que operaba en el otro extremo de la ciudad. Si La Mano tenía relaciones con grupos que provenían del Estado de México y Michoacán, el Ojos tenía relación con quienes los aprovisionaban desde Morelos y Guerrero.

La Mano fue desarticulada, pero ha tenido sucesores. El Ojos se fortaleció notablemente y comenzó a crecer en narcomenudeo en distintas zonas de la ciudad, y lo hizo a sangre y fuego, sea en Ciudad Universitaria o en la colonia Condesa, en las colonias populares de Álvaro Obregón o Coyoacán. Pudo hacerlo porque tenía una fuerte base de apoyo y operación en la delegación Tláhuac (la más lejana y olvidada de la ciudad) y porque los cuatro hermanos Salgado jamás lo molestaron.

Fue el crecimiento del grupo hacia otras regiones de la ciudad lo que comenzó a llamar la atención. También los métodos de control de territorios apelando a la misma violencia de los grandes cárteles, sobre todo con el CJNG que desde allí pensaba penetrar el aeropuerto capitalino.

* * *

El CJNG siempre ha intentado entrar en la Ciudad de México a través de alianzas con los grupos rivales de La Unión Tepito. Sus principales intentos se han dado con el Cártel de Tláhuac y con la Fuerza Anti Unión. Pero ambos han quedado muy debilitados en la capital del país. Y los intentos que ha hecho el CJNG sin coberturas locales tampoco han sido, aparentemente, muy exitosos. Pero es un hecho que, aunque hasta ahora tenga un perfil relativamente bajo, está en la ciudad.

El 7 de febrero de 2019 una mujer de 30 años caminaba por las calles de la colonia Cuautepec en la alcaldía Gustavo A. Madero, en la Ciudad de México. En un momento fue interceptada por dos sujetos armados; uno de ellos la encaró y le disparó en al menos cinco ocasiones. La mujer cayó herida, pero seguía consciente a pesar de perder mucha sangre por los impactos de bala que recibió en varias partes del cuerpo. Al llegar los paramédicos de la Cruz Roja para brindarle los primeros auxilios, la mujer pidió ser protegida en el hospital ante el temor de que sus agresores la volvieran a buscar para intentar asesinarla.

Un día antes, en una tienda de abarrotes ubicada en la calle Manuel Negrete de la colonia La Pastora, también en la Gustavo A. Madero, dos sujetos fueron atacados por presuntos sicarios, cuando jugaban en las "maquinitas". Uno murió y el otro quedó herido, por lo que fue llevado al hospital de Ticomán.

El 8 de febrero, en Cuautepec, en la Gustavo A. Madero, dos hombres fueron asesinados por sujetos armados. El primer asesinato ocurrió cuando uno de los hombres que caminaba por la calle Amado Nervo de la colonia Benito Juárez fue interceptado por aparentes sicarios, quienes le dispararon en varias ocasiones. Uno de los vecinos del lugar presenció el asesinato, por lo que fue perseguido por los agresores a través de las calles de la colonia; cuando estaba a punto de llegar a su domicilio en la calle Vicente Guerrero, fue alcanzado por las balas de los maleantes y murió en el lugar.

Cuautepec, en la Gustavo A. Madero, es una zona conocida por su rezago social y violencia; y es precisamente allí donde, después de todos esos ajustes de cuentas, el domingo 10 de febrero de 2019 un comando armado del CJNG difundió, por primera vez en la capital del país, un video en donde amenazaba a ladrones y rivales que operaban en la zona.

En la grabación, de poco más de un minuto, un hombre con pasamontañas que dice ser *el Canguro* advierte que ya están en la zona y que van a matar a todos los que "roben niños" y hagan "pendejadas". Aseguraba que ya tenían presencia en Zona Escolar, Cuautepec Barrio Bajo, Cuautepec Barrio Alto, La Pastora, Chalma y La Preciosa. Los cinco hombres que aparecen en el video portaban armas largas, vestían uniformes tipo militar, gorras con sus apodos y siglas del CJNG, así como pasamontañas y chalecos antibalas.

"Es primera y última vez que les hago este mensaje, atentamente El Canguro, La Vaquita y todo el equipo que andamos aquí trabajando… ahí por favor corran la voz y si no corren la voz, los voy a correr a la verga", concluye el Canguro.

Ni a nivel federal ni local tenían conocimiento de esa célula del CJNG. El alcalde en Gustavo A. Madero, Francisco Chíguil, un personaje controvertido y cuestionado, dijo que no tenía información sobre que el CJNG se hubiera asentado en la demarcación, que no tenía conocimiento de amenazas que antecedieran a este video, ignorando la sucesión de asesinatos previos a su aparición, por lo que consideró que la grabación surgió de forma "fortuita".

Días después, trascendió que una de las personas que aparecían en el video, apodado *el JR*, había sido identificado como un individuo perteneciente a la banda de Los Macarios, y que también era conocido como *el Brea*. Si la información era verídica, nunca más se trató oficialmente el tema; era un intento más del CJNG de establecer acuerdos con bandas locales, de alguna forma vender su "franquicia", para que las mismas operen bajo su paraguas y tengan una relación de dependencia y corresponsabilidad con el propio cártel. Así operaron Los Zetas y así opera el CJNG en todo el país.

La Gustavo A. Madero es la alcaldía más violenta de la Ciudad de México, donde opera por lo menos una decena de organizaciones criminales que han expandido sus actividades ilícitas hacia el narcomenudeo y el robo a transporte de carga, muchas veces al amparo de la autoridad local. La mayoría de las bandas delictivas que operan en la alcaldía tiene sus raíces en lo que fue La Familia Michoacana, que luego de sucesivas divisiones internas configuró grupos independientes que hoy tienen en jaque a esa alcaldía.

Actualmente La Familia está asentada en Michoacán, algunas zonas del norte de Guerrero y en el sur y oriente del Estado de México.

Aquel video que advertía la llegada del CJNG a la Gustavo A. Madero podría ser un aviso de que el cártel comenzaría a tener un centro de operación en la capital del país, específicamente en Cuautepec. No era la primera vez que aparecía este tipo de anuncios. A principios de febrero de 2018 una narcomanta colocada en un puente peatonal de Periférico Sur, en la alcaldía Álvaro Obregón, causó sorpresa y temor entre los capitalinos.

El narcomensaje había sido escrito, supuestamente, por miembros del CJNG, quienes anunciaron su llegada a esta ciudad para "pelear" contra el cártel del *H*, y su tío *Don Agustín de Santo Domingo Coyoacán*. Además, amenazaba a las autoridades locales y federales por "apoyar" a sus grupos rivales.

Tres meses después apareció otra narcomanta en un puente peatonal de la colonia Tlaxpana, en la alcaldía Miguel Hidalgo; el narcomensaje también se lo adjudicó el CJNG y en esta ocasión amenazaba a las autoridades e integrantes de La Unión Tepito. En los hechos fue el anuncio del acuerdo con la Fuerza Anti Unión, liderada entonces por Sergio Flores Conchas, *el Tortas*, quien estuvo preso en el Reclusorio Oriente entre abril de 2015 y marzo de 2017; ahí conoció a Luis Eusebio Duque Reyes, *el Duke*, enlace con el CJNG.

Se dice que el CJNG buscó establecer una alianza con La Unión; sin embargo, los acuerdos no se concretaron y, en respuesta, el CJNG apoyó al Tortas para crear la llamada Fuerza Anti Unión para disputar el control de la plaza en el centro de la Ciudad de México. Esta disputa entre La Unión y Fuerza Anti Unión trajo consigo una ola de violencia y asesinatos, principalmente al norte y centro de la capital.

Pero al mismo tiempo el CJNG trabajaba en Tláhuac. En mayo de 2018 autoridades federales realizaron un operativo en la alcaldía Tláhuac, que derivó en el aseguramiento de 270 kilos de cocaína que presuntamente pertenecían al CJNG.

* * *

Pero el hecho más notorio en el que se ha visto involucrado el CJNG en la Ciudad de México fue el asesinato de dos integrantes de la mafia israelí en la Plaza Artz el 24 de julio de 2019, otra vez en relación con grupos del Cártel de Tláhuac.

Ese día una mujer llamó al restaurante Hunan, ubicado en esa plaza, e hizo una reservación para tres personas, a nombre de Vanessa Bayer. Ella fue quien citó en el lugar a los israelíes Alon Azulay y Benjamín Yeshurun Sutchi, quienes más tarde serían asesinados.

A la hora del café, una mujer con una peluca rubia y un hombre se acercaron a la mesa donde estaba esa mujer con sus dos invitados y mataron a los dos israelíes a quemarropa. La mujer que utilizó el nombre de Vanessa, que no fue agredida, salió corriendo del lugar, subió a una camioneta que era conducida por otra persona y huyó.

Según las autoridades locales, el posible móvil del asesinato de los israelíes fue una diferencia que las víctimas supuestamente tuvieron con la cúpula del CJNG, para la cual, según la investigación federal, lavaban dinero. Los israelíes tenían empresas establecidas en Oaxaca, Puebla, Guanajuato, Querétaro y en la Ciudad de México, que aparentemente se usaban para blanquear dinero del cártel. Un rastreo de sus teléfonos celulares y de los movimientos de sus empresas hizo suponer a los investigadores que los israelíes intentaron robar o estafar a la agrupación criminal y que fue por órdenes del CJNG que se concertó aquella cita. Los mensajes encontrados en los celulares de los occisos indica que se oponían a la reunión, pero al proponerles que fuera en un lugar público, accedieron.

Las investigaciones muestran la presencia de un alto mando del cártel, coordinando a distancia, pero dentro de la plaza, el ajusticiamiento. Su rostro incluso quedó grabado en video y se sabe que luego de lo ocurrido abandonó la ciudad.

La detenida en el lugar fue identificada como Esperanza "N", de 33 años. Nunca portó la peluca rubia que al principio se dijo que había arrojado al huir. En el video captado por las cámaras de seguridad del restaurante se ve a Esperanza con el cabello negro y suelto. Los israelíes compartían la mesa con una mujer rubia que, tras los disparos, escapó por la cocina, arrojó la peluca, se subió a una camioneta y huyó. Nunca ha sido localizada.

Las imágenes muestran a los dos israelíes sentados en una de las mesas acompañados de la mujer. Los tres bebían un buen vino. A unos metros de ellos, en otra mesa, se puede ver a Esperanza y a un hombre que en un momento se levantan, caminan hacia los israelíes y disparan sus armas contra ellos. El hombre usaba un chaleco negro, y según declaraciones de los testigos, ya lo habían visto en el restaurante junto a una mujer y otro hombre.

Esperanza fue rastreada en su huida en el propio centro comercial por las cámaras del C5 y fue detenida. Poco después, el 5 de septiembre del mismo año, se logró la aprehensión de Mauricio "N", alias *el Mawicho*, en Zapopan, Jalisco, quien también participó en el ataque. Declaró que le ofrecieron 100 000 pesos para llevar a cabo los homicidios, pero que sólo le dieron 10 000 pesos en efectivo y le prometieron la entrega del resto en Guadalajara, en cuanto terminara el trabajo. Además, le ofrecieron un "bono extra" si el plan salía a la perfección. Cuatro días antes de la ejecución, el 20 de julio, el Mawicho llegó a la Ciudad de México, procedente de Jalisco, para ponerse de acuerdo con Esperanza y otros cómplices sobre la manera en que llevarían a cabo el plan. Luego del atentado logró huir y regresó a Zapopan.

No hubo más novedades sobre el caso hasta que el 12 de febrero de 2020, en un doble operativo en la Ciudad de México contra miembros del CJNG, fue detenido Carlos Fernando "N", apodado *el Viejón*, jefe de sicarios de ese grupo delictivo y quien había coordinado la balacera en Plaza Artz aquel 24 de julio. El hombre cuyo rostro había quedado registrado en un video.

Según informes de inteligencia, el Viejón operaba a las órdenes de Julio César Moreno Pinzón, *el Tarjetas*, un líder operativo del CJNG en la zona metropolitana de Guadalajara y considerado uno de los operadores de confianza de Nemesio Oseguera Cervantes, *el Mencho*, líder de ese grupo delictivo.

El Viejón se encargaba del reclutamiento de nuevos elementos para reforzar las células operativas del grupo criminal en varias entidades del país, además del manejo de la nómina a los sicarios. Él fue quien coordinó el ataque a Alon Azulay y Benjamín Yeshurun Sutchi en Plaza Artz y sus sicarios fueron los ejecutores.

* * *

Uno de estos personajes, quien se identificaba en México como Jony Ben, cuyo verdadero nombre era Benjamín Yeshurun Sutchi (también conocido como Ben Sutji), había sido liberado de una cárcel en Israel apenas seis meses antes, acusado de asesinato, y llegó a

México porque, según la prensa de ese país, aquí tenía una novia. En junio de 2005 Sutchi fue detenido en Polanco y deportado a Israel, debido a una ficha roja emitida por la Interpol, ya que fue acusado de extorsión y secuestro en aquel país.

Cuando en febrero de 2019 salió de la cárcel tramitó un pasaporte, recabó dinero y regresó a México, donde había logrado establecer relación con integrantes del crimen organizado, como Édgar Valdés Villarreal, *la Barbie*. No tuvo ningún problema en pasar migración pese a que había sido deportado de México y que acababa de dejar la cárcel en Israel.

Pero Sutchi también tenía socios, uno de ellos era Erez Akrishevsky, un personaje acusado de ser distribuidor de cocaína en Polanco y que había sido extraditado de México una semana antes del ataque en Plaza Artz. Versiones de inteligencia indican que Sutchi habría traicionado a Erez Akrishevsky al revelar su ubicación, para que fuera detenido por las autoridades mexicanas.

También, según la prensa de Jerusalén, tenía relación con otro grupo criminal ligado a Ben Cohen e Itzik Cohen, enfrentados a su vez con el grupo criminal de los Mosley Brothers. Los Cohen y los Mosley son dos de las principales bandas criminales de Israel. Todos estos grupos y personajes pertenecen al mundo del tráfico de cocaína y otras drogas. Y aquí estaban ligadas con el CJNG a través de estos personajes.

Desde 2013 siete bandas se disputan el control del crimen organizado en Israel y han conmocionado al país con ajustes de cuentas muy similares al ocurrido en Plaza Artz y con ataques recíprocos con bombas. Cuando se divulgaron los documentos del Departamento de Estado de la Unión Americana vía Wikileaks, un largo memorándum secreto de la embajada de Estados Unidos en Israel, enviado a las autoridades de su país, se titulaba "Israel, la tierra prometida del crimen organizado". Explicaba que mientras las fuerzas de seguridad y militares estaban enfocadas en los ataques palestinos y de otras fuerzas árabes contra Israel, el crimen crecía y se desarrollaba sobre todo como puente con otros países.

En el largo documento se describe la operación del crimen organizado en Israel y se destaca su internacionalización.

Criminales árabes y judíos israelíes —dice el documento firmado por un funcionario de la embajada apellidado Cunninghum— cooperan normalmente y forman alianzas para expandir el lucrativo negocio de las drogas, robo de coches, chantaje y extorsión [...] Incluso fronteras cerradas y enemigas ponen pocas dificultades a los grupos mafiosos [...] 43% de la heroína interceptada en 2008 fue pasada de contrabando desde Líbano, 37% desde Jordania, y 12% desde Egipto [...] Mafias israelíes operan libremente en Estados Unidos. Dado el volumen de viajes y negocios entre Estados Unidos e Israel, no es sorprendente que la mafia israelí haya puesto un pie en América. Durante la última década, reportajes en los medios han detallado una serie de casos notorios relacionados con el crimen organizado que van desde venta de droga a gran escala hasta el asesinato [...] Los investigadores han relacionado a Yitzhak Abergil y toda su red con delitos de desfalco y malversación de fondos, extorsión, secuestro y lavado de dinero. Yitzhak Abergil está actualmente bajo arresto en Israel y enfrentándose a la extradición por cargos que lo relacionan con el asesinato del traficante de droga Samy Attias en suelo estadounidense [...] De manera diferente a las mafias de la antigua Unión Soviética, Italia, China y América Central, la aplicación de INA 212 contra el crimen organizado israelí no está específicamente autorizada por el Manual de Asuntos Exteriores (Foreign Affairs Manual 40.31 N5.3). Por ello, israelíes bien conocidos por trabajar o pertenecer a familias mafiosas no son automáticamente rechazados para viajar a los Estados Unidos.

Ésta es parte del documento divulgado entonces por Wikileaks. Poco después el *Miami Herald* divulgó que la mafia israelí había sido clave en el lavado de dinero del Cártel de Cali y que estuvo íntimamente ligada con ese grupo criminal.

Y esas organizaciones hicieron su aparición pública en México de la mano con el CJNG, que utilizó sus propios sicarios y otros relacionados con el Cártel de Tláhuac (como Esperanza) para ejecutar a esos dos operadores que aparentemente los traicionaron.

* * *

Ocurrió prácticamente lo mismo en el atentado contra García Harfuch. El CJNG no envió a sus sicarios mejor entrenados. Cambiaron calidad por cantidad, contrataron sicarios de bajo nivel de una decena de estados del país y los concentraron en sus principales zonas de operación en la capital: Tláhuac y la Gustavo A. Madero. El atentado falló por la pericia de los custodios del secretario de Seguridad y por la impericia de los atacantes, complementado todo eso, como siempre, con un poco de suerte. La pregunta es ¿hasta dónde piensa el CJNG incursionar después de un desafío de este calibre en la capital del país contra el secretario de Seguridad de la ciudad pero sobre todo contra el Estado mexicano? Me imagino que ese desafío es más global que local, pero demuestra una audacia y una temeridad casi tan grandes como la irresponsabilidad a la hora de lanzarlo. Me recuerda al primer coche bomba de Pablo Escobar en Bogotá, frente a un centro comercial. Desde ese día su destino estaba señalado.

9

Tamaulipas, Chihuahua, Coahuila, los cárteles renacidos

La clemencia que perdona a los criminales es asesina.

WILLIAM SHAKESPEARE

Cuando concluía 2012, de los siete grandes cárteles que existían en México por lo menos cinco estaban terriblemente debilitados: continuaban con actos de violencia, enfrentamientos, ajustes de cuentas, pero ya habían perdido buena parte de su capacidad organizativa y de liderazgo. Ello era notable en Los Zetas, los Beltrán Leyva, el Cártel de Juárez, el del Golfo y Los Templarios. Pero la estrategia de seguridad se ablandó notablemente entre 2013 y 2014, intentó ser retomada a partir de ahí hasta que en 2018, con la llegada de Andrés Manuel López Obrador a la presidencia, inició una nueva política contra el crimen. Uno de sus efectos es que han reaparecido organizaciones que prácticamente estaban disueltas.

Cuando el domingo 1º de diciembre del 2019 el presidente López Obrador pronunció su discurso de celebración del primer aniversario de su llegada al poder, casi no dijo una palabra respecto de la situación de inseguridad que vive el país, cuando había sido el año más violento de la historia. Se refirió a datos no comprobables de hace siete y 10 años. Sostuvo que se trata de una situación heredada, pero lo cierto es que, aunque haya comenzado como una herencia, durante 2019 no ha hecho más que agravarse. Y en lo que va de 2020 la seguridad, incluso con las consecuencias de la pandemia aún por valorar en toda su justa dimensión, se ha deteriorado mucho más: los meses de febrero, marzo, abril, mayo han sido terriblemente violentos y nada permite augurar que la situación mejorará en el futuro.

El domingo de aquel festejo presidencial hubo 127 asesinatos, nunca había habido tantos en un solo día. Mientras, en Villa Unión, Coahuila, el intento de toma de la localidad por parte de un grupo criminal terminó con 22 muertos, por lo menos 16 de ellos sicarios del Cártel del Noreste, un derivado de Los Zetas.

El presidente calificó lo sucedido en Villa Unión como un caso "excepcional". Fue gravísimo, pero no es excepcional: en todo 2019 (y continuaron en 2020) ha habido enfrentamientos de este tipo en distintos puntos del país. En algunas zonas, como en la sierra y en la región de Tierra Caliente de Guerrero y Michoacán, son casi cotidianos. Apenas en octubre de 2019 hubo una emboscada a policías en Aguililla, Michoacán, que dejó 13 policías muertos. Unos días después, en otro enfrentamiento en Topochica, Guerrero, hubo otro con un saldo de 14 sicarios y un soldado muertos. Poco antes, en Minatitlán, se asesinó a todos los integrantes de una familia durante una fiesta: 14 muertos, incluyendo un bebé de un año. A las semanas siguientes, ya en Coatzacoalcos, el tiroteo en un centro nocturno dejó 31 muertos. Y la lista podría seguir con hechos como éstos casi día por día.

Lo ocurrido en Villa Unión fue significativo por otra causa. Hacia 2018 Los Zetas habían prácticamente dejado de existir, el combate de las fuerzas de seguridad destruyó casi por completo a este grupo criminal, sobre todo en la frontera norte. Perdieron territorios y rutas. Pero a partir de diciembre de 2018, con la nueva estrategia de seguridad, el combate contra ellos cesó. Los grupos restantes, ligados a la familia Treviño, pudieron volver a articularse y a pelear por los territorios que consideraban suyos. No se apaciguaron. Al contrario, siguiendo las tácticas originales de Los Zetas, armaron grupos de sicarios muy violentos (la llamada Tropa del Infierno, dedicada a combatir a otros cárteles de la zona, sobre todo a los del Golfo y el CJNG) y comenzaron a disputar territorio por territorio.

Las batallas callejeras que se libran en Nuevo Laredo tienen ese origen. El ataque a Villa Unión tenía como objetivo recuperar una plaza pequeña, muy cerca de la frontera, clave por la cantidad de brechas que se abren desde allí hacia Estados Unidos y hacia territorio tamaulipeco y de Nuevo León. La lucha del Cártel del Noreste ha repercutido también en un fuerte incremento de la violencia en este último estado, donde han vuelto a aparecer grupos que prácticamente habían desaparecido en el pasado reciente. Incluso hechos como los de Culiacán demuestran que cuando el Estado ha intentado alguna acción contra ese *statu quo*, la reacción es tan violenta que inhibe las responsabilidades del propio Estado.

Otra demostración del resurgimiento de estos grupos ha sido el ataque a las familias LeBarón y Langford, víctimas de la masacre cometida en la frontera entre Sonora y Chihuahua, donde fueron asesinados y quemados seis niños y tres mujeres, todos de nacionalidad estadounidense. Algunos integrantes del grupo de La Línea fueron ya detenidos por ese crimen. Lo triste es que, hasta hace poco, La Línea prácticamente había desaparecido, junto con el llamado Cártel de Juárez.

Sobre todo durante 2019 han reaparecido sus integrantes y, como los del Cártel del Noreste, han vuelto a pelear por los que fueron sus viejos territorios, chocando con otros cárteles que se habían quedado con ellos y golpeando, como siempre, a la ciudadanía a la que expolian para financiarse.

Si se hubiera seguido el combate contra La Línea y el Cártel de Juárez, hoy esos grupos probablemente ya no existirían en el panorama criminal o serían bandas marginales.

* * *

Noviembre de 2019 fue un mes terrible en Nuevo Laredo, Tamaulipas: días de balaceras, persecuciones, bloqueos, incendios y ataques a militares, con un impresionante saldo de muertes y daños materiales.

Los enfrentamientos comenzaron cuando seis sicarios del Cártel del Noreste fueron abatidos en un enfrentamiento con elementos del ejército. Un militar también falleció. Los delincuentes eran parte del grupo denominado Tropa del Infierno, que a través de la violencia ha tratado de imponerse contra otros grupos y las autoridades en la denominada "frontera chica", el tramo fronterizo que va de Nuevo Laredo a Reynosa.

Allí distintos grupos criminales se disputan las rutas del tráfico de droga, personas y armas desde y hacia Estados Unidos. De acuerdo con la procuraduría estatal, el enfrentamiento se da ente el Cártel del Noreste, células del Cártel del Golfo y remanentes de Los Zetas, así como al menos siete células que actúan con un cierto margen de independencia.

Durante años, Tamaulipas estuvo controlado por el Cártel del Golfo, de Osiel Cárdenas Guillén, y su brazo armado, Los Zetas. Pero poco después de la detención de Osiel ambas organizaciones rompieron y desde 2010 comenzaron una guerra interna por quedarse con el territorio.

Los Zetas se fracturaron en varios grupos tras la captura de sus líderes. Por una parte, surgió el grupo Los Zetas Vieja Escuela; más tarde surgió el Cártel del Noreste, liderado por la familia Treviño Morales.

Mientras que el Cártel del Golfo cuenta con cinco células: Los Rojos, Los Metros, Los Fresitas, Los Dragones y Los Ciclones. Y con ellos opera el CJNG.

Durante el último año y medio los enfrentamientos se han dado en toda la frontera chica, en Nuevo Laredo, Reynosa, Mier y Río Bravo, incluyendo los distintos pasos fronterizos. Incluso el consulado de Estados Unidos en Nuevo Laredo emitió una alerta para evitar viajes a la ciudad fronteriza. Y estableció un "toque de queda" para su personal asignado.

Un video divulgado por el Cártel del Noreste y su Tropa del Infierno muestra a un grupo de hombres con fusiles de alto poder y vestimenta tipo militar, son los sicarios del líder, Juan Gerardo Treviño Chávez, el Huevo. En el video se observa a tres hombres hincados, semidesnudos y amarrados de pies y manos, que momentos después fueron asesinados.

En esos mismos días, finales de 2019, otro video mostró la incursión de sicarios del CJNG en Tamaulipas. En la grabación se muestra a un grupo de individuos con máscaras de payasos a bordo de una camioneta, con armamento de alto poder y haciendo un recorrido por Camargo a plena luz del día. Casi al mismo tiempo sicarios de la banda de Los Metros, aliados del CJNG, difundieron imágenes recorriendo las calles de los municipios de Miguel Alemán, Mier, Camargo y Nueva Ciudad Guerrero, también utilizando ropa táctica y armas de alto poder.

En otra imagen un integrante de Los Metros con el rostro cubierto, portando un chaleco antibalas y armas de asalto, realiza un recorrido a pie por la zona.

Mientras los grupos se exhiben, los ataques entre ellos continúan, y el número de muertos crece, con enfrentamientos que dejan decenas de muertos y ejecuciones extrajudiciales.

Pero la Tropa del Infierno sufrió un duro golpe a finales de marzo de 2020. Hugo Alejandro Salcido Cisneros, *el Pin Pon*, era el jefe operativo del Cártel del Noreste en Nuevo Laredo y el principal jefe de la Tropa del Infierno: se encontraba en la lista de los más buscados dentro del programa binacional de seguridad y prosperidad, emprendido entre los gobiernos de Tamaulipas y Texas, Estados Unidos. El 30 de marzo fue abatido luego que miembros de la Tropa del Infierno emboscaran una patrulla de la policía estatal en la carretera Nuevo Laredo-Monterrey.

Pese a que el grupo armado disparaba con rifles calibre 50, los uniformados lograron repeler la agresión para esperar a que llegaran los refuerzos. Al verse superados, los sicarios huyeron del lugar. Dos vehículos quedaron incendiados, una patrulla y una camioneta del grupo criminal.

Minutos después, personal médico de un hospital privado reportó a un fallecido por herida de bala. Al verificar el hecho, agentes estatales y de la policía ministerial investigadora descubrieron que se trataba del Pin Pon. Según informes de inteligencia de la Secretaría de Seguridad Pública local, desde que Hugo Alejandro Salcido Cisneros se fugó del tutelar en junio de 2017, escaló posiciones en el Cártel del Noreste hasta quedar como el tercer hombre más importante en el grupo criminal fundado por exintegrantes de Los Zetas.

Salcido era subordinado de Martín Rodríguez Barbosa, *el Cadete*, responsable de la seguridad del líder máximo del cártel, Juan Gerardo Treviño Chávez, *el Huevo*. La Fiscalía General de Justicia de Tamaulipas ofrece una recompensa de dos millones de pesos por información que lleve a la captura del Cadete.

La Tropa del Infierno cobró notoriedad debido a que sus sicarios presumen en redes sociales sus armas y vehículos, además amedrentan a los ciudadanos de Tamaulipas a través de mensajes de WhatsApp en los que amenazan de muerte a quien mencione los nombres de sus líderes y difundan videos sobre ellos.

A finales de noviembre de 2019 decenas de integrantes de la Tropa del Infierno llegaron al poblado de Villa Unión, Coahuila. Los criminales utilizaron un megáfono para amenazar a la alcaldesa Narcedalia Padrón Arizpe y comenzaron a disparar contra la presidencia municipal.

* * *

La tranquilidad del municipio fue perturbada el sábado 29 de noviembre de 2019 a las 11:30 de la mañana.

Sesenta hombres armados del Cártel del Noreste llegaron en 20 camionetas y comenzaron a realizar disparos contra el ayuntamiento, una iglesia y 36 oficinas y casas. El saldo fue de 22 muertos, 16 de ellos eran sicarios, cuatro eran policías estatales y dos empleados públicos, quienes previamente habían sido secuestrados.

Los sicarios se enfrentaron a policías estatales, quienes llegaron al municipio tras el reporte de balaceras. Para tratar de salir de Villa Unión, los hombres armados secuestraron también a cinco menores de edad, a quienes pretendían usar de rehenes para atravesar las veredas que llevan a Nuevo Laredo, Tamaulipas, la zona de operaciones del Cártel del Noreste. Los menores fueron rescatados, pero dos bomberos que también habían sido secuestrados fueron encontrados muertos. El de noviembre fue el primer ataque de esta magnitud en Villa Unión, pero de acuerdo con medios locales, no se trató de un caso excepcional. Durante todo 2019 se dieron siete enfrentamientos entre grupos delictivos y policías estatales en Coahuila, principalmente en los municipios que colindan con Nuevo León y conectan con Nuevo Laredo, Tamaulipas.

El municipio Villa Unión cuenta con 6 289 habitantes y está ubicado a 60 kilómetros de la frontera con Estados Unidos. Está pegado a los municipios de Allende y Piedras Negras, que hasta 2011 estaban bajo el dominio de Los Zetas y que en los últimos años fueron replegándose por disputas internas. Ahora quieren recuperarlos.

En el municipio vecino de Allende ocurrió tal vez la peor masacre reportada en 2011, cuando 300 personas fueron asesinadas por Los Zetas, en represalia por una presunta delación. En Piedras Negras, en el paso fronterizo vecino, Los Zetas tenían en la prisión local un centro de operaciones, exterminio y fiestas.

En los últimos seis años Coahuila revirtió la violencia. Cifras del Instituto Nacional de Estadística y Geografía (INEGI) reportan que en 2012 Coahuila tenía la quinta mayor tasa de homicidios en el país, con 1 160 homicidios. En 2018 los homicidios fueron sólo 241. Pero hoy Coahuila de nuevo está en la mira de los grupos criminales. Hechos como los ocurridos en Villa Unión muestran que los grupos criminales que operan desde Tamaulipas intentan retomar el control de sus plazas perdidas, y lo quieren hacer a sangre y fuego.

La disputa parece extenderse hacia el oeste, hacia la antigua región de influencia de Los Zetas. Es un área estratégica porque es una salida alternativa hacia la frontera con Estados Unidos, un activo crucial para el tráfico de drogas y armas. Además, está atravesada por brechas que permiten llegar hacia el resto de Tamaulipas sin pasar por la llamada frontera chica.

* * *

En ningún otro lugar las tramas del narcotráfico y la política se cruzan más que en Tamaulipas. Allí la narcopolítica es una realidad que ha tenido actores protagónicos desde hace décadas.

Comencemos con una historia personal. Era el sexenio de Vicente Fox y el secretario de seguridad pública era Eduardo Medina-Mora. Era un momento de feroz violencia en Tamaulipas y yo tenía que ir a una boda nada menos que a Matamoros, la tierra de Osiel Cárdenas y del entonces gobernador Tomás Yarrington. Medina-Mora decía que el lugar era extremadamente peligroso y decidió ponerme una custodia llegando a esa ciudad.

Me pareció inútil, hasta que esa noche, mientras me llevaba un funcionario del gobierno estatal a una cena en un restaurante, me dijo que no podía cenar donde yo lo tenía pensado porque allí lo estaba haciendo Osiel Cárdenas y me mostró varias camionetas con hombres armados parados frente al restaurante. Le pregunté a mi acompañante si no harían nada y me dijo que ellos no podían, que era tema del gobierno federal. Me sorprendí y comprendí quién mandaba en el estado.

De regreso a México lo comenté con Medina-Mora y con Genaro García Luna, entonces jefe de la Agencia Federal de Investigación (AFI), ambos me dijeron que era imposible trabajar con el gobernador. Unas semanas después Osiel fue detenido en Matamoros, en un operativo del cual el gobierno estatal no fue informado, por tropas del Ejército Mexicano. En 2007 fue extraditado a Estados Unidos, donde llegó a un acuerdo de colaboración con las autoridades de ese país. Ahí, en realidad, comenzó la caída de Tomás Yarrington.

* * *

Para esa fecha hacía ya meses que se sabía que el exgobernador estaba siendo investigado por las autoridades estadounidenses por sus relaciones con el crimen organizado y que más temprano que tarde esos señalamientos se convertirían en una acusación formal.

El exgobernador, en cuanto concluyó su mandato, en 2004, compró una propiedad por 6 600 000 dólares en San Antonio, Texas, según se asentó en el juicio y en el pedido de extradición. Antes de ser gobernador, cuando era presidente municipal de Matamoros y su paisano Osiel Cárdenas era el que controlaba el narcotráfico en la entidad, recibió de un contratista del gobierno un departamento de medio millón de dólares en la Isla del Padre, también en Texas, siempre de acuerdo con el proceso en Estados Unidos y la solicitud de extradición.

Las autoridades estadounidenses embargaron o congelaron cuentas de Yarrington por millones de dólares en Estados Unidos y se están investigando, también, los movimientos realizados por Alejandro Cano Martínez, un operador financiero de Osiel que manejaba los recursos que el capo hacía llegar a autoridades políticas y de seguridad y que eran depositados, en bienes o cuentas, en Estados Unidos.

Pero una de las acusaciones más graves en torno a Yarrington es la que lo relaciona con personajes de su equipo muy cercano y a él mismo con el asesinato de Rodolfo Torre Cantú, el candidato del PRI al gobierno del estado, ejecutado una semana antes de las elecciones. A Rodolfo lo sucedió su hermano Egidio, que dejó la gubernatura en 2016.

Según la DEA, Antonio Peña Argüelles, excolaborador de Yarrington, recibió el 29 de noviembre de 2011 un mensaje de uno de los líderes de Los Zetas, Miguel Ángel Treviño Morales, *el Z-40*, que le advertía que "su hermano [Alfonso] ha estado diciendo que usted y Tomás Yarrington, junto con [Jorge Eduardo] Costilla [líder del Cártel del Golfo y enemigos mortales de Los Zetas], asesinaron al candidato a gobernador Rodolfo Torre Cantú porque afectaba al negocio de la construcción y estaba [Peña Argüelles] patrocinado/protegido". Los restos de Alfonso Peña, el hermano de Antonio, fueron encontrados ese mismo 29 de noviembre en Nuevo Laredo. Junto al cuerpo había un mensaje de Los Zetas en el que acusaban a Antonio de haberles robado cinco millones de dólares.

Siempre según la DEA, Antonio Peña se reunió en 2008 con Yarrington en una casa que éste rentó en San Antonio para analizar el conflicto financiero que existía con Treviño Morales y que terminó con el asesinato de Alfonso. Tiempo después, Antonio Peña Argüelles fue arrestado en San Antonio y se ha convertido en la principal fuente de acusaciones contra su exjefe, Yarrington. En sus declaraciones dice que estaba encargado de lavar el dinero del exgobernador en relación con esos grupos criminales.

Recordemos que Los Zetas y el Cártel del Golfo pertenecían a una misma organización criminal: cuando se dio la ruptura en 2006-2007 quienes habían colaborado con ambos grupos quedaron en medio de la refriega. La DEA sostiene que obtuvo los libros contables de Peña y de su hermano Alfonso, en los cuales, asegura, se puede comprobar que recibieron millones de dólares del narcotráfico destinados a Yarrington y otros colaboradores.

El asesinato de Rodolfo Torre se habría perpetrado porque éste no tenía buena relación con Yarrington y porque no garantizaba los acuerdos con los grupos criminales, según la DEA. La investigación del caso Yarrington, con o sin la participación directa del exgobernador, puede ser clave para resolver el asesinato del candidato del PRI, Rodolfo Torre Cantú, que se habría suscitado por el rechazo de Rodolfo a mantener acuerdos con grupos criminales de la entidad en los que participaban colaboradores y funcionarios de la administración de Yarrington.

La ruptura del Cártel del Golfo con Los Zetas dejó innumerables víctimas, incluyendo a colaboradores de Yarrington y probablemente al propio exgobernador, que quedaron en medio del fuego cruzado, material y político, de esas organizaciones criminales. No transitar con el narco le costó la vida a Torre Cantú y durante estos años hemos visto cómo los avances en desmantelar grandes cárteles dieron como resultado el surgimiento de pequeños y sanguinarios grupos criminales que se han cebado, sobre todo, con la población y con los migrantes, que por miles transitan por el estado, con delitos como el secuestro y la extorsión.

* * *

La detención de Tomás Yarrington en 2017 en Florencia, Italia, me recordó Hannibal Lecter, el personaje fílmico que también se refugió en la bellísima ciudad de la Toscana.

Pero Yarrington no intentó mimetizarse haciéndose pasar por un notable restaurador de la historia de la ciudad, sino simplemente como un hombre de recursos que pasaba allí su retiro.

La detención de Yarrington, después de cinco años de estar prófugo, permite comprobar cómo y de qué manera "desaparecen" estos personajes. Todo indica que las comunicaciones que mantuvo con su familia y la tentación que representan los 15 millones de pesos que se ofrecían por información sobre su paradero fueron determinantes para su captura.

La justicia estadounidense tiene contra Yarrington no sólo el testimonio de uno de sus más cercanos colaboradores, Antonio Peña Argüelles, que recibió apenas dos años y medio de prisión por convertirse en testigo protegido, y que por cierto ya está en libertad. Tiene también, contra Yarrington, el testimonio de varios otros testigos colaboradores, y uno de ellos es el principal, el exjefe del Cártel del Golfo, Osiel Cárdenas.

La narcopolítica tiene, decíamos, profundas raíces en Tamaulipas. Desde Juan N. Guerra, el célebre contrabandista y el primero en la región que incursionó en el narcotráfico, pasando por su sobrino Juan García Ábrego y su sucesor, Osiel Cárdenas, los narcotraficantes siempre han convivido con políticos en el estado. Es una entidad donde, como en Sinaloa, el narcotráfico tiene, para decirlo de algún modo, base social. Pero el caso de Yarrington es diferente porque el gobernador se convirtió, según la acusación de la fiscalía en Estados Unidos, en operador del propio cártel y recibió enormes recursos del mismo.

Incluso llama la atención que haya estado viviendo en Calabria, donde opera la 'Ndrangheta, la mafia que tiene vínculos añejos con el Cártel del Golfo y con Los Zetas. El Cártel del Golfo recurrió en muchas ocasiones al crimen político por distintas vías, incluso en el caso Colosio no se profundizó esa línea de investigación que apuntaba a Tamaulipas (de allí provenía el revólver utilizado en el asesinato) y sobre un grupo de sicarios que se hacían llamar Los Texas y con los que Mario Aburto tenía relación familiar.

Las acusaciones de narcopolítica estuvieron a la orden del día en la última campaña electoral en el estado. Todos los candidatos fueron acusados de lo mismo, incluyendo el actual gobernador, Francisco García Cabeza de Vaca. Pero no estamos ante situaciones similares a la de Yarrington. Sin duda hay historias que cruzan la biografía del actual gobernador y de muchos otros políticos, pero no hay elementos para decir que sea un producto del narcotráfico. Tampoco sus antecesores, Manuel Cavazos o Eugenio Hernández.

No se encontraron datos duros de alguna relación de Cavazos con el narcotráfico y con quien era entonces el jefe del Cártel del Golfo, Juan García Ábrego, aunque sí de muchos de sus colaboradores y funcionarios de seguridad. Tampoco Eugenio Hernández está acusado en Texas de haber lavado dinero para Los Zetas, como se ha dicho.

Según la acusación presentada en un juzgado de Corpus Christi, Texas, su cuñado Óscar Gómez Guerra (está casado con una hermana de Hernández) enfrenta cargos de asociación ilícita para lavar instrumentos monetarios y de ser cómplice de la operación de una empresa no autorizada para envío de dinero. En esa acusación, por la relación familiar, se involucra a Hernández. En ella no se habla de Los Zetas.

Nunca se estableció ninguna relación de complicidad entre Hernández y Yarrington (o entre Cavazos y su sucesor) durante la administración de Felipe Calderón. Mucho menos ha habido acusación alguna contra Egidio Torre Cantú, el gobernador saliente del estado. Pueden haber sido malos o buenos gobernadores, y haber tenido o no éxito en sus gestiones, pero no son hombres del narcotráfico.

* * *

"Hoy es el día", dijo el niño de 11 años cuando pidió permiso para ir al baño y cambiarse el pantalón. Eran las 8:20 del 10 de enero de 2020 en el colegio Cervantes de Torreón, Coahuila. Regresó con dos armas largas y comenzó a disparar contra maestros y compañeros. Quedaron dos muertos, incluyendo el propio atacante, y seis heridos.

Se dijo que el niño vivía con su abuela porque su mamá había muerto, pero el caso resultó ser mucho más delicado de lo que se había pensado. Luego del ataque, pensando cómo un niño de 11 años se había hecho de armas largas, y cómo su abuelo tenía acceso a ellas, el director de la UIF, Santiago Nieto, buscó en su base de datos la información sobre el abuelo del niño y descubrió que sus recursos estaban muy por encima de lo que se suponía que eran sus ingresos. E investigando más se descubrieron sus nexos con grupos del narcotráfico de Argentina.

José Ángel Ramos Saucedo, el abuelo del niño de 11 años que disparó en el colegio Cervantes, fue ingresado a prisión. La fiscalía estatal lo responsabiliza de la muerte de la maestra y de las heridas a cinco alumnos y otro profesor. Y la UIF congeló las cuentas de José Ángel y Rebeca, la abuela, así como de José Ángel Ramos, el padre del menor.

Santiago Nieto explicó que el abuelo tenía 121 millones de pesos de flujo en efectivo y otros 24 millones hacia sus propias empresas. Había adquirido seis vehículos de lujo en dos años, mientras que la abuela había adquirido tres camionetas de lujo, blindadas, además de efectuar varias transferencias de dinero hacia Estados Unidos. Ninguno de los tres había presentado jamás declaraciones fiscales. La UIF presentó la denuncia y bloqueó las cuentas porque no hay fundamento, dijo Nieto, para tener esos flujos de capital, de una persona que "lo que tiene formalmente registrado es una casa y un lugar de fiesta en renta".

Pero luego se descubrió más. José Ángel tenía un historial que lo involucraba con el narcotraficante argentino Mario Roberto Segovia, conocido en el país sudamericano como *el Rey de la Efedrina*.

El abuelo del niño se hacía pasar en Buenos Aires por agente inmobiliario y con esa fachada tuvo contacto con Segovia a partir de 2007, cuando la demanda de la droga cristal en Estados Unidos era muy alta. Segovia lideraba una de las redes de precursores químicos más importantes en Argentina, con relaciones en nuestro país tras la captura del chino-mexicano Zhenli Ye Gon, precisamente en 2007.

De acuerdo con reportes judiciales de Argentina, Segovia y José Ángel encubrieron su negocio del narcotráfico con supuestos tratos inmobiliarios, con la intención de comprar varias propiedades en Argentina, así como participar en una fábrica de DVD que el empresario mexicano pensaba poner en la ciudad de Rosario.

A finales de noviembre de 2008 las autoridades argentinas realizaron un operativo en ese país y en Paraguay para capturar a Roberto Segovia y toda su red, que incluía a 11 mexicanos, dos de ellos con enlaces entre los grupos criminales de México y Argentina. Sin embargo, José Ángel Ramos Saucedo nunca fue procesado ni sentenciado por esos delitos en Sudamérica ni en nuestro país. Su nombre sólo fue mencionado durante los testimonios de dos mexicanos detenidos y que dijeron ser empleados de Ramos Saucedo. En sus declaraciones describieron la relación de este hombre con el narcotraficante argentino que actualmente cumple una condena de 16 años de cárcel por narcotráfico.

10

Guerrero, el derrumbe de la amapola

> El hombre nació en la barbarie, cuando matar a su
> semejante era una condición normal de la existencia.
> Se le otorgó una conciencia. Y ahora ha llegado el día
> en que la violencia hacia otro ser humano debe vol-
> verse tan aborrecible como comer la carne de otro.
>
> MARTIN LUTHER KING

La violencia en Guerrero es ancestral. Es tan antigua como la des-
igualdad, el aislamiento de muchas comunidades, la utilización política y criminal de la pobreza, el rezago en la educación. En Guerrero
es difícil diferenciar a los narcotraficantes de los guerrilleros, a éstos
de los caciques, a las llamadas autodefensas o policías comunitarias de
los sicarios. La violencia gira en círculo como un perro mordiéndo-
se la cola.

Pero lo que se está viviendo en los últimos tiempos tiene elementos catalizadores. Primero, la sucesión de dos gobiernos terri-
bles, el de Ángel Heladio Aguirre y el cúmulo de ineptitudes que
fue el de Rogelio Ortega. Héctor Astudillo, quien lo sucedió, ha
ocupado casi toda su administración en subsanar, en la medida de
lo posible, el desastre que dejó el gobernador interino que, mientras
hacía fiestas en la residencia oficial de Acapulco, abandonó el estado en manos de narcos, grupos armados, caciques, grupos de autodefensa y policías comunitarias, según reportaron a lo largo de años
decenas de medios de comunicación locales y nacionales. Quien
tuviera fuerza para imponerse se convertía en dueño del territorio.

Pero a eso se sumó otro fenómeno. El derrumbe del precio de la goma de opio, que se extrae de la amapola y a partir de la cual se produce la heroína. El fentanilo derrumbó los precios de la heroína y con ello la economía de miles de familias campesinas que vivían de su cultivo.

Como mencionamos en el capítulo dedicado al fentanilo, la heroína ha perdido parte del atractivo y la rentabilidad que tuvo durante décadas en el narcotráfico. Por supuesto que se sigue comerciando y consumiendo, pero los precios han caído dramáticamente.

En 2016 la Organización de las Naciones Unidas declaró que la epidemia de heroína y de otros derivados del opio en Estados Unidos, que está en su nivel de consumo más alto en los últimos 20 años, había disparado el cultivo de amapola en México. Se calculaba que en nuestro país había más de 25 000 hectáreas dedicadas a la siembra de amapola, divididas entre las zonas montañosas del llamado Triángulo Dorado, donde se unen los estados de Chihuahua, Durango y Sinaloa, y por otra parte distintas áreas de la sierra de Guerrero, donde se cosechaba 60% de la producción de amapola en México. La siembra de una hectárea de amapola produce en promedio 11 kilos de goma de opio, de los cuales se produce un kilo de heroína. Por cada kilo de heroína pura se llegan a obtener para el consumo unas 20 000 dosis.

Para los narcotraficantes era un extraordinario negocio, para los campesinos en la sierra que se dedicaban a la siembra de la amapola, una forma de sobrevivencia.

Pero las condiciones del mercado de las drogas ilegales cambiaron; de un año a otro la demanda de heroína cayó en la misma medida en que aumentó la de los opiáceos legales y del fentanilo en el mercado ilegal. La heroína ya no tuvo la misma demanda, la venta de goma de opio disminuyó y el precio se desplomó.

En 2017 los agricultores vendían a entre 20 000 y 23 000 pesos el kilogramo de goma de opio. En 2018 el precio comenzó a caer y llegó a venderse a entre 8 000 y 6 000 pesos el kilo. En 2019 en Guerrero el precio del kilo de goma de opio oscilaba entre 1 000 y 2 000 pesos. Una caída de 90 por ciento.

Hasta hace unos dos años los compradores de goma de opio llegaban con los campesinos hasta dos veces al día para comprar el producto recién cosechado. Hoy sólo llegan una vez al mes, si es que lo hacen.

Y todo es culpa del fentanilo. En 2011 se registraron 1 600 muertes por sobredosis de fentanilo, 4% de las muertes por drogadicción en Estados Unidos. Para 2016 esta cifra se incrementó más de 1 000%, al registrarse 18 335 muertes. En 2019 la cifra de muertos por sobredosis por opiáceos superó con creces los 60 000. Y los cárteles mexicanos no han abandonado las otras drogas, pero su nueva apuesta es el fentanilo, porque es más rentable, más fácil de producir, de introducir en la Unión Americana y de comercializar.

Y en el camino miles de campesinos en Guerrero perdieron su fuente de ingresos. Hasta hace dos o tres años la venta de goma de opio les permitía a los campesinos de las zonas de las montañas de Guerrero quedarse en sus regiones, en lugar de migrar, como lo habían hecho las generaciones anteriores. Pero la caída en los precios de la goma de opio sumió aún más en la pobreza extrema a miles de familias de esas zonas, reanudando la migración interna y hacia Estados Unidos a gran escala.

Por ejemplo, antes de que comenzara la crisis había cerca de 500 residentes en San Miguel Amoltepec Viejo, que se encuentra en el borde de un valle escarpado de Guerrero. Ahora hay menos de 300 y más familias buscan salir de sus lugares de origen. La mayoría de los campesinos que han abandonado su región, sobre todo de las montañas de Guerrero, han elegido otras zonas del país, pero muchos otros se han unido al creciente número de centroamericanos que han emigrado a Estados Unidos. Muchos de los que han llegado a las comunidades agrícolas en California han descubierto que se les paga muy bien por cuidar los cultivos de marihuana. La única diferencia es que en ese estado, como en muchos de la Unión Americana, su producción es legal.

* * *

Con la falta de empleo se incrementaron los secuestros por parte de las bandas de todo tipo, la petición de derecho de piso, la prestación de servicios "de seguridad" a las mineras canadienses que operan en la región, la tala clandestina y las extorsiones.

La expulsión de habitantes de distintas poblaciones creció con las disputas por el control del territorio entre grupos del crimen organizado. En noviembre de 2018, 3000 personas armadas del autodenominado Frente Unido de Policías Comunitarias del Estado de Guerrero (FUPCEG), liderado desde Tlacotepec por Onésimo Marquina Chapa, que controla la zona minera de Mezcala, entraron en el territorio del Cártel del Sur, cercaron la plaza y expulsaron a más de 1200 habitantes de varias comunidades, entre ellas Filo de Caballos, Campo de Aviación y Los Morros. En marzo de 2020, en plena pandemia, los desplazamientos forzados en la Sierra continuaron. Según reportes locales, unas 800 personas de las comunidades de El Balsamar, Chautipa y Tepozonalco fueron expulsadas de su hogar.

* * *

La de las bandas y grupos criminales en Guerrero es una historia interminable, más allá de sus continuos ajustes de cuentas y detenciones. La madrugada del 20 de agosto de 2019 policías estatales de Guerrero observaron a cuatro individuos transitando en motocicleta, con armas de alto calibre, a la vista de todos. Decidieron perseguirlos y los detuvieron. Dijeron llamarse Gerardo Pérez Grande, de 23 años, Jorge Luis Jaimes Sánchez, de 37, José Alfredo Tatempla Salazar, de 20, y José Rolando Hernández Curriche, de 33 años. En la delegación de la Fiscalía General de la República, en Chilpancingo, áreas de inteligencia federal descubrieron que Jorge Luis Jaimes Sánchez era en realidad Zenén Nava Sánchez, *el Chaparro*, principal jefe de la banda de Los Rojos, directamente vinculada a innumerables hechos de violencia, incluyendo la desaparición de estudiantes de Ayotzinapa, en Iguala, en 2014.

Zenén proviene de la familia que fundó el grupo delictivo y que dio cobijo a Santiago Mazari Hernández, *el Carrete*, luego de la muerte de Arturo Beltrán Leyva. El tío de Zenén, Jesús Nava Romero, fue uno de los sicarios que murió junto a Beltrán Leyva el 16 de diciembre de 2009 en Cuernavaca. Después de su muerte, los hermanos Nava Romero fundaron Los Rojos y heredaron, vía el Carrete, buena parte de sus relaciones criminales y políticas en Morelos y Guerrero, según información federal.

El Carrete había sido capturado unos días antes de la detención de Zenén. Mazari Hernández se ocultaba en la sierra, bajo la protección de Onésimo Marquina Chapa, *el Necho*, a quien el propio Rafael Caro Quintero le había ordenado ocultar al Carrete y a su círculo de seguridad más cercano.

El Carrete comenzó a abusar en tierras que estaban bajo control de los hermanos Nava Romero, en el municipio de Heliodoro Castillo, enclavado en la sierra de Guerrero, uno de los principales centros de producción de goma de opio en el país. Estableció su centro de operación en Tecomazuchil y sometió a la población. El Necho descubrió que el Carrete lo había traicionado, cuando ya operaba varios laboratorios de heroína, droga que enviaba a sus espaldas a Sonora, con uno de sus empleados, conocido como *el Maytuli*. El 25 de julio de 2019 comenzó la guerra entre los dos grupos. Y el día 27 de ese mismo mes cayó el lugarteniente del Carrete, Juan Castillo Gómez, *el Teniente*, quien había sido el jefe de sicarios del Necho.

Los enfrentamientos comenzaron el día del cumpleaños del Carrete, cuando estaban de visita en el poblado de Villa Xóchitl, donde vivía su madre, su sobrina, su hijo y sus dos gemelitas, fruto de una relación sentimental con una joven apodada *la Randall*, una sonorense que fue detenida en 2017.

La gente comenzó a huir de la zona y avisaron al ejército y a la Guardia Nacional. Áreas de inteligencia del gobierno federal aprovecharon la situación para ubicar al Carrete, que abandonó sin protección a su propia familia y se ocultó entre los más pobres de Villa Xóchitl. Tropas de élite del Ejército Mexicano lo atraparon escondido, sucio, sudoroso y temeroso, tanto de la policía comunitaria que trabaja para el Necho, como de las fuerzas federales. Fue encontrado en una casucha, junto a su lugarteniente, un personaje conocido como *la Kika*, un abusador procesado en Morelos por delitos graves contra mujeres.

* * *

Detenido el Carrete, comenzó otro enfrentamiento, esta vez entre el Necho y Zenén Nava Sánchez, *el Chaparro*, por sus 1.53 metros de estatura. El Chaparro es un hombre con fuerte adicción a las drogas, peligroso y sádico, que se ensaña con sus víctimas a la hora de ejecutarlas. Mata por gusto, según los datos de inteligencia.

Se confirmaron cuatro intentos, detectados por inteligencia federal, para liberar al Chaparro: en el primero ofrecieron al comandante operativo de la policía estatal un millón de pesos por soltarlo. El segundo intento fue por tres millones y medio de pesos para un delegado, que los aceptó, pero al ver que el ejército resguardaba la delegación de Chilpancingo, se retractó. El tercero fue organizado por su hermano Joaquín, quien quería liberar mediante la fuerza al Chaparro. El cuarto intento, según información de inteligencia, pasaba por tratar de sobornar al juez que atendía su caso.

Caído también el Chaparro, el Necho, jefe del Cártel de la Sierra, sintió que era ahora el líder de todo Guerrero. Tiene familiares y amigos en áreas del gobierno local y municipal y vive, además del narcotráfico, de la extorsión a comerciantes y mineros. Está escondido en la sierra de Guerrero, donde antes protegía al Carrete, pero también teme ser traicionado, por sus abusos y por los aliados y enemigos que liquidó para hacerse del control del cártel, entre ellos un personaje apodado *el Tequilero*. Está cercado, con un trabajo de paciencia e inteligencia, por elementos de las fuerzas armadas. Dicen que no tardará en caer.

* * *

Pero antes de que se impusiera el Necho, un joven de apenas 22 años, Alexis Oswaldo, hijo de Santiago Mazari, *el Carrete*, pensaba que podía ser su sucesor. Pero también fue detenido, en Puebla, en septiembre de 2019. A pesar de su juventud era la segunda vez que era detenido, acusado en esta ocasión de homicidio en grado de tentativa contra el exedil de Amacuzac, Morelos, Noé Reynoso Nava.

Una semana antes de la detención de Alexis, el exedil circulaba por Amacuzac cuando fue interceptado y atacado a balazos. Recibió dos disparos, pero salvó la vida. Era su cuarto atentado. El hijo del Carrete, además de estar vinculado a esta agresión, había sido detenido en agosto del 2018 en Jojutla, Morelos. Estaba armado y con drogas, pero un juez lo dejó libre apenas tres días después.

En una historia de violencia y narcopolítica, el tío de Alexis y primo del Carrete, Gabriel Miranda Rodríguez, secretario general de Amacuzac, también fue detenido por el ataque a Noé Reynoso. Lo habían organizado para reemplazarlo.

Y es que la familia de Santiago Mazari, *el Carrete*, ha sido vinculada al crimen organizado en varias ocasiones por la inteligencia federal. Sus relaciones políticas en Guerrero y Morelos le permitieron tener control sobre buena parte del Congreso de Morelos y en presidencias municipales en esos dos estados.

El tío del Carrete, Alfonso Miranda Gallegos, también ha sido vinculado con Los Rojos y compitió por la alcaldía de Amacuzac en 2018. Pero fue detenido un mes antes de los comicios, acusado de narcotráfico y delitos como secuestro y homicidio. Pese a su detención, su nombre apareció en la boleta y se convirtió en alcalde electo de Amacuzac. Por ello, desde un penal de Durango, el 15 de septiembre de 2019 dio el Grito de Independencia y lo transmitió en video su hijo desde los balcones de la alcaldía. También, en junio, inauguró obras de infraestructura en el municipio de Amacuzac, todo desde un penal de Durango, donde está supuestamente recluido.

La base de operación de Los Rojos está en Amacuzac. De 2009 a 2012 la banda incrementó sus operaciones en otros municipios como Puente de Ixtla, Miacatlán, Tetecala, Mazatepec y Coatlán del Río, mientras que en Guerrero, además de enfrentar a Guerreros Unidos, libra una batalla con otros grupos como Los Ardillos, que controlan el municipio de Chilapa, considerado como la puerta hacia la Montaña. Ahí, la lucha es por el control de los cultivos y la compra de amapola y marihuana.

* * *

Pero la disputa por la sierra de Guerrero siempre encuentra nuevos jefes. La mañana del 26 de septiembre de 2019 un grupo de soldados se encontraba desplegado en la sierra de Guerrero realizando tareas de reconocimiento en el poblado de Balzamar, del municipio de Leonardo Bravo, una de las zonas más violentas del estado. Cuando las tropas cruzaban una zona de cultivos de maíz, en busca de plantíos de enervantes, fueron agredidos por sicarios que cuidaban los de amapola. Tres soldados fueron asesinados.

Los dos jefes locales son personajes muy conocidos en la región. Isaac Celis Navarrete o Isaac Navarrete Celis es apodado *el Señor de la I*, y es el líder del grupo criminal Cártel del Sur o Sierra Unida Revolucionaria y está enfrentado con Onésimo Marquina Chapa, alias *el Necho* o *el Señor del Mal*.

Ambos se disputan los municipios guerrerenses de Leonardo Bravo, Eduardo Neri y Chilpancingo. El Necho cuenta con el apoyo de las llamadas policías comunitarias, al mando de Salvador Alanís Trujillo, pero el Señor de la I, según fuentes de inteligencia federal, contaba, también, con fuertes estructuras locales y grupos políticos que lo respaldan.

Los soldados asesinados fueron atacados por sicarios del Señor de la I, por una célula delictiva al mando de José Trinidad Sánchez Nava, alias *el Trini*, su sobrino y jefe de seguridad, que tuvo que huir de la zona dejando desprotegido a su jefe.

Al mismo tiempo que se daba el ataque contra los militares, Rosa Pineda Cuevas, operadora logística del Señor de la I, se comunicaba con los sicarios y los pobladores de Balzamar (sólo quedan ancianos, mujeres y niños), para que les informaran en caso de que las fuerzas de seguridad reaccionaran por el ataque a los soldados.

No ocurrió así, pero al verse descubierta su complicidad en el ataque a los soldados, el Señor de la I tuvo que salir de su zona de confort y control y, paradójicamente, eso les dejó la puerta abierta a sus rivales locales, al Necho y sus policías comunitarios. Estos grupos, incluso a través de redes sociales, publicaron viejos videos de sicarios de Guerrero, argumentando que se trataba de la gente del Cártel del Sur agrediendo a personal militar.

En una operación que ya hemos visto muchas veces en Guerrero o Michoacán, el Necho busca ahora ser reconocido como un defensor de las comunidades, con Salvador Alanís, jefe de los comunitarios, como su vocero. El Cártel de la Sierra se ha fusionado recientemente con una fracción de Guerreros Unidos y otra de Los Rojos, lo que le ha permitido a Onésimo adquirir el control en la zona serrana de Guerrero, sólo comparable con el que mantenía Arturo Beltrán Leyva en Guerrero y Morelos hasta su muerte en 2009.

En toda esta historia nos encontramos a viejos conocidos. El jefe de la fracción de Guerreros Unidos que se fusionó con la gente del Necho es, según fuentes federales, nada menos que Gildardo López Astudillo, *el Gil* o *el Cabo Gil*, jefe de los sicarios que supuestamente secuestraron a los jóvenes de Ayotzinapa y que fue liberado por una incomprensible decisión judicial.

La fracción de Los Rojos que se alió con el Necho está al mando de Cándido Nava Millán, *el Japo*. Juntos controlan amplias zonas de producción de goma de opio, así como la extorsión de los campos mineros de la zona. Suyos eran, también, los integrantes del grupo que se enfrentaron con militares en Tepochica, cerca de Iguala, donde murieron un militar y 14 delincuentes, muchos de ellos originarios de Tlacotepec, principal bastión del Cártel de la Sierra. El poder del Necho trasciende al ámbito político. Ha colocado a su gente en el ayuntamiento de Heliodoro Castillo, y maneja un grupo de abogados, ligados con las policías comunitarias, que hacen constantes denuncias contra las fuerzas de seguridad federales, sobre todo el ejército.

* * *

Poco antes de que el Necho se hiciera con el control de buena parte de la sierra de Guerrero, un juez federal de Tamaulipas, Samuel Ventura, determinó que las pruebas fueron recabadas de manera ilegal y que el Gil había sido detenido de manera arbitraria. Y que su confesión había sido recabada mediante tortura. Y lo dejó en libertad. Días después ya estaba operando en la sierra de Guerrero.

El Gil era uno de los principales líderes de Guerreros Unidos y había confesado ampliamente su participación en los hechos de Iguala. Incluso existen grabaciones telefónicas intervenidas por la DEA con otros líderes de su organización en Chicago que lo involucran directamente con ese crimen.

En noviembre de 2014 la entonces PGR acusó al Gil de ser uno de los responsables de secuestrar en Iguala a los 43 normalistas de Ayotzinapa y asesinarlos. El Gil era el segundo al mando del grupo criminal en toda la región. Fue detenido en septiembre de 2015 en Taxco. Cuatro años después un juez desestimó de un carpetazo las 81 pruebas recabadas en su contra, incluidos los testimonios de los otros sicarios que participaron en el secuestro de los jóvenes, que también fueron liberados.

La denuncia de la presunta tortura fue hecha por los abogados del Gil, años después de su detención, ante el Grupo Interdisciplinario de Expertos Independientes (GIEI).

Los autores materiales describieron la forma en que los policías municipales de Iguala que trabajaban para Guerreros Unidos les entregaron a los jóvenes. "Nos metimos y ya nos estaba esperando una camioneta de municipales de Iguala, Guerrero. Ya de ahí, este, nos transportaron cuatro cuerpos, ¿quiénes? Los policías municipales de Iguala. Un cuerpo ya iba asesinado, llevaba impactos de bala y los otros tres iban vivos […] Los chavos iban pelones, pelones este, a un chavo ya nos lo pasaron ya asfixiado y con un golpe por acá: de este lado de la cabeza."

Los sicarios de Guerreros Unidos, en ese momento bajo las órdenes del Gil, los confundieron con integrantes de Los Rojos, una banda rival…

"Ira necesito que te vayas, este, que nos juntemos porque están atacando los contras. Estaba yo en mi casa. Recibí un mensaje del Pato de parte de órdenes del Terco, que nos alistáramos, que, porque ya se habían metido los contras en Iguala, Es lo que hasta ahí sabíamos […] Son de Los Rojos, dice. Venían de reventar de Iguala, reventar es pelear pues."

De acuerdo con las confesiones de los presuntos autores materiales, a los estudiantes normalistas los mataron e incineraron en un basurero de Cocula. Por lo menos a 19 de ellos.

"Y ya, me dio la orden de que los subiera yo a un llamado basurero, de ahí, de Cocula [...] Él me dijo que lo había mandado el Carrete. Que les había pagado dinero. Y yo le dije que de dónde era y me dijo que era de Cuernavaca. Y también me dijo que el Carrete le había dado dinero al director de los Ayotzinapos."

Toda la información, incluyendo los testimonios completos y las grabaciones que la DEA le entregó al gobierno mexicano, la publicamos en el libro *La Noche de Iguala, secuestro, asesinato y narcotráfico en Guerrero* (Cal y Arena, 2018).

Por el caso Iguala había 142 detenidos, incluidos el exalcalde de la ciudad, José Luis Abarca, y su esposa, María de los Ángeles Pineda, ambos involucrados con Guerreros Unidos. Actualmente más de 80 detenidos, incluyendo al Gil y todos los principales sicarios del grupo, fueron dejados en libertad, entre ellos la mayoría de los autores materiales confesos.

El subsecretario de Derechos Humanos de la Secretaría de Gobernación, Alejandro Encinas, calificó esta determinación como una afrenta a la justicia.

"Estamos llegando al extremo en donde policías municipales liberados indebidamente están solicitando una indemnización de un millón de pesos al ayuntamiento de Iguala, de ese nivel es la burla."

Sin embargo, la determinación del juez está basada en un amparo presentado en 2018 por organizaciones civiles y los padres de los 43 normalistas, apoyados por el ahora subsecretario. El argumento fue que se habían cometido irregularidades en las indagatorias e incluso, que se habían cometido actos de tortura en contra de varios detenidos. Esto provocó que, en mayo del año pasado, el tribunal colegiado determinara reponer el procedimiento.

Incluía la aplicación, en forma independiente a la entonces PGR, del protocolo de Estambul a los policías de Iguala y Cocula implicados. Así como a diversos procesados que alegaron haber sido torturados para obtener sus confesiones.

En su momento, la PGR impugnó esta resolución, al indicar que se violentaba la función constitucional del Ministerio Público Federal. Pero los padres y sus abogados presentaron recursos que impidieron que el pleno de la Suprema Corte de Justicia se pronunciara sobre dicha sentencia.

La Fiscalía General de la República explicó que, a partir de ese momento, el nuevo fiscal, independiente y autónomo, ha tratado de obtener información de todos los procesos y gestiones ordenadas por la sentencia del tribunal colegiado. El juez dio un plazo de 10 días naturales para el cumplimiento del Protocolo de Estambul. Pero la fiscalía especial del caso Ayotzinapa solicitó la ampliación del plazo porque los investigados tenían que dar su anuencia y porque no podía aplicar dicho protocolo por falta de un experto independiente que lo realizara.

Con base en el amparo de 2018 y pese a que no se ha comprobado que existió tortura, ni existen pruebas al respecto, el tribunal colegiado comenzó a decretar las liberaciones. El sábado 31 de agosto de 2019 el juez federal ordenó la liberación de Gildardo López Astudillo, *el Gil*. Hoy es, nuevamente, uno de los jefes de las bandas del narcotráfico en Guerrero.

* * *

—¿Te gusta estar armado?
—Sí.
—¿Por qué?
—Para defender al pueblo.

Son niños, los más grandes tienen 15 años y portan escopetas. Los más pequeños tienen seis años y llevan un palo para simular un arma. Diecisiete de ellos pertenecen a la comunidad de Ayahualtempa, del municipio José Joaquín de Herrera, y dos más de Xochitempa, en Chilapa. Todos de la sierra de Guerrero.

Fueron reclutados por la Coordinadora Regional de Autoridades Comunitarias de los Pueblos Fundadores (CRAC-PF).

Al terminar la primaria las posibilidades que tienen esos niños y jóvenes de continuar sus estudios son casi nulas, porque la secundaria más cercana está en una comunidad vecina, bajo el control del grupo criminal Los Ardillos, enemigos de la CRAC-PF.

Esta organización fue fundada en 2014. Según su líder, Bernardino Rodríguez, en un año, por la disputa entre Los Ardillos y Los Rojos, 66 niños se han quedado huérfanos. El video que se hizo famoso en todo el mundo con los menores armados se difundió a unos días del asesinato de 10 indígenas nahuas, por el que el gobierno de Guerrero responsabilizó a Los Ardillos.

Este grupo originalmente era parte de los Beltrán Leyva y luego de Los Rojos, pero rompieron con éstos y se acercaron a los Guerreros Unidos, los mismos que mataron a los estudiantes de Ayotzinapa, al confundirlos con Los Rojos. Tienen su base de operaciones en el municipio de Quechultenango, Guerrero. Además del narcotráfico, se dedican al asalto de camiones repartidores de cerveza, pan, refrescos, a las extorsiones y los robos.

Está liderado por los hermanos Iván, Pedro Antonio y Celso Ortega Jiménez. Un cuarto hermano, Bernardo Ortega Jiménez, fue candidato por el PRD en el distrito 24. Antes fue presidente municipal de Quechultenango, diputado local y presidente de la comisión de gobierno del Congreso del estado.

La CRAC-PF, que argumenta ser un grupo de autodefensa (que las áreas de inteligencia identifican como cercanos o parte de Los Rojos), reiteradamente ha reclutado a menores. Usan el mismo argumento: que las autoridades locales no les brindan protección, por ello necesitan utilizar todas las manos y herramientas a su disposición. Con esa lógica, niños y mujeres también han tomado las armas.

* * *

Unos días antes de la difusión de ese video de niños armados, a principios de enero de 2020, un grupo de indígenas del pueblo fue a una comunidad vecina para amenizar una fiesta patronal, pero a su regreso se encontró con dos retenes. Se trataba de 10 músicos indígenas de la comunidad Alcozacán, del municipio de Chilapa, Guerrero, a quienes asesinaron la mañana del viernes, en la carretera que conecta a Chilapa y José Joaquín de Herrera, dos municipios nahuas de la montaña baja.

Cinco cuerpos fueron entregados a sus familiares. Los otros permanecieron sin identificar porque fueron calcinados. Una camioneta fue arrojada a un barranco y otra incendiada.

Uno de los músicos era policía comunitario de Alcozacán y miembro de la CRAC-PF, organización que había advertido una semana antes a los pobladores de Chilapa que no podían salir de sus casas debido a que posiblemente sufrirían un ataque. Según la organización de autodefensa, el grupo musical hizo caso omiso a este llamado y viajó a Tlayelpan, para amenizar el evento para el que habían sido contratados. Responsabilizaron del crimen a Los Ardillos.

* * *

Los Ardillos controlan buena parte de la producción de amapola en la Montaña, aliados con grupos que pertenecieron a los Beltrán Leyva. Tienen, como vimos, fuertes intereses políticos en Guerrero y en Morelos. Pero también tienen vínculos con religiosos.

En febrero de 2018 dos sacerdotes fueron asesinados cuando regresaban de una fiesta de Los Ardillos. En ese evento, los religiosos se exhibieron incluso con las armas de fuego de los narcos.

El obispo de Chilpancingo, Salvador Rangel Mendoza, declaró que los sacerdotes tenían que oficiar misas donde operan los criminales, y que "de tanto ir y venir, uno de ellos se hizo su amigo". Pero la amistad llegaba hasta el obispo.

El obispo Rangel Mendoza asegura que se reúne con los jefes del narcotráfico en Guerrero. Que por lo menos tres líderes del narcotráfico en la entidad le aseguraron que ellos "son narcotraficantes, pero no sicarios" (*sic*) y asegura que entre ellos "hay gente de buena voluntad".

Lo dice el obispo de la capital de uno de los estados más violentos del país, donde esos cárteles que dice que están encabezados por personas de "buena voluntad" y que no se reconocen como sicarios, han matado, sólo en 2019, a centenares de personas, incluyendo dos sacerdotes de su propia diócesis.

Pero al obispo de Chilpancingo-Chilapa se lo puede ver de la mano con los narcotraficantes, oficiando misas para ellos y justificando sus acciones, al tiempo que denuncia a las fuerzas de seguridad. Para el obispo Rangel, "Guerrero está en manos del narcotráfico. Hay un gobierno oficial, pero yo creo que ordenan las cosas otras personas. Yo incluso me atrevo a decir que esas personas [los narcos] me hablan de una supermafia arriba y ése es el peligro que corremos [...] arriba de las cosas locales, usted sabe, hay grupos internacionales".

El obispo acepta haberse reunido en varias ocasiones con los líderes de los grupos más fuertes del narcotráfico en su entidad, porque ellos, dice, "le piden su intervención para ponerse de acuerdo en cuanto a su forma de trabajar", o sea es mediador. Cuando esos acuerdos son quebrantados por alguno de los grupos es cuando, dice, se genera la violencia.

Cuando fueron asesinados dos sacerdotes de su diócesis, el obispo Rangel aceptó que el padre Germáin, uno de los asesinados, sí se tomó fotos con las armas y los delincuentes, pero "esto no quiere decir que el padre estuviera coludido con la delincuencia organizada".

El propio obispo puede ser visto en redes con Los Ardillos, en su tierra, en Tanicuilco, municipio de Quechultenango, cuando le regalaron en diciembre de 2017 un báculo y un pectoral de plata, así como un anillo con piedras preciosas. En reciprocidad, el obispo les ofició una misa.

Por cierto, el obispo Rangel antes lo fue de Huejutla, Hidalgo, tierra de Los Zetas en su momento. Allí el obispo Rangel está imputado por encubrir al sacerdote Reinaldo Chávez, acusado a su vez de la violación de una niña de 14 años. La causa penal en la que se le acusa de encubrimiento es la 15/HUE/CAVI/104/2008.

El obispo Rangel, mientras tanto, sigue negociando, o "mediando", con los narcotraficantes que tienen asolada su diócesis.

11

Siguiendo la pista del dinero

El dinero no habla, jura.
BOB DYLAN

El Departamento de Justicia de los Estados Unidos se adelantó a reclamar a Joaquín *el Chapo* Guzmán, en el juicio contra el jefe del Cártel de Sinaloa, 12 500 millones de dólares de castigo, que serían el monto de las utilidades obtenidas por esa organización producto del tráfico de drogas en la Unión Americana.

Paradójicamente, las autoridades de Estados Unidos no han podido incautar, al día de hoy, un solo dólar, una sola cuenta perteneciente al Chapo Guzmán. Y es que por más que el capo sin duda tuviera dinero y recursos para gastar a manos llenas, un cártel como el de Sinaloa es una empresa transnacional, con operadores financieros sofisticados, con muchas estructuras horizontales que hacen imposible que el dinero se concentre en una sola mano. Era ridículo (en realidad era una operación propagandística acordada con la DEA) cuando *Forbes* colocaba al Chapo como uno de los multimillonarios mundiales con una fortuna personal calculada en 1 000 millones de dólares.

Cuando Bill Clinton era presidente y el general Barry McCaffrey era el zar antidrogas de Estados Unidos, pude realizar una larga entrevista con el general, y entre muchas otras cosas, hablamos del dinero del narcotráfico. McCaffrey me decía prácticamente lo mismo que me podrían decir hoy las autoridades estadounidenses: que las ganancias anuales del narcotráfico eran, entonces, de unos 6 000 millones de dólares anuales (seguramente hoy son más altas) y que, de esos recursos, 90% se quedaba en el sistema financiero de Estados Unidos, porque no había forma de canalizarlo en otros negocios, mucho menos de regresarlo íntegro a México o Colombia.

Años después, durante una visita a Colombia de funcionarios del Departamento de Estado de la Unión Americana, relacionada con la instauración del Plan Colombia, éstos afirmaban lo mismo: regresar esas enormes cantidades de dinero que se generan en el tráfico dentro de la Unión Americana es casi imposible, simplemente por el volumen: comparemos el espacio que puede ocupar una tonelada de cocaína, por ejemplo, con los millones de dólares que se generan de su venta al menudeo (dinero recogido generalmente en billetes de baja denominación). Ni pensarlo con unos gramos de fentanilo respecto a los miles de dólares que cuesta comprar un gramo puro puesto en Estados Unidos. Por eso no encuentran las cuentas del Chapo ni de la mayoría de los narcotraficantes mexicanos o de otros países, porque esos recursos son parte, rigurosamente lavados y no precisamente por algún campesino sinaloense, del sistema financiero estadunidense.

Pero lo alto de la cifra, sumado a una declaración del Departamento de Justicia de Estados Unidos, donde se asegura que ha sido por las laxas leyes mexicanas que los narcotraficantes pudieron repatriar esos recursos, debe ponernos en alerta sobre este tema. Ya Trump dijo que pagaríamos, de una u otra forma, el muro (y con la política fronteriza de alguna manera lo estamos haciendo), y mañana puede decir que impondrá sanciones o nuevos aranceles para recuperar ese dinero que, supuestamente, se robó el Chapo y se invirtió en México. Cobrarlo a la mala. Con el muro o sin él puede decirlo cualquier otro inquilino de la Casa Blanca, porque es un tema muy arraigado en la cultura popular estadounidense. Todos saben que no es así, que el dinero se queda en un alto porcentaje dentro de Estados Unidos, pero decirlo es un gran instrumento de propaganda y una forma más de presionar a México.

* * *

Cualquier lector de novelas policiacas sabe que hay que seguirle la pista al dinero para saber quién cometió un crimen. La mayoría de los países, desde Colombia a Italia y por supuesto desde México a Estados Unidos, han fallado a la hora de quedarse con el dinero ilegal que genera el narcotráfico. Hay golpes, hay confiscaciones, hay negocios incautados o con ficha roja en el mercado financiero al ser colocados en la lista Kingpin por el Departamento del Tesoro, pero lo cierto es que el gran dinero del narcotráfico nunca termina de aparecer.

En México el narcotráfico, el crimen organizado en sí, maneja, más allá de que buena parte de ese capital se quede en Estados Unidos, una enorme cantidad de recursos. Aquí tenemos un doble problema para seguirle la pista al dinero e incautarlo. Por una parte, faltan instrumentos financieros eficaces para hacerlo. Por la otra existen vacíos legales que impiden que esos recursos, en dinero o en bienes, puedan ser incautados en forma inmediata y regresados al tesoro nacional. Los bienes que subasta el Servicio de Administración y Enajenación de Bienes (SAE) (ahora el rimbombante Instituto para Regresar al Pueblo lo Robado) no dejan de ser propiedades, montos, relativamente menores respecto a lo que genera el negocio ilegal.

Una de las instancias que puede avanzar mucho en ese sentido, con nuevas normas legales que le dan mayores poderes, y con mayor capacidad de operación, es la Unidad de Inteligencia Financiera (UIF) que encabeza Santiago Nieto. Bibiana Belsasso y yo tuvimos una larga conversación con el jefe de la UIF:

JFM: La Unidad de Inteligencia Financiera ha estado en el centro de muchos debates, nunca ha tenido, la verdad, hay que decirlo, nunca ha tenido el peso que tiene hoy en el contexto de la estrategia contra el lavado de dinero en el plano de la seguridad y en la estrategia del presidente López Obrador de combate a la corrupción; son dos vertientes que no son iguales pero se cruzan y tienen muchos ángulos comunes.

SN: Sí, exactamente, la unidad surge en 2004, es producto de los compromisos internacionales del Estado mexicano. México suscribió el Tratado de Palermo, la Convención de Mérida, la Convención de Viena, y en los tres se va dibujando un sistema de combate al lavado de dinero, al financiamiento al terrorismo, la creación de una unidad central de inteligencia financiera y evidentemente está el tema de combate a la corrupción. Entonces la unidad surge en 2004, en 2006 se convierte en una unidad de seguridad nacional y después, para el año 2013, se aprueba una ley muy importante de prevención a las operaciones con recursos de procedencia ilícita. Esto hace que la unidad tenga la posibilidad de congelar cuentas, y ya en la actual administración con el presidente López Obrador, la posibilidad de que forme parte de la estrategia de combate a la corrupción, a partir de encontrar las redes de estructuras financieras de políticos que han desviado recursos públicos, a partir de la comisión de diversos delitos, y por otro lado, del combate a los grupos delincuenciales, a las estructuras financieras de los grupos delincuenciales.

JFM: Que es un punto central porque dentro de la propia estrategia de seguridad hay muchos capítulos, algunos pueden ser cuestionables, otros no, pero no importa, pero sí un punto central que se viene arrastrando de muchos años atrás, siempre se dice, pero nunca se llega a concretar qué es, que hay que quitarle los recursos, el dinero a los grupos criminales y nunca se termina de lograr del todo.

SN: Sí, bueno, eso es cierto, la estrategia del gobierno anterior fue una estrategia de encontrar a 122 líderes de los grupos delincuenciales y tuvo éxito en el objetivo, abatieron o detuvieron a 116 de los 122 líderes; sin embargo, esto no impidió que la violencia siguiera, y no impidió que hubiera nuevamente narcomenudistas y sicarios. El asunto es que mientras no se detenga el flujo financiero a los grupos delincuenciales, estas personas que fungen como narcomenudistas, como sicarios, van a seguir apareciendo, y por tanto una estrategia de combate a la delincuencia organizada tiene que ser integral, tiene que combatir al sicariato, tiene que combatir a las estructuras financieras, tiene que combatir a la corrupción política.

Es un tema muy importante, dice Nieto; los grupos delincuenciales no surgen por generación instantánea, son protegidos, cuidados, por comisión, por amenaza o por cualquier cosa, pero al final del día son grupos locales que terminan apoyando a los grupos delincuenciales. Existe corrupción en ministerios públicos y jueces; esto lo ha dicho de forma muy clara el presidente de la Suprema Corte de Justicia. Hay que acabar con la corrupción de los jueces que terminan protegiendo a los grupos delincuenciales a partir de concesiones de juicios de amparo o de no ejercicio de acción penal en el ámbito ministerial. Y el último punto tiene que ser el combate a la base social, hay una base social muy fuerte de los grupos delincuenciales y hay que combatirla a partir de desarrollo social, desarrollo rural y programas sociales, para entonces sí tener una estrategia integral de combate a la delincuencia.

BB: Santiago, dos cosas, ¿cómo le hacen para iniciar una investigación y para llevarla a cabo, para concluirla? Por ejemplo, vemos casos de narcotraficantes tan importantes como el Chapo Guzmán que en Estados Unidos no le han podido decomisar un solo dólar y aquí tampoco le han podido seguir la pista al dinero porque son estructuras muy cerradas, muy difíciles de abrir.

SN: Nosotros tenemos dos vías, la primera vía es la reactiva, que es cuando la Fiscalía General de la República, la Secretaría de la Función Pública, la Sedena, Marina, Gobernación, etcétera, nos piden información sobre un caso en particular, y entonces hacemos la investigación del sujeto o de las empresas, personas físicas o morales relacionadas, y entregamos la información; la otra opción es la parte proactiva, ahí es cuando la unidad, a partir de los ejercicios matemáticos del modelo de riesgo que generan las y los matemáticos de la Unidad de Inteligencia Financiera, hace una calificación de la información que tiene respecto a cada sujeto en un tema particular.

Por ejemplo, investigamos robos de hidrocarburos, se genera un algoritmo para la base de datos, se extrae información de cuáles son las empresas o las personas físicas que están relacionadas con robo de hidrocarburos, con corrupción política, con narcotráfico, etcétera, y entonces vamos generando casos y nos enfocamos a los casos donde la calificación sea más alta, esto es una calificación de 0 a 10 puntos y va subiendo la calificación conforme la transacción financiera resulta más compleja o más rara.

BB: A ver, ¿cómo funcionan estos algoritmos?, porque además de todo tienen una cantidad de información inmensa de muchísimas personas, de personas que declaran y no declaran impuestos en la unidad.

SN: Sí, desde 2004 hasta la fecha tenemos unos 5 000 millones de datos en nuestra base de datos. Como no es posible hacer una revisión manual de toda esta información, lo que hacemos es un algoritmo, las matemáticas y matemáticos de la unidad hacen un algoritmo, un modelo de riesgo, y entonces empezamos a identificar patrones en particular. Si hay una transacción, por ejemplo, de Libia o de Pakistán entonces obtiene una calificación más alta, si es una persona muy joven de 18-19 años que recibió millones de dólares en una cuenta es una calificación más alta, y así sucesivamente hasta que podemos tener esta calificación. Particularmente, en el tema de los grupos delincuenciales, a la fecha hemos congelado unos 980 millones de pesos a partir de varias estrategias. Hubo una particularmente con OFAC, con el Departamento del Tesoro de Estados Unidos, vinculada con el CJNG, donde terminamos congelando cuentas de 42 personas, físicas y morales, incluyendo un magistrado federal que protegía a los grupos delincuenciales.

Además hemos generado acuerdos de bloqueo globales de varios grupos como el Cártel de Sinaloa en todas las cuentas operativas que encontramos donde aparezcan los líderes y personas que están relacionadas directamente con ellos, es un primer saque, pero evidentemente es importante para detener el flujo de recursos que tienen estos grupos.

JFM: Como decía Bibiana, el flujo de recursos es impresionante para estos grupos, hace muchos años, más de 20 años, entrevisté a Barry McCaffrey cuando era zar antidrogas y le preguntaba sobre estos mismos temas y me daba las mismas respuestas que me podrían dar ahora las autoridades de Estados Unidos, y cuando le preguntaba del dinero él me decía que estimaba que las utilidades del narcotráfico en los Estados Unidos eran unos 6 000 millones de dólares, decía en aquella época, y le pregunto: "Bueno, ¿por qué no los detectan?", y dice: "Bueno, el 95% de esos recursos se quedan en el sistema financiero de los Estados Unidos". Le volví a preguntar: "General, son 6000 millones de dólares...", y me dijo: "Bueno, es que es 6000 millones de dólares es mucho dinero, pero para lo que es la economía de Estados Unidos, 6000 millones de dólares se nos pierden, es buscar como una aguja en un pajar ir identificando las cuentas de estos personajes".

SN: A ver, es un tema muy importante. La distribución y todo el trasiego de droga tiene por lo menos tres etapas. La primera etapa es una etapa de producción, que evidentemente tiene una ganancia; la segunda etapa es la de trasiego, la transportación y la que tiene una ganancia diferenciada superior a la producción, y la última es la venta final. En todo ejercicio económico en la venta final es donde hay mayor flujo de recursos y eso mayoritariamente se da en Estados Unidos, en el caso de las drogas; evidentemente, en México tenemos, desafortunadamente, una población constante que consume drogas.

JFM: Y tenemos también una población que es una base social para esos grupos que trabaja con ellos en las drogas, en el huachicoleo y en muchas otras actividades.

SN: Necesitamos empezar por reconocer que existe esa base social y es importante que esa base social transite hacia otros modelos de desarrollo personal y profesional y de vida no relacionados con grupos delincuenciales, pero ésa es una base social que se encuentra por supuesto en los grupos agrarios, agrícolas, pero también son los abogados o los contadores que generan las estructuras financieras o que crean las empresas fachada, notarios que por omisión o por presión terminan generando o reconociendo este tipo de estructuras.

Uno de los casos que tuvimos con OFAC con Estados Unidos tuvo que ver con un abogado que tenía un despacho que no pagaba impuestos, que no estaba registrado fiscalmente ni financieramente, pero que les tramitaba todos los amparos a varios personajes del Cártel Jalisco Nueva Generación, y era precisamente este magistrado el que le concedía los amparos o revocaba las sentencias condenatorias a partir de las estrategias del sistema jurídico.

JFM: El caso de este magistrado del Cártel Jalisco Nueva Generación, que es uno de los casos principales que han investigado en 2019, es una pequeña muestra de un problema mucho mayor y que exhibe el tipo de penetración del crimen. Pero insisto en un tema, para poder descubrir esos lazos se necesita el funcionamiento a pleno de la unidad. El trabajo que hay detrás de la UIF, la cantidad de información es impresionante, de millones de personas dentro del país y en colaboración con organismos extranjeros.

SN: Sí, la UIF forma parte de Grupo Egmont, son 169 UIF en el mundo que intercambian información de manera informal, digamos; después, cuando esto se tiene que judicializar, ya serían las fiscalías las que hacen la solicitud de información. Y también hay que decirlo, hay muchos países que no tienen UIF, son paraísos fiscales y donde puede haber también flujos de dinero y en este momento se escapan a nuestra posibilidad.

BB: ¿Y cómo trabajan, por ejemplo, con la UIF de Estados Unidos, la UIF de España, Francia?, ¿cómo le hacen?

SN: Tenemos un mecanismo de comunicación directa, hay reuniones periódicas para hacer análisis de casos y seguimiento de tipologías, para poder encontrar distintos métodos. Hoy hay preocupación, por ejemplo, en el estado de Guanajuato, donde tenemos un caso en donde una empresa, un taller de serigrafía, que realmente uno lo puede ver como un local muy modesto, recibía 500 millones de pesos en efectivo al mes, ese tipo de circunstancias que son raras, extrañas para la normatividad, para la operatividad cotidiana, es detectado e investigado.

BB: ¿Y cómo detectan esas operaciones?

SN: A partir de los depósitos que se hacen en cuentas bancarias. Hay dos metodologías, la metodología de la delincuencia organizada lo que hace es que tiene el dinero en efectivo y empieza a introducirlo al sistema financiero comprando autos, blindando vehículos, comprando arte, comprando joyas, bienes inmuebles, aunque en realidad puedes pagar solamente una parte del bien inmueble o solamente una parte del auto nuevo con efectivo, pero son mecanismos para introducir el dinero en efectivo a partir de cuentas o a partir de estos mecanismos; mientras que la corrupción política, por ejemplo, el dinero que está en el sistema financiero se traslada a empresas fachada. Las metodologías son distintas, pero evidentemente es más difícil darle seguimiento al dinero en efectivo, pero hay posibilidad evidentemente de localizarlo.

BB: Pero hay muchísimas transacciones en México de dinero en efectivo.

SN: Sí, estamos sólo en un 37% de economía bancarizada y eso implica que el resto, 63%, son operaciones en efectivo. En adultos mayores el dato que tenemos es 94% en efectivo y 6% bancarizado.

Todo esto tiene que ver, además, con la economía informal, en México 57% de las personas viven de la economía informal y esto dificulta el proceso de bancarización.

JFM: A ver, México tiene que cumplir con normas muy específicas contra el lavado de dinero para poder ser calificado en forma positiva por las instancias internacionales, si no se afectarían inversiones, se afecta la calificación del país y demás, ¿qué es lo principal que hay que abordar o que quieren ustedes abordar en la propuesta de ley de lavado de dinero?

SN: Sí, los grupos de acción financiera, que es la instancia que regula las normas de lavado de dinero y del financiamiento al terrorismo, establece 40 recomendaciones y 11 resultados inmediatos. Tenemos en este momento una no cumplida, tenemos 15 parcialmente cumplidas, que es donde nos tenemos que enfocar básicamente, pero la no cumplida tiene que ver con las actividades vulnerables. Se trata de los mecanismos de control del sistema no financiero; en México lo denominamos actividades vulnerables que serían notarios, corredores, abogados, contadores, vendedores de arte, vendedores de joyas, vendedores de vehículos.

JFM: Las actividades donde se puede terminar lavando el dinero.

SN: Exactamente, incluso algunos países han regulado los deportes, el futbol, por ejemplo, las apuestas, porque son lugares que pueden ser susceptibles de convertirse en espacios de lavado de dinero; entonces la parte de actividades vulnerables obliga a que regulemos fideicomisos. Cuando hay fideicomisos relacionados con actividades vulnerables, se obliga a que los sujetos obligados por la ley, un notario por ejemplo, tenga que tener un sistema automatizado y deba tener capacitación para sus trabajadores y deba tener un auditor interno o externo para poder verificar que estemos cumpliendo con los estándares internacionales. Aparte de eso nos piden que registremos a personas políticamente expuestas, es decir, que son todas aquellas personas que por su posicionamiento social político puedan ser susceptibles de estar lavando dinero...

JFM: Que no es un tema tampoco mexicano, es un tema internacional.

SN: Exactamente. La idea es que hasta tres años después de que una persona deja el cargo todavía debería ser políticamente expuesto, y entonces estamos hablando de directores generales para arriba, diputados, senadores, por supuesto, ministros, magistrados, jueces, todo un aparato importante de personas que están en la vida pública y que es importante que el sistema financiero, los bancos, o estos sujetos obligados por actividades vulnerables, hagan una revisión para entender o reconocer si la persona es políticamente expuesta o no. Un tercer tema muy importante es el beneficiario final. El que genera el acto de corrupción muchas veces es la persona que tiene el poder para hacerlo, pero evidentemente no va a poner el terreno o el rancho o el yate a su nombre, entonces lo importante es reconocer quién es el beneficiario final de ciertas operaciones.

JFM: Hay operaciones, donde hay propiedades, operaciones, cuentas que están a nombre de personas que indudablemente no tienen ni la más remota posibilidad de tenerlas y ocasiones en que esas personas ni siquiera son conscientes de que están en esas cuentas o esas propiedades.

SN: Incluso hemos tenido casos de usurpación de identidad, que le usurpan la identidad a una persona, constituyen una empresa, la empresa genera un acto y cuando llegamos a congelar la cuenta de esa persona resulta que no está ni siquiera enterada, y cuando se empiezan a revisar los papeles donde se hizo el contrato, donde se constituyó la empresa, pues en realidad encontramos que es el mismo nombre pero con otra fotografía, se trata de una usurpación de identidad. Incluso hay casos de personas que no cumplen el perfil transaccional. Recuerdo un caso en Poza Rica relacionado con

Odebrecht, de una empresa constituida por un vendedor de seguros y por un despachador de una gasolinera, que habían recibido un millón de dólares en una transferencia a una cuenta que abrieron en Panamá. Claro, ni el despachador de la gasolinera ni el vendedor de seguros tenían pasaporte, por lo menos jurídicamente no habían salido del país, entonces la pregunta es quién es el beneficiario final, en este caso en particular el beneficiario final, el operador, el apoderado legal que pudiera extraer el dinero de la empresa era Emilio Lozoya.

JFM: Se dice que la Unidad de Inteligencia Financiera podría tener demasiada discrecionalidad para congelar cuentas u operar o investigar a ciertas personas, ¿cuáles son los parámetros para congelar una cuenta o hacer una investigación de estas características? Porque ustedes también hacen sus propias investigaciones independientes para ustedes presentárselas a una fiscalía.

SN: Sí, a partir de nuestros modelos de riesgo, vamos revisando, y donde haya elementos entonces ya se llevan ante la fiscalía, ante las fiscalías, la Función Pública, lo que sea. El parámetro tiene que ver con que hay un indicador con respecto al lavado de dinero que el sistema nos vaya alertando o los bancos nos alertan sobre que hay una actividad que no corresponde con el perfil transaccional de los clientes o usuarios de la banca o las actividades vulnerables, entonces a partir de ahí nosotros podemos investigar. Pero la parte de extinción de dominio es muy importante y esto tiene que ver con otra ley que está también en el Senado de la República, que es la Ley de Instituciones de Crédito. Ahí se ha planteado que la Unidad de Inteligencia Financiera promueva la extinción de dominio, pero esto no quiere decir que pueda promoverlo por sí y ante sí, la verdad dice, la propia redacción dice que es "en términos de la Constitución y la Ley", y la Constitución es muy clara, la única instancia competente para solicitar la extinción de dominio es el Ministerio Público ante un juez cívico [...] lo único que podría hacer la unidad es hacerlo del conocimiento del Ministerio Público, y si el Ministerio Público considera que hay elementos entonces lo solicitarán ante un juez y en el juez se desarrollará el procedimiento. Pero sí, la Unidad de Inteligencia Financiera bajo ninguna circunstancia podría por sí o ante sí extinguir el dominio porque eso sería contrario a nuestra Constitución.

JFM: De cara al futuro, para consolidar reformas institucionales, legales, jurídicas, la Unidad de Inteligencia Financiera tiene un rol central, no le cabe duda a nadie, ¿cuáles son los objetivos a futuro?

SN: El primero sería conseguir, impulsar las reformas legales y con ello cumplir con el parámetro internacional que mencionaba del GAFI [Grupo de Acción Financiera Internacional]. Sin una reforma legal ello implicaría una recalificación negativa para México con un impacto económico para el país. Segundo, el tema sería aumentar, en términos que el GAFI lo ha pedido, el número de notas de inteligencia diseminadas por parte de la unidad y la presentación de denuncias que nos permitan llevar al decomiso de bienes e instrumentos del delito y sentencias condenatorias en materia de lavado de dinero; eso va a ser un tema fundamental. Y tres, las temáticas: con la jefa del SAT [Servicio de Administración Tributaria] hemos estado trabajando los temas de aduanas para poder generar una política pública integral, respecto a uno de los temas centrales donde entra buena parte del fentanilo, por ejemplo, donde entran armas, etcétera, en donde encontramos espacios de vulnerabilidad que es importante corregir para evitar que haya tráfico de pepino de mar entre otras cosas. Vamos también con la Secretaría de Seguridad Pública a tener un convenio de colaboración en materia de antisecuestro para poder medir el flujo de pagos que se dan en extorsión y secuestro por vía de teletransmisores de dinero. Y así poder mapear todo este flujo de dinero.

Santiago Nieto, a quien muchos ven en el futuro, ante la edad del fiscal Alejandro Gertz Manero, en la Fiscalía General de la República, es otro de los amenazados por el CJNG.

12

El factor militar

Entrevista con el secretario de la Defensa Nacional,
general Luis Cresencio Sandoval

Guerra ha de haber mientras tengamos que defen-
dernos de la maldad de un poder destructor que nos
devoraría a todos; pero yo no amo la espada porque
tiene filo, ni la flecha porque vuela, ni al guerrero porque ha ganado la gloria. Sólo amo lo que ellos
defienden.

J. R. R. TOLKIEN

Ignorar el factor militar en la lucha en nuestro país por la seguridad
pública, interior, nacional, es imposible e injustificable. Las Fuerzas Armadas, y el Ejército en particular, están asumiendo cada vez
mayores tareas y responsabilidades. Algunas de ellas aparentemente
alejadas de su quehacer natural: hoy, como ayer, participan en la seguridad interior y nacional; son la columna vertebral de la nueva Guardia Nacional; están construyendo muchas obras, entre ellas el nuevo
aeropuerto de Santa Lucía, pero también caminos y hasta sucursales bancarias; deben atender a la población ante tragedias naturales
e incluso estarán encargados, según anunció el presidente López
Obrador, de la distribución de medicinas en algunas zonas del país.

Son demasiadas responsabilidades y muy públicas, muy eviden-
tes. Pero no creo que estemos ante una militarización del país. Lo

que tenemos es otro fenómeno, que nos habla más de una debilidad institucional generalizada que debe ser reemplazada, en muchas ocasiones, por una de las pocas instituciones que sí funcionan.

El Ejército Mexicano, las Fuerzas Armadas como un todo, tienen características muy diferentes a las de otros países, sobre todo de la región. Si bien el perfil de los ejércitos de América Latina ha cambiado, en la mayoría de los casos para bien, desde la época de las dictaduras de los años setenta y ochenta, en la enorme mayoría siguen siendo instituciones militares más o menos alejadas de la gente, en muchas ocasiones elitistas, con un perfil claramente enfocado en la seguridad territorial o interna. En demasiadas ocasiones involucrados en las luchas políticas internas.

El Ejército Mexicano surgió de una revolución, es un ejército de extracción netamente popular (lo fue entonces y lo es hoy), es prácticamente la única institución del país que tiene presencia en todo el territorio nacional y que, por su extracción, tiene relación con todos los sectores sociales. Es un ejército que desde hace muchos años ha dedicado buena parte de sus esfuerzos a tareas sociales.

Pero es también una fuerza militar que ha tenido que asumir, sobre todo en los últimos años, cada vez mayores responsabilidades. Las tareas de seguridad interior, de por sí difíciles y en ocasiones ingratas o políticamente incomprendidas, lo han hecho objeto de un escrutinio acompañado de valoraciones injustas, politizadas, de las que no han sido ajenos medios, partidos e incluso las actuales fuerzas en el poder, en el pasado inmediato.

Pero la realidad se impone. Cuando el presidente López Obrador asumió el gobierno, no conocía al Ejército Mexicano: sus juicios de valor sobre el Ejército Mexicano durante sus largos años de campaña fueron injustos e injustificados; parte más de una lógica de propaganda electoral que de un análisis serio de la realidad. Incluso en alguna entrevista llegó a decir que idealmente preferiría que no hubiera ejército. Hoy ha dado un giro de 180 grados. Ya en Palacio Nacional (en realidad desde la etapa de transición) pudo comprobar que se equivocaba y que las Fuerzas Armadas, y el Ejército en particular, son casi la única institución en la que se pueden sostener muchas políticas públicas, y no sólo de seguridad en la que son imprescindibles. Pero es, además, una fuerza confiable, disciplinada y leal.

Con un agregado que no es menor: esa lealtad no es incondicional. Es una lealtad (y ésa es una de las grandes diferencias de nuestro ejército respecto al de otros países) a las leyes, a las instituciones, a la Constitución y a las autoridades de ellas emanadas. El Ejército Mexicano nunca, desde el fin de la Revolución, ha apoyado facciones o ha violado las normas constitucionales. Tampoco ha permitido que se violen.

Creo que las instituciones militares, en ese marco, no pueden soportar, siempre, todas las cargas que les endosan las autoridades. Hay límites en sus recursos humanos y materiales. No se les puede tampoco otorgar a las Fuerzas Armadas tantas responsabilidades que terminen debilitando las que constituyen su razón de ser. Eso lo deben medir el gobierno federal y los mandos militares.

Pero incluso en las actuales circunstancias no podemos hablar de militarización. Si la misma implica, como dicen los manuales de ciencia política, el sometimiento de una población, una actividad, un servicio, un lugar, a la disciplina, el espíritu o las costumbres militares, nada de eso está presente hoy en el país. En todo caso, en muchos ámbitos institucionales, el Ejército, las Fuerzas Armadas, pueden imbuir de su disciplina y lealtad bien entendidas, a muchos funcionarios y dependencias, hoy tan escasos de unas y otras.

* * *

Para concluir este libro necesitábamos la opinión de las Fuerzas Armadas y de su principal componente, el Ejército Mexicano. Pudimos tener una larga entrevista el 28 de mayo de 2020 con el secretario de la Defensa Nacional, el general Luis Cresencio Sandoval, sobre la visión de las Fuerzas Armadas en su nueva realidad y en la lucha contra el crimen organizado mirando hacia el futuro del país. Ésta es parte de esa plática.

JFM: Éste es un libro, general, que habla sobre el futuro de la seguridad y del narcotráfico en el país y a mí me interesaba mucho tener su opinión, que me platique cómo lo ve usted, cómo ve el futuro de la lucha contra la inseguridad y la delincuencia.

LCS: Las Fuerzas Armadas, como siempre, buscan cumplir con las misiones que les son asignadas basadas en su estructura, como la que hoy desarrollamos en actividades de seguridad pública.

Se continuarán realizando acciones contra el narcotráfico como se ha hecho, considerando que dichas acciones no son exclusivas de una institución, sino de todas las instancias del Estado mexicano que tienen vinculación con la seguridad, con la procuración y con la administración de justicia, para poder obtener resultados positivos; de estas instancias el sistema judicial es el que ha tenido más dificultades para cumplir sus funciones.

Se hablaba de que hubo en su momento la "puerta giratoria", donde entraban delincuentes por una puerta y salían por la otra; es decir, el delincuente que se logra detener, entra y sale del juzgado, lo vuelven a ver en su comunidad o en las áreas donde acostumbra delinquir, aspecto que afecta demasiado a la ciudadanía. Es complicado, aunado a que, para las instituciones que directamente trabajan en la seguridad, como la Secretaría de la Defensa Nacional, representa una causa de desmoralización, porque nuestro personal detiene al delincuente, lo consigna y después es liberado; situación que sucede hasta en dos o tres ocasiones, minando el esfuerzo que se está haciendo, así como la moral para seguir trabajando. Eso es una parte que falta afinar para poder tener mejores resultados y en la cual ya se ha trabajado en esta administración.

JFM: En términos de la justicia nos han platicado de una transformación, que se queda aún corta ante las exigencias. A nivel de la justicia federal se están haciendo ajustes muy importantes, pero cuando uno pasa de la justicia federal a la justicia en los estados hay zonas terroríficas.

LCS: Las leyes son aliadas estupendas para desarrollar nuestro trabajo, pero desafortunadamente en algunas ocasiones quienes tienen que aplicar las leyes "le buscan el camino" para de alguna manera favorecer a la delincuencia; sin embargo, también se ha dado el caso de que la delincuencia amenaza a quien en sus manos está aplicar la justicia.

Le voy a contar una experiencia que tuve en Reynosa, Tamaulipas, cuando fui comandante de zona. Ahí, la delincuencia es más agresiva hacia las instituciones de seguridad, ya que enfrenta al Ejército, a la Marina y en la actualidad a la Guardia Nacional y las fuerzas estatales. Pero cuando inició el nuevo sistema penal acusatorio, ahí me percaté, primero, de que no teníamos facultades para ser los primeros respondientes; segundo, el estado no tenía la suficiente fuerza policiaca para que nos apoyara y fueran los primeros respondientes, y tercero, no confiábamos en muchos de ellos.

JFM: Debió ser muy complicado.

LCS: Encontramos un camino ideal en la parte judicial: con todos los jueces y ministerios públicos hicimos un frente común para poder salir adelante con el nuevo sistema penal, haciendo un esfuerzo para que no se presentara esta "puerta giratoria"; ahí empezó un momento importante de gran coordinación. Nos orientaron sobre la mejor manera de elaborar y hacer llegar los documentos y la información necesaria al Ministerio Público, para que éste los evaluara y así poder llevar a la justicia a los delincuentes,

Dentro de esa coordinación hubo un detalle que siempre menciono: uno de nuestros reclamos era: ¡nos disparan! En las agresiones tenemos heridos, tenemos fallecidos, ¿por qué los sueltan? Y nos decía la parte judicial: hay que argumentar precisamente ese detalle: que los delincuentes buscaban quitarle la vida al personal militar.

Sólo en esa situación la parte judicial podía tipificar un intento de homicidio, y entonces así poder mantener al delincuente en prisión. Cosa que no hacíamos, teníamos tantas agresiones en el área, una o dos diarias, que no poníamos atención en ello, lo que era aprovechado por los delincuentes para salir por esa "puerta giratoria", pero esa coordinación logró que lo evitáramos. Me tocó trabajar 10 meses con el gobernador Egidio Torre y un año con el gobernador Cabeza de Vaca, lográndose una excelente coordinación entre las partes judicial y la operativa.

Al principio desconocíamos cómo aplicar correctamente el sistema penal acusatorio; sin embargo, todos fuimos aportando experiencias para salir adelante; en la actualidad, ya que se conoce el sistema, algunos servidores públicos del sistema penal han encontrado el camino para evitar que los delincuentes vayan a prisión. Ése es un gran problema que persiste.

Tampoco está alejado de la realidad que, a veces, falta un conocimiento pleno, una capacitación para poder establecer o funcionar como primer respondiente. En la administración pasada no teníamos la posibilidad de ser primeros respondientes, a excepción de Tamaulipas, precisamente, por la buena coordinación lograda.

JFM: ¿Entonces en Tamaulipas sí se afianzó la defensa?

LCS: Sí, sí pudimos hacerlo por esa coordinación estrecha entre la parte operativa, la parte ministerial y la parte judicial. Se buscó cómo hacerlo y se pudo hacer, pero creo que fue el único estado.

JFM: Con las nuevas normas el Ejército, las Fuerzas Armadas, ¿ya pueden ser primer respondiente?

LCS: Sí, con la modificación a la Constitución, en el artículo 5 transitorio de las reformas constitucionales para la creación de la Guardia Nacional, ahí es donde nos dan la oportunidad, ya, de trabajar en el ámbito de la seguridad pública. Un transitorio por el que luchamos en la época del presidente Calderón, porque siempre se buscó tener una certeza jurídica para nuestra actuación. Mi general Galván, en ese entonces secretario de la Defensa, buscó esa certeza; en la siguiente administración mi general Cienfuegos también la buscó.

Bueno, con mi general Galván se impulsó una modificación a la Ley de Seguridad Nacional, que permaneció en el Senado durante un año y se aprobó con algunos aspectos que no habían sido considerados inicialmente, como que los presidentes municipales o los gobernadores iban a dirigir a las Fuerzas Armadas, aunque nunca se contempló que fuera de esa manera.

JFM: Aquella ley como fue reformada en el Senado se había convertido en una tremenda locura.

LCS: Sí, no era correcto, se paró en el proceso de revisión, no hubo modificación y al final no nos dieron el fundamento jurídico en la Ley de Seguridad Nacional. Viene la siguiente administración, seguimos operando así, sin protección legal y se hace otro esfuerzo por generar una Ley de Seguridad Interior en donde pudiéramos fundamentar la actuación de las Fuerzas Armadas en la seguridad pública; si bien avanzó, el Poder Legislativo al final decretó que era inconstitucional.

Seguimos sin un marco jurídico, haciendo nuestra tarea con riesgos, con pérdidas de vidas, con heridos, dejando familias sin su ser querido, pero sin nada legal que nos protegiera.

Así estuvimos años, nos parecía inconcebible cómo siendo el ejército, la fuerza que más estaba trabajando, que no se nos apoyara. Yo afortunadamente tuve la oportunidad de participar en las dos ocasiones en que se intentó modificar la Ley de Seguridad Nacional y crear la Ley de Seguridad Interior, se me hacía increíble cómo había sectores de la sociedad que no querían nada de ese tipo de cosas cuando estábamos viviendo condiciones extremas en donde necesitábamos de esa parte legal; pero bueno, todo eso pasó, nunca nos dieron lo que siempre, tanto mi general Galván como mi general Cienfuegos, pidieron.

En esta administración se dio de una manera fácil porque el señor presidente entendió perfectamente cuál era la necesidad que teníamos para no exponernos y para obviamente tener la facultad legal de actuar.

Además se logró con algo muy sencillo, no con una ley sino con un artículo transitorio que nos da respaldo legal. Con uno, dos o tres renglones, que es lo que abarca ese transitorio, se logró lo que en tantos años no pudimos.

Claro, al principio empezamos a tener problemas con la parte ministerial y la parte judicial, porque no estaba operacionalizado ese transitorio, por lo cual no teníamos la facultad plena para ser primer respondiente.

Se tenía que establecer el acuerdo del 11 de mayo de 2020, por lo que se dispone de la Fuerza Armada permanente para llevar a cabo tareas de seguridad pública, se otorga a las Fuerzas Armadas certeza jurídica para actuar en seguridad pública. Este acuerdo emitido por parte del señor presidente es algo que simplemente estaba detenido. Ahora, este acuerdo nos da las facultades para poder ser primer respondiente, para poder ya no nada más realizar una detención en flagrancia, sino para hacer otro tipo de actividades en el ámbito de la seguridad pública que nos permitan actuar contra la delincuencia, dentro del marco del derecho y respeto a los derechos humanos.

JFM: A mí no deja de asombrarme cómo se habla de la militarización del país, como si no estuviéramos en una situación concreta, como si las fuerzas militares no intervinieran en el tema de seguridad desde hace años porque no hay otra forma de controlarla. Las policías estatales, salvo una u otra excepción, son una zona de desastre; las municipales no hablemos; no hay otro método, desgraciadamente no hay otro método más que la participación militar.

LCS: Sí, desafortunadamente algunos sectores de la sociedad mexicana están en contra y usan el concepto de la militarización, pero en realidad no es que donde estemos exista, es que a veces para cumplir nuestras misiones generales se necesita orden, disciplina y procedimientos. Cuando fuimos a la Cámara de Senadores se trató este tema y había quienes estaban en contra de que participáramos en la Guardia Nacional. Al respecto, yo les planteaba, primero, que no era militarización, y, segundo, que lo que queríamos era formar un cuerpo civil pero precisamente basado en valores, virtudes y en la disciplina que tenemos para que funcionara.

Les di a conocer muchos ejemplos de cómo las Fuerzas Armadas han tenido una excelente actuación. Además les planteé que cómo era posible que tuvieran tanta confianza en nosotros por la aplicación del Plan DN-III-E, y no para participar en la Guardia Nacional, cuando una institución, y no nada más las Fuerzas Armadas, hasta una empresa cuando tiene disciplina, orden y procedimientos, lo más seguro es que sea una empresa exitosa; se podrían aplicar principios que a lo mejor se pueden identificar como militares porque tienen esa peculiaridad, pero al final sigue siendo una empresa civil. Así son las Fuerzas Armadas, tienen eso: obediencia, disciplina y control.

La presencia de las Fuerzas Armadas en cumplimiento de sus misiones generales no significa militarización, sobre todo porque no estamos en el gobierno para dirigir alguna parte que no sea nuestra especialidad.

JFM: Quien haya vivido en Sudamérica o Centroamérica en los años sesenta o setenta lo puede comprobar: eso sí era militarización.

A veces no hay ni la más remota comparación de lo que fue la militarización en esos países, respecto a lo que vivimos en México, donde además se dan estas medidas por una exigencia nacional. A mí me asombra que algunos amigos legisladores, cuando hablamos de estos temas, dicen que se vaya el ejército, que se vaya la Guardia Nacional, que se queden con la policía, no hay forma. Y la gente es la primera que quiere esa presencia.

LCS: Así es, la gente apoya nuestra presencia que no ha sido de tres o cuatro años, sino de 13 o 14 años en una estrategia para combatir a la delincuencia; tiempo durante el cual los gobiernos estatales no aprovecharon para fortalecer su estructura de seguridad pública.

JFM: Y es que la necesidad de esta reforma legal y de darle atribuciones al ejército y la negativa de otorgarla fue de la mano con la negativa de construir fuerzas policiales estatales que pudieran encargarse de esa tarea; era más fácil decir: oiga, general, mándeme cinco mil elementos.

LCS: Sí, era más fácil pedirle apoyo al gobierno federal en turno que generar una estructura de seguridad competente. Hay estados que lo han hecho, que lo hicieron y que tienen una fortaleza importante. Me atrevería a decir Coahuila, Nuevo León y Yucatán.

Guanajuato es uno de los puntos nodales de la estrategia de seguridad y donde el señor presidente nos ha dado instrucciones de atenderlo con un detenimiento importante. Al respecto, buscamos darle impulso con nuevos mandos que analicen el problema con otra perspectiva para que desarrollen acciones diferentes, y poder así atender la situación con mayor eficiencia.

La atención del señor presidente desde el inicio de la administración, la nuestra de hecho, siempre ha estado puesta ahí, ya que es uno de los tres estados que se tomó como primera prioridad para que la Guardia Nacional los cubriera.

Ahí hay grupos delincuenciales que se disputan el control de las rutas que ellos manejan para el trasiego de droga, así como el robo de combustible; entonces, también ésa es una parte que influye mucho en la inseguridad, ya que ni uno ni otro cede y siguen confrontándose cada vez con mayor violencia.

JFM: ¿Ve posibilidades de que todo esto se pueda sacar adelante? Si no se saca adelante legalmente, sin una norma que obligue a los estados a tener una policía estandarizada, con criterios homogéneos con las demás policías, con la Guardia Nacional, ¿se puede transformar todo este panorama?

LCS: Yo creo que sí se puede lograr, pero aquí se requiere de la voluntad política, es decir, que los gobiernos estatales y municipales participen de manera contundente, de lo contrario será difícil. Sin embargo, dentro de la gran estrategia de seguridad, la Guardia Nacional es un proyecto prioritario establecido por el presidente, considerando su presencia en todo el territorio nacional generando condiciones de seguridad; tanto la Sedena como la Semar estamos apoyándola en todo y esforzándonos por que sus efectivos crezcan y sea en un momento la fuerza policial más grande e importante de nuestro país y pueda cubrir la gran extensión territorial que tenemos.

JFM: Es imposible. Por más que crezca la Guardia Nacional, por más que la Secretaría ayude con elementos y con trabajo, si no hay policías locales, no se puede. Hay tareas que ni el ejército ni la Guardia Nacional pueden realizar, ni la Marina; lo tiene que realizar una policía local, asentada en el lugar.

LCS: Así es, ése es un eslabón casi inexistente, que debería estar bien reforzado, toda vez que es donde inicia la seguridad de los ciudadanos por el estrecho contacto con ellos. Pero es una situación que no se presenta.

JFM: Pero cuando se pregunta por qué fallaron las estrategias del presidente Calderón, del presidente Peña, cuando se pregunta sobre lo que sucede ahora, la respuesta es que sin ese eslabón no se puede avanzar, se pueden tener avances parciales, se pueden hacer esfuerzos, pero sin ese eslabón, todo se pone más difícil.

LCS: Sí, es clave atender esta situación, muchos estados nos han pedido apoyo para capacitar a sus policías; sin embargo, existen sectores de la sociedad que nos han señalado de militarizar la seguridad pública por el adiestramiento que se les imparte. Pero vuelvo a lo mismo; todas las instituciones necesitan procedimientos, disciplina, actualización y una estructura; creo que somos una institución que cuenta con todo eso y estamos dispuestos a compartirlo.

JFM: A mí me tocó hace poco ir a recorrer los hospitales de la Sedena para la pandemia y he visto los hospitales que tiene la Secretaría de Salud, los del IMSS, entre otros; hay una diferencia notable. Ha habido problemas gravísimos en muchos hospitales porque comenzó la emergencia y no establecieron mecanismos; había pacientes que entraban y salían por todos lados y contagiaban a todos en el hospital y había una situación gravísima. Nada de eso pasó en los hospitales militares precisamente por ese orden, esos procedimientos, disciplina que tienen.

LCS: Hasta en eso influye, y es que la verdad, todo es disciplina y orden, más aún en el ámbito de la seguridad. Yo le comentaba, por ejemplo, que si la Guardia Nacional dejara de tener, por decirlo de algún modo, un cordón umbilical con la Secretaría de la Defensa Nacional, esa disciplina y orden se perderían. Ahora bien, ¿en qué está materializándose ese cordón umbilical? En que nosotros vamos a generar los mandos de esa Guardia.

Los mandos de la Guardia Nacional se van a graduar del Heroico Colegio Militar, de nuestro plantel, de donde egresan todos los mandos del ejército; también las clases o agentes de la Guardia se capacitan en la escuela militar de sargentos ubicada en Puebla; ésa va a ser una parte importante porque de ahí van a surgir los hombres y mujeres con valores, virtudes, disciplina y organización de esa dependencia.

Si en algún momento alguien corta ese cordón umbilical y lo separa completamente de la Secretaría de la Defensa Nacional, esa Guardia Nacional carecerá de la disciplina y el orden deseados, tal y como sucedió con la Policía Federal en su momento.

Le comento, además, que en la administración pasada fui subjefe operativo del Estado Mayor de la Defensa Nacional, cargo en el que me tocó participar en la organización de la Gendarmería, proyecto que nos costó mucho trabajo poder conformar. Hubo gente que fue a los países donde tienen Gendarmería, Guardia Nacional o Guardia Civil, para poder así allegarnos de la información de cómo crear una estructura de esa naturaleza. Después de un tiempo, ya teníamos una fuerza constituida con elementos de la Armada, del

Ejército y de la Fuerza Aérea, incluso contaba con vehículos que se iban a mostrar durante el desfile del 16 de septiembre.

Y fue previo al 16 de septiembre cuando nos dijeron no, ya no es así el proyecto. Manifestamos que teníamos años trabajando en la Gendarmería bajo ese esquema. Ya teníamos las unidades, todo lo que iba a tener que concentrarse para conformarla. Nos dijeron que no, que ya no, y se dio la orden de que todo el programa, todo el proyecto, todo lo que habíamos hecho, todo lo que se tenía considerado para el adiestramiento, se fuera a la Policía Federal, porque la Gendarmería sería parte de la Policía Federal. Yo personalmente le entregué todo el proyecto al maestro Francisco Galindo, en ese entonces comisionado de la Policía Federal; sin embargo, ese proyecto no prosperó y la Gendarmería que se creó no fue lo que nosotros propusimos, transformándose en un grupo más de la policía.

El proyecto de la Gendarmería que en aquel entonces se propuso era muy parecido a lo que ahora se hizo con la Guardia Nacional, debido a que ambos se concibieron con experiencias de otros países, tal como se hizo en esta ocasión, donde el agregado de Italia nos compartió valiosa información para su conformación.

Y una de las cosas que a mí se me quedó muy grabada fue que se apegaba mucho a lo que había instruido el señor presidente, porque él decía que quería una presencia de esta Guardia Nacional todavía mayor que la que teníamos nosotros las Fuerzas Armadas, para así cubrir la mayor parte de la República.

El jefe de los Carabinieri decía que ellos tenían 7 000 instalaciones en su territorio, con diferente cantidad de personas, dependiendo de las áreas o de la problemática existente; pero consideramos que 7 000 instalaciones eran muchas; no obstante entendimos que ése era más o menos el concepto para tener un nivel de presencia, inhibir a la delincuencia y generar las condiciones de seguridad necesarias en el país. El modelo que habíamos seguido con la Gendarmería era lo que se tenía que presentar con la Guardia Nacional, sólo que con las actualizaciones necesarias, basadas y fundamentadas en algo ya existente, no en una ocurrencia de alguien, sino en algo que ya está probado, ¿por qué vamos a inventar algo?, si ya hay gente que tiene experiencia.

JFM: Nos ocurre en muchas ocasiones, sobre todo en seguridad, que comenzamos muchos proyectos y luego se les van agregando cosas o quitando cosas y terminan siendo algo completamente diferente.

LCS: Hemos batallado mucho en la cuestión de la seguridad, no es por nosotros, ya que hemos enfrentado la problemática de manera adecuada, porque el adiestramiento, la capacitación, el profesionalismo que tiene nuestra gente va acorde a la tarea que estamos haciendo, pero sí con muchas otras cosas que van en paralelo.

JFM: Vamos a otro tema. ¿Cómo entendió el presidente, que fue tan crítico hasta la campaña electoral, qué era el ejército?, ¿cómo cambia el presidente su relación con el ejército?

LCS: Aquí fue importante que le proporcionamos al señor presidente información objetiva sobre la actuación de las Fuerzas Armadas, lo que le permitió conocer más de cerca lo que somos y nuestra lealtad institucional. De esta manera en menos de dos meses estableció que somos un pilar fundamental de su gobierno y del Estado mexicano, concepto que otros presidentes han expresado hasta el final de su administración.

Desafortunadamente para nuestra institución, algunos sectores de la sociedad desconocen lo que somos. De hecho, a partir de la administración de mi general Galván es que tuvimos un mayor acercamiento a la sociedad para que nos conocieran mejor, ya que éramos un sector sumamente cerrado, continuando con esta política con mi general Cienfuegos. Así, durante su administración todos los presidentes han llegado a reconocer que representamos un pilar fundamental de su gobierno y del Estado mexicano.

El señor presidente, a los dos meses de haber iniciado su administración, hizo esa mención y nos envió por escrito ese reconocimiento, el cual lo tenemos como lema en todos los organismos del instituto armado. Él tuvo una gran apertura para que nosotros pudiéramos mostrarle lo que somos como institución y por ello sólo necesitó de dos meses para acrecentar su empatía hacia las Fuerzas Armadas.

JFM: Con tantas tareas, no corren el riesgo de dispersarse al responsabilizarse de tantas tareas, me parece magnífico, pero ¿qué más van a hacer?

LCS: El Ejército y la Fuerza Aérea, al igual que la Armada, son instituciones conformadas por una estructura para operar de manera independiente, lo cual le da la capacidad de satisfacer todas sus necesidades de vida y operación de forma aislada; de hecho, ésa es la preparación dentro de un ejército. ¿A qué conlleva esto? A contar con muchas especialidades para desarrollar la vida y operación de la propia institución.

Por ejemplo, una parte de la estructura orgánica la conforman los soldados, cabos, sargentos, oficiales, jefes y generales que integran las unidades operativas dedicadas a las actividades encaminadas a generar condiciones de seguridad.

Otra parte está integrada por los servicios técnicos que tienen como misión satisfacer las necesidades de vida y operación de esas unidades operativas, dentro de los cuales se encuentran los siguientes:

El servicio de sanidad, que cuenta con vastos recursos humanos y materiales para brindar atención médica de calidad, tanto al personal en el activo y en retiro como a sus derechohabientes.

Los ingenieros, que tienen diversas especialidades como son: los constructores, que edifican las instalaciones que necesitamos para operar; los industriales, que fabrican las armas, municiones y maquinaria diversa; los de comunicaciones y electrónica, dedicados a garantizar el enlace y las comunicaciones; los de computación e informática, encargados de mantener y desarrollar los sistemas en esta materia.

El servicio de Transportes, que cuenta con una escuela donde se capacita y certifica a personal de conductores, mecánicos y otros especialistas en mantenimiento automotriz; lo cual, junto con los vehículos de que se disponen, proporciona una gran capacidad de movilidad, no sólo al interior sino también en apoyo a las autoridades civiles. Un ejemplo de ello fue que hace algunos años apoyamos en la operación de las unidades de la extinta Ruta 100. También basados en esa capacidad, no tuvimos dificultad en adiestrar a los conductores de autotanques para el traslado de combustible, para aplicar el plan para abastecimiento en todo el país.

La estructura y organización con la que cuenta este instituto armado proporciona la posibilidad de que cada una de las tareas y misiones asignadas se realizan sin descuidar otras ya asignadas, lo cual se logra mediante una adecuada preparación y distribución del personal militar para cada una de éstas, lo que significa que no es el mismo personal que se encuentra aplicando el Plan DN-III-E, el que realiza tareas de seguridad pública o el que construye una instalación.

Otro ejemplo de la capacidad de apoyo de las Fuerzas Armadas está en su Centro Militar de Evaluación, el cual ha sido utilizado durante más de 30 años para aplicar exámenes a nuestro personal para el ascenso, un sistema totalmente confiable y difícil de vulnerar y que continuamente se ha ido mejorando para evitar corrupción; ya que una parte importante de nuestra institución son las promociones para obtener un ascenso. Si no garantizamos que dicho ascenso esté vinculado a la capacidad y al esfuerzo del individuo, se corre el riesgo de que se debilite nuestra estructura y cadena de mando.

Por ello lo ofrecí en apoyo al presidente de la República ante su determinación de incrementar el número de especialistas médicos y la dificultad de evaluarlos sin que esté presente la corrupción, situación expuesta por los titulares de la Secretaría de Salud y del Insabi durante una reunión de gabinete.

En este centro se tiene la capacidad para evaluar a 3 200 personas diariamente, mencionando al señor presidente y al gabinete que podíamos establecer un procedimiento donde se reunirán todas las preguntas posibles y sus respuestas sobre alguna materia para formar un banco de reactivos, los cuales se automatizan para conformar el examen que será resuelto a través de equipos de cómputo, seleccionando automáticamente las preguntas sin participar alguna persona o personas, garantizando con ello que alguien pueda obtener el examen o las respuestas antes del mismo.

Es así que contamos en nuestra estructura militar con diferentes medios, instrumentos y capacidades para apoyar todas aquellas actividades que tiendan al progreso de nuestro país.

Cabe comentar un ejemplo más donde en la administración pasada fuimos parte importante de un programa en el que enseñamos a la gente a confeccionar alimentos y la forma de distribuirlos a su comunidad, con el empleo de nuestros elementos del servicio de alimentación.

Por todo lo mencionado, reitero que las Fuerzas Armadas tenemos la capacidad de ser autosuficientes y garantizar la vida y operación de nuestra institución, empleando nuestras capacidades para apoyar a la sociedad mexicana.

JFM: Una última pregunta sobre la seguridad. Yo soy de los que creen que aquello de "abrazos, no balazos" queda muy bien como consigna, pero a la hora de aplicarlo en materia de seguridad no es muy eficiente, tiene que haber algo diferente, se tiene que cambiar.

LCS: Las Fuerzas Armadas seguimos realizando operaciones y cumpliendo tareas en beneficio de la seguridad, pero existen aspectos que nos ha encargado mucho el presidente. Primero el respeto irrestricto a los derechos humanos y segundo la correcta aplicación de la Ley Nacional del Uso de la Fuerza, siendo muy enfático en ello.

Sobre esta nueva Ley del Uso de la Fuerza, es otro instrumento jurídico que no teníamos y que se generó en esta administración; este instrumento jurídico ha sido muy importante en el actuar de nuestro personal. Teníamos un procedimiento sistemático de operar para el uso de la fuerza, que desgraciadamente para el Ministerio Público no constituía un documento para basar nuestra respuesta de actuación y nos metíamos en problemas. Hoy en día tenemos esa ley que regula el actuar de nuestro personal, dándole la certeza jurídica que antes no existía.

No obstante, al insistir en el respeto a los derechos humanos, se generó entre las tropas una confusión que los hizo titubear al actuar en ciertos casos, teniendo como consecuencia agresiones por parte de algunas personas detractoras de la ley.

Pero ésa no fue una instrucción del señor presidente, jamás indicó que nos dejáramos golpear; al contrario, expresó su preocupación por esos hechos, manifestando que no podíamos seguir permitiendo que golpearan a nuestros soldados. Al respecto, le comenté que se había generado una confusión en la actuación del personal y el respeto a los derechos humanos, por lo que nos dimos a la tarea de aclarar algunas cosas en cuanto a qué era el respeto a los derechos humanos y qué era la aplicación de la Ley Nacional del Uso de la Fuerza.

Nuestro personal lo entendió y no ha habido más de esos casos. Cuando se presenta algún intento de agresión se ha aplicado la Ley del Uso de la Fuerza, logrando dispersar a esas personas. Es así que el respeto a los derechos humanos y el apego a la Ley de Uso de la Fuerza ha sido una gran diferencia en la actuación del personal militar.

Otro aspecto más que nos encargó el presidente fue moderar la letalidad durante la actuación de las tropas, de acuerdo con las circunstancias, privilegiando el respeto a la vida como el principal de los derechos de las personas.

JFM: Eso se cruza también con lo que platicábamos al principio, lo del tema del Poder Judicial, si detienes, detienes y liberan, liberan, liberan, siempre va a haber algún elemento que diga "mejor evito que los liberen el día de mañana".

LCS: Sí puede haber esos pensamientos, pero ésas son las diferencias que nos ha marcado el señor presidente, y que ha sido fácil para nosotros cumplirlas, porque el respeto a los derechos humanos no es ajeno a nuestra actuación. Si vemos antecedentes de las dependencias del gobierno federal que empezaron a adoptar políticas en esta materia, nos percataríamos de que el ejército fue de los primeros, ya que desde 1997 se instituyó el primer organismo de derechos humanos en la estructura de la Sedena, y éste ha tenido una constante evolución. Primero estuvo insertado en lo que era nuestra Procuraduría de Justicia, en la Asesoría Jurídica, en el Estado Mayor de la Defensa Nacional, y ahora es una dirección general muy completa. Desde ese entonces teníamos un programa, que quizá sea el primero implementado en el gobierno federal, difundido en el 2000; desde esa fecha ya capacitábamos a nuestro personal en derechos humanos; actualmente esta materia se imparte en diversos centros de adiestramiento y planteles militares, incluso es materia de evaluación en la promoción para el ascenso, lo que significa que es un aspecto inmerso en la mayoría de nuestras actividades.

Por todo esto no ha sido difícil acatar la instrucción del presidente de respetar los derechos humanos.

JFM: Cuando uno ve el número de quejas, las que se presentan y las que se resuelven, desde 2004 o 2006 hasta ahora, ha habido una disminución constante en los últimos años.

LCS: Tenemos una reducción importante, muy pocas quejas. No ha sido difícil que podamos cumplir con lo que establece el señor presidente sobre el respeto a los derechos humanos y que podamos ejercer perfectamente bien el uso de la fuerza. De hecho, para apegarse a la ley, les he comentado a nuestros elementos que para la elaboración de la nueva Ley del Uso de la Fuerza se tomó como base el procedimiento que teníamos para operar, de tal manera que es lo mismo que ya sabían. Obviamente, se sumaron aspectos del ámbito policial que no teníamos, cosas que no necesitábamos entonces pero que ahora, como ya es una ley a nivel nacional y que regula a todas las instancias de seguridad, se tuvieron que incorporar a la ley. Así que la Ley de Uso de la Fuerza contiene aspectos nuevos además de los que ya teníamos nosotros en nuestros procedimientos; por lo cual tampoco nos ha costado trabajo aplicarla.

Ésas son las diferencias que se han reflejado en nuestras operaciones, lo demás sigue igual, continuamos en la erradicación de plantíos de amapola y de marihuana, en la intercepción aérea, apoyados por nuestro sistema integral de vigilancia aérea, continuamos trabajando en la intercepción terrestre a través de los puestos militares de seguridad, desarrollamos operaciones contra la delincuencia, tenemos presencia en Nuevo Laredo, en Reynosa, en Matamoros, en Culiacán, en Chihuahua, seguimos con el mismo impulso; las que comenté son las únicas diferencias operativas. Si hay una agresión tendremos que responder aplicando la ley y siempre respetando los derechos humanos, así es la forma en que tenemos que operar.

Creo que lo vamos haciendo bien, a pesar de que las tropas afrontan situaciones extremas, en las que tienen que tomar decisiones que a veces pueden ser muy exitosas o resultar ser un error sin la intención de cometerlo.

JFM: Una decisión que se toma en ese momento, en el campo y muchas veces en condiciones muy difíciles.

LCS: Estar en los zapatos de alguien que está tomando una decisión difícil en el ámbito operativo es complicado. Yo nunca he puesto en duda la decisión de los comandantes cuando tienen una situación que resolver, entiendo lo complicado que es. Fui comandante en Nuevo León, Tamaulipas y San Luis Potosí y eso me dio experiencia, me permitió conocer de cerca el trabajo del personal militar, así como saber qué es a lo que se enfrentan, sus necesidades, palpar incluso su temor, palpar también su arrojo, porque todos los que operan, cualquiera que sea el área, saben que salen del cuartel, despliegan y tienen el riesgo de perder la vida. Hace algunos años les decía a las tropas en una plática que quizá 15 años atrás nuestra gente no afrontaba situaciones como en la actualidad, el riesgo era menor y había partes como en Guerrero y Sinaloa que desde entonces ya eran de alto riesgo; además, las actividades de nuestra institución eran diferentes. Pero en el transcurso de los últimos años el personal militar ha estado en constante riesgo.

Sin embargo, existen lugares en los que las tropas viven quizá 20 horas continuas de estrés. Esos aspectos son de las grandes experiencias que pude tener estando en la parte noreste de nuestro país, palpando la situación que nuestra gente vive en el trabajo diario, eso me ha servido para conformar mejores procedimientos y enfocar mi atención en algunas necesidades y prioridades. Por ejemplo, hoy estamos iniciando un proyecto para proteger a los soldados, principalmente a los que operan de manera descubierta sobre los vehículos, al ser los más expuestos a las agresiones de la delincuencia organizada.

Epílogo

Que mucho cambie para que nada siga igual

Nada está perdido si se tiene el valor de proclamar
que todo está perdido y hay que empezar de nuevo.

JULIO CORTÁZAR

Con el final de enero de 2019 había llegado, según declaró el presidente López Obrador, "el fin de la guerra contra el narcotráfico y el crimen organizado". Según el presidente, "no es función del gobierno organizar operativos para detener capos" porque lo que el gobierno quiere es "la paz". Paradójicamente, en la misma conferencia mañanera también habló el secretario de la Marina, el almirante José Rafael Ojeda Durán, quien explicó cómo en San Salvador, Guanajuato, los marinos se habían tenido que enfrentar con los integrantes del Cártel de Santa Rosa de Lima, dedicados, sobre todo, al robo de gasolina. Habló y mostró imágenes de los bloqueos, las quemas de automóviles y tráilers, de los ataques a sus elementos, del peso de ese cártel en Guanajuato y su influencia en altos niveles del gobierno local.

El gran rival de esa organización criminal en Guanajuato es el CJNG, quizá el más violento, quién sabe si el más importante, hoy, en el tráfico de drogas. Sus respectivos líderes, el Mencho, por el CJNG, y el recientemente detenido Marro, por el de Santa Rosa, debieron pensar que ahora ya sólo se perseguirían entre ellos.

Al mismo tiempo que el presidente López Obrador decía que la guerra contra los capos del narcotráfico había acabado y que no era

227

función del gobierno perseguirlos, en una corte de Brooklyn, en Estados Unidos, la fiscalía concluía el alegato de cinco horas en el juicio contra el principal narcotraficante mexicano, Joaquín *el Chapo* Guzmán. Durante 11 semanas con 56 testigos, un tercio de ellos narcotraficantes convertidos en testigos colaboradores, se desnudó el accionar y la personalidad del Chapo Guzmán.

Más allá de algunas mentiras y exageraciones, de denuncias sin comprobar, se pudo confirmar, en voz de los propios criminales, la profundidad con la que ha penetrado el narco en las estructuras de poder político y de seguridad, y el que manejan esas organizaciones, dentro y fuera del país. Un poder que les permite colocar como diputada a una pareja del capo, tener sistemas de intercepción de llamadas operados desde el exterior, disponer de algunos millones de dólares para comprar policías y autoridades, contratar productores y artistas para hacer películas biográficas y disponer de la vida y la propiedad de millones de personas.

Tuvo mala suerte el Chapo: si no hubiera buscado a Kate del Castillo y Sean Penn para la susodicha película, otorgándoles a las autoridades el hilo del cual jalar para volver a detenerlo, en lugar de en una corte de Brooklyn quizá podría estar disfrutando de su familia en su natal Sinaloa, como su compadre Ismael *el Mayo* Zambada, quien en el juicio de Brooklyn quedó como el gran capo en funciones del narcotráfico en México.

Y unas horas después de la declaración del presidente López Obrador en aquel final de enero de 2019, Trump enviaba un tuit recordando la cifra de muertos en nuestro país durante 2018 para tratar de justificar la construcción del muro. México está peor que Afganistán, aseguró Trump.

Un año y medio después todo cambió y todo sigue igual. Ningún gran capo fue detenido pero la violencia aumentó, creció en forma imposible de disimular. El *culiacanazo* se convirtió en la mejor demostración de que una lógica de impunidad no sirve, no alcanza, que los abrazos en lugar de balazos no tienen sentido cuando existen grupos criminales que mueven miles de millones de dólares, que tienen bajo su control zonas enteras del país y que están expoliando a comunidades, pueblos y ciudades enteros a través del narcomenudeo, el secuestro, la extorsión, el robo, al tiempo que están en condiciones de colocar toneladas de droga en Estados Unidos y otros países. Cárteles que, además, generan desde hace años, por lo menos desde 2004, una violencia terrible, en su lucha contra autoridades y otras organizaciones criminales, por el control de territorios y rutas. Y el atentado contra García Harfuch terminó de demostrar que no hay alternativa para combatir a los cárteles de la droga, porque la otra opción es simplemente dejar que se sigan empoderando con un costo cada vez más elevado de inseguridad, muerte y desafío a las autoridades del Estado.

Uno de los más importantes expertos en seguridad global alguna vez me decía que no es verdad que no se dialogue con los narcos. Siempre se dialoga, la diferencia es que el diálogo no necesariamente es verbal: "Dialogas con las acciones que tomas tú contra ellos y ellos contra ti". Es un diálogo en los hechos que establece límites y rupturas. En ese lenguaje de los hechos, el presidente López Obrador, al declarar el fin de la guerra contra el narco y al decir que no era función del gobierno armar operativos para perseguir a los capos, les había tendido más que una mano, les estaba hablando de una suerte de borrón y cuenta nueva. Pero el discurso chocó con la realidad y la propia esencia de los criminales. Ese recuento de la realidad es el que hemos hecho en estas páginas y que obliga a repensar seriamente el modelo de seguridad en el país.

* * *

El mayor problema que tiene la administración de López Obrador es un estilo de gobernar que peca, por igual, de ideologicismo, poco conocimiento de la administración pública y de una falta de capacidad de algunos integrantes del equipo presidencial, la que intentan reemplazar con una mal entendida lealtad a su jefe, el presidente.

Todo gira demasiado en torno de un mandatario que sigue teniendo notables intuiciones y pésimas formas de gestionar el poder, atrapado entre ideas preconcebidas durante muchos años de campaña y una realidad que en ocasiones se le escapa de las manos.

Dice Enrique Krauze, citando a Cosío Villegas, que "el poder en México era la biografía presidencial. En consecuencia, si el presidente padecía locuacidad, oscuridad, simpleza, ingenuidad, ignorancia, desorden, prisa, torpeza, cada uno de esos rasgos se traducía de inmediato a la arena política nacional. La sicología presidencial se volvía destino nacional". Don Daniel hablaba de Echeverría, pero esa psicología presidencial como destino nacional se aplica a nuestra realidad cotidiana.

* * *

La seguridad pública es una zona crítica. Es verdad que la herencia ha sido una pesada losa, pero en más de año y medio de gobierno las cosas no han hecho más que empeorar.

Existe una estrategia, sí, como insisten en el gobierno, pero lo que sucede es que como tal no funciona. Es necesario cambiarla, modificarla, hacer todos los ajustes necesarios porque la situación está fuera de control. Con agravantes muy serios, nadie puede explicar cómo, desde octubre de 2019, se acumularon incidentes como el *culicanazo* que dejó en libertad no sólo a Ovidio Guzmán, sino también a un centenar de reos que ese día se escaparon de la cárcel de Culiacán; la insólita fuga del principal operador financiero de los hijos del Chapo del Reclusorio Sur de la Ciudad de México, o la boda a todo lujo de otra hija del Chapo, con cierre de la Catedral de Culiacán incluido, sin que nadie se diera por enterado.

Descartemos que se trate de un acuerdo gubernamental con el Cártel de Sinaloa, no creo que lo sea, pero eso demuestra, por lo menos, una inoperancia grave de nuestros sistemas de información e inteligencia.

Se podrá decir que el Chapo cuando era buscado también pudo casarse con Emma Coronel, pero debió hacerlo en una ranchería en la sierra de Durango, no en la Catedral de Culiacán, con fiesta incluida en la capital del estado; para escaparse tuvo que hacer un túnel durante meses, pero sus operadores, en la Ciudad de México (y en Culiacán), se fueron por la puerta y en un vehículo oficial. El Chapo fue detenido en tres ocasiones y, salvo el Mayo, la cúpula del cártel fue muy golpeada, incluyendo hijos y hermanos del propio Mayo.

El *culiacanazo*, la boda, las fugas son fenómenos del presente, no del pasado. El crecimiento geométrico del CJNG y su violenta reacción es parte de la vida, del sufrimiento cotidiano de buena parte de la población. El casi centenar de grupos criminales organizados que pululan en el país y que no pararon de delinquir ni siquiera durante la pandemia es un azote para una sociedad que salió de la emergencia sanitaria con 12 millones de personas sin empleo o simplemente sin ingreso.

El gobierno federal debe cambiar de estrategias, de forma y estilo de ejercer el poder. Debe hacer autocrítica y debe hacer valer la meritocracia, no la lealtad, para ejercer cargos públicos. Las buenas intenciones e intuiciones presidenciales no alcanzan. Mucho menos cuando terminada la pandemia la crisis económica y de seguridad nos pegará con mucha más fuerza que en el pasado inmediato.

* * *

Porque el contexto internacional tampoco ayuda. El presidente Trump ha amenazado en muchas ocasiones con la designación como terroristas de los cárteles mexicanos. En los hechos, para evitar esa designación, con todas sus consecuencias, México tendrá que abandonar la política de pacificación, de abrazos y no balazos, de la misma forma que tuvo que abandonar la de puertas abiertas para los migrantes, por la más estricta política migratoria de la historia reciente del país.

No hay información oficial sobre objetivos estadounidenses en las múltiples reuniones bilaterales sobre seguridad, aunque sí sabemos que la colaboración de inteligencia entre los dos países (más allá de la aparentemente cordial relación del gobierno con Trump) está deteriorada. Pero el objetivo de Trump (y lo será también de Joe Biden, si gana las elecciones) será que México regrese a la política de golpear los bolsillos y las cabezas de los cárteles.

Y para eso quieren utilizar los mecanismos de inteligencia que han usado ya en el pasado con un éxito relativamente alto:

compartir inteligencia con objetivos claros, inteligencia financiera y cuerpos militares de élite encargados de esas operaciones y rendimiento de cuentas sobre las mismas.

Hay que recordar que el pedido de captura contra Ovidio Guzmán fue presentado con fines de extradición por Estados Unidos. Por una de esas cosas extrañas que ocurren en nuestro país, Ovidio no está responsabilizado de crimen alguno en México, pero sí en la Unión Americana, donde el hijo del Chapo está acusado de ser uno de los principales proveedores de fentanilo en ese mercado, la droga que causa, junto con otros opioides, unos 60 000 muertos por sobredosis al año en la Unión Americana.

El operativo de captura de Ovidio fue un compromiso fallido con Washington que se acrecentó con los asesinatos de las mujeres y niños de la familia LeBarón, todos de nacionalidad estadounidense.

El CJNG es, junto con el Cártel de Sinaloa, el otro gran introductor de fentanilo en la Unión Americana. Se logró extraditar al Menchito, el hijo de Nemesio Oseguera, *el Mencho*. Y Estados Unidos ha puesto al Mencho como el criminal más buscado en el mundo, con una recompensa millonaria para quien dé datos que lleven a su detención. Quieren que termine en una cárcel de ese país.

Cuando se decidió cerrar las enormes brechas migratorias, se hizo por una imposición de la administración de Trump, pero también porque era una exigencia de nuestra seguridad nacional, reclamada sobre todo por las Fuerzas Armadas y de seguridad. Ningún país puede tener una política migratoria de puertas abiertas en el contexto global actual. Ocurre lo mismo con la seguridad y la modificación de la estrategia: quizá se dé por una imposición de Estados Unidos, pero es también una exigencia de nuestra seguridad interior y nacional. Es una rectificación necesaria que los mismos cuerpos de seguridad, policiales y militares, proponen en voz baja, pero insistente.

* * *

No tenemos como país un destino inexorable marcado por la inseguridad hasta convertirnos en un Estado fallido, dominado por los criminales. Pero contra ese destino tiene que haber una convicción y una claridad estratégica que a veces no tenemos.

A lo largo de estas páginas hemos visto, sin poder abarcar todos los fenómenos de la inseguridad y el crimen organizado, cómo el futuro de los mismos será mucho más peligroso que nuestro presente si no se toman medidas realmente conceptuales: si no hay claridad en las funciones y objetivos de fuerzas federales y militares; si no se crea, con toda la fuerza de la ley y la Constitución, un sistema policial homogéneo, calificado, con controles de confianza para todos sus elementos y sobre todo para sus jefes, a nivel estatal y municipal, con los mandos y la operatividad centralizada en todo lo posible; si el Poder Judicial no tiene una profunda limpieza que evite la conspiración con los criminales; no se podrá sin fiscalías que tengan áreas mucho más especializadas y eficientes, y sobre todo limpias de corrupción. Tampoco se podrá sin recursos: países como Colombia invierten en seguridad entre tres y cuatro veces más como porcentaje del presupuesto que México. Nada de eso se puede lograr en unos meses, pero sin empezar con toda la voluntad política que el tema exige, tendremos algo más que un sexenio perdido en seguridad.

Pasada la pandemia de coronavirus, decíamos, tendremos una crisis de seguridad que irá de la mano con la económica y las consecuencias no resueltas de la sanitaria. Todo es importante, pero el deterioro en la seguridad puede hacer inútiles todos los esfuerzos que hagamos para recuperar la normalidad económica y social del país. El día de mañana tendremos un escenario donde habrá más grupos criminales, con más mano de obra a su disposición ante el desempleo abierto, grupos criminales con recursos para invertir en empresas, lavar dinero, imponer condiciones y acrecentar la expoliación ciudadana. Grupos criminales que incluso se benefician con los nuevos modelos de consumo, desde los encapsulados en la red para el narcomenudeo hasta los globales, con nuevas drogas como el fentanilo.

Dice Ian Manook, el seudónimo con el que escribe sobre un fascinante investigador policial mongol el francés Patrick Manoukian, que en su lucha "esperaba haber recuperado aquella riqueza interior. La capacidad de sentir tanto como de reflexionar. De evitar los combates inútiles, que son prueba de ineficacia más que otra cosa, pero de nunca recular una vez que el combate ha empezado. De avanzar siempre, sin cólera, siempre a su ritmo. Mantener la fuerza. No intentar evitar los golpes retrocediendo sino avanzando siempre, pero cambiando de perspectiva. Penetrar en el ataque del otro, es mejor que atacar".

No hay tiempo para combates inútiles, para evitar golpes retrocediendo, hay que cambiar de perspectiva para seguir avanzando, penetrando en el ataque cotidiano que realizan los grupos criminales contra la sociedad. No hay tiempo para ajustar tranquilamente la estrategia: si no se revisa la política de seguridad y no se comienza a actuar desde ya, nos quedaremos sin opciones y sin oportunidades. Serán los otros, desde fuera o desde adentro, los que nos terminarán imponiendo las condiciones, las políticas y las estrategias.

Ciudad de México, junio de 2020

A modo de conclusión

En 2021 veremos un Cártel de Sinaloa sin duda empoderado, pero con un desafío muy claro: un líder que supera los 70 años y cuyos hijos y hermano están detenidos en Estados Unidos, y que no cuenta con un sucesor claro en su propio grupo interno. Los Chapitos y un hermano del Chapo querrán tener mayor protagonismo al tiempo que otro septuagenario, Rafael Caro Quintero, también quiere su propio espacio. De la capacidad que tenga ese cártel, que hoy no está centralmente bajo la mira de las autoridades, por lo menos no tanto como sus rivales, dependerá su futuro.

Veremos un CJNG, que, como dijimos, puede tener un destino similar al de Los Zetas, extinguirse luego de un brutal fogonazo, de una explosión de violencia. Hoy hay en todo el país grupos que se desprendieron o fueron aliados de Los Zetas, pero son bandas menores y no por eso menos peligrosas o violentas; sin embargo, el desafío a nivel global que significaban Los Zetas en buena medida desapareció y su lugar fue ocupado progresivamente por el CJNG. Pero su precaria situación interna, su enfrentamiento sobre todo con el Cártel de Sinaloa, lo rápido de una expansión que no se ha consolidado del todo en muchos de los estados donde han actuado casi como una franquicia en crecimiento, hacen presumir que en el futuro el CJNG, sobre todo cuando muera o caiga el Mencho, está destinado a una implosión que lo dejará dividido en varios grupos poderosos, pero más pequeños y enfrentados entre sí.

La violencia en la Ciudad de México dependerá de cómo se procese el atentado contra el secretario García Harfuch. Si el Estado mexicano, si el gobierno federal no asume el desafío que le está planteando el CJNG y no actúa en consecuencia, la capital estará condenada a una larga ola de violencia. Pero tiene todas las condiciones para evitarlo, desde el ser la sede de los poderes de la Unión hasta contar con el mayor cuerpo de seguridad del país. Páginas atrás decíamos que el atentado contra García Harfuch recordaba el primer coche bomba de Pablo Escobar en Bogotá, que marcó su destino. Imagino algo similar para el CJNG después de haber incursionado de esa forma en la Ciudad de México. Depende de las autoridades.

El Cártel de Santa Rosa de Lima no tiene futuro, será derrotado y absorbido por otros, algo similar a lo que sucedió con La Familia o Los Caballeros Templarios en el pasado, incluso partiendo de una situación de mayor debilidad que éstos. Será inevitablemente derrotado. Pronto dejaremos de hablar del Marro, quizá después de un estallido de violencia crepuscular.

Sobrevivirán bandas criminales más pequeñas y eficientes y no necesariamente menos violentas, porque las drogas del futuro serán sobre todo los opiáceos sintéticos, como el fentanilo, más rentables, y más fáciles de traficar, más adictivos y también mortales. Son las drogas del futuro inmediato, de después de la pandemia, de un país y un mundo en crisis económica, sanitaria, al borde de la depresión personal y global. Las drogas que adormecen y sensibilizan. Las drogas del futuro. Quienes lo entiendan, terminarán ganando el universo criminal.

Agradecimientos

Este libro tiene deuda con muchos amigos y colaboradores. Muchas gracias sobre todo a Bibiana Belsasso, mi compañera de trabajo y de vida, con quien comparto, día con día y desde hace 12 años, la elaboración y conducción de Todo Personal. Gracias a mi familia, a mi madre y mi hermana, a mis hijos e hijas, nietos y nietas, a mis amigos y amigas entrañables, sin ellos ningún esfuerzo tiene sentido.

Muchas gracias a todo mi equipo de Todo Personal, en primer lugar a Mauricio García, que participó activamente en la recolección de material para este libro, y a todos los compañeros y directivos de ADN40 y de *Excélsior*, mi entrañable espacio de televisión y mi querido periódico desde hace 15 años. Muchas de estas ideas se plasmaron originalmente en esos espacios. Y gracias a todos los amigos y editores de Random House, sobre todo a Juan Carlos Ortega, por el apoyo proporcionado para que este texto se convierta en algo real, palpable, sea en papel o formato digital.

A todos, diría Gustavo Cerati, gracias totales.

Anexo

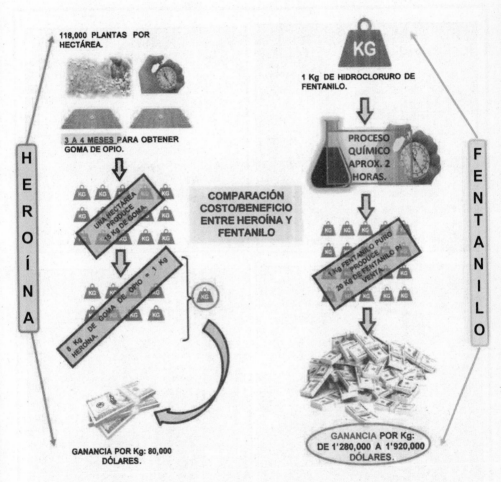

Gráfica 1. Comparación entre la heroína y el fentanilo.
El segundo ha sustituido a la primera pues genera mayores ganancias.

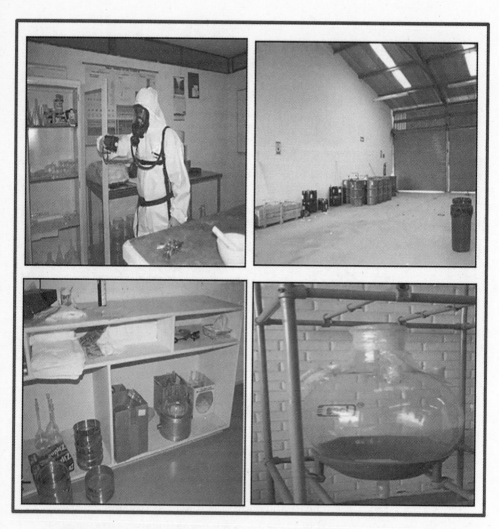

Laboratorio de heroína localizado en Cosalá, Sinaloa.

Laboratorio de heroína localizado en Cosalá, Sinaloa.

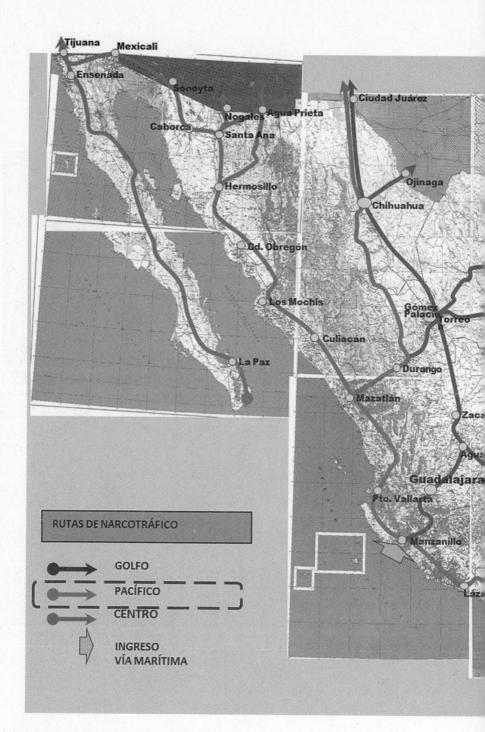

Mapa de principales rutas utilizadas por el narcotráfico en México.

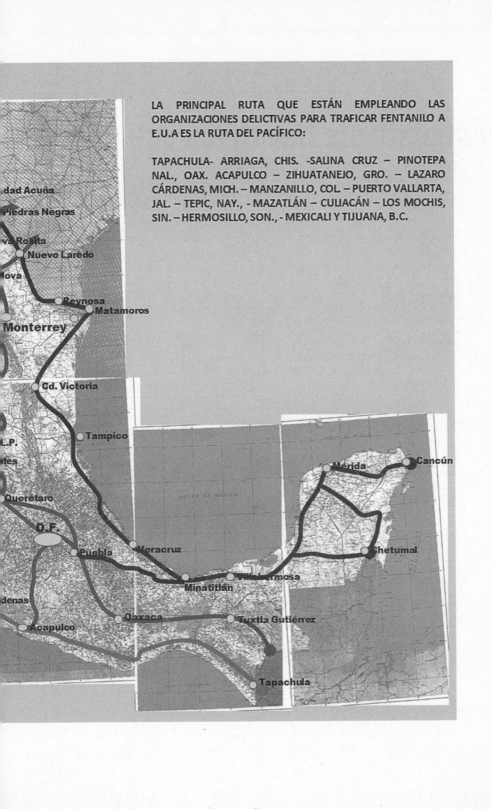

LA PRINCIPAL RUTA QUE ESTÁN EMPLEANDO LAS ORGANIZACIONES DELICTIVAS PARA TRAFICAR FENTANILO A E.U.A ES LA RUTA DEL PACÍFICO:

TAPACHULA- ARRIAGA, CHIS. -SALINA CRUZ – PINOTEPA NAL., OAX. ACAPULCO – ZIHUATANEJO, GRO. – LAZARO CÁRDENAS, MICH. – MANZANILLO, COL – PUERTO VALLARTA, JAL. – TEPIC, NAY., - MAZATLÁN – CULIACÁN – LOS MOCHIS, SIN. – HERMOSILLO, SON., - MEXICALI Y TIJUANA, B.C.

Estructuras Delictivas con presenci

AGUASCALIENTES
* CÁRTEL DE JALISCO NUEVA GENERACIÓN (C.J.N.G.)
* "CÁRTEL DEL GOLFO".
* G.D. "CÁRTELES UNIDOS" Y "LA OFICINA" (AFINES AL "CÁRTEL DEL PACÍFICO").
* G.D. "LOS MICHOACANOS" (INDEPENDIENTE).
* G.D. "LOS TALIBANES" (INDEPENDIENTE).

BAJA CALIFORNIA
* CÁRTEL DE JALISCO NUEVA GENERACIÓN (C.J.N.G.).
* CELULAS DE (a) "EL AQUILES" Y "LA RANA", AFINES "CÁRTEL DEL PACÍFICO".
* CELULAS ACEFALAS DE LA O.D. "ARELLANO FÉLIX".
* GRUPO DELICTIVO "EL TIGRE" (INDEPENDIENTE).

BAJA CALIFORNIA SUR
* "LOS TEGORIPEÑOS", AFINES A LA FRACCIÓN "LOS MENORES".
* G.D. DE JOSÉ RENÉ BASTIDAS MERCADO (a) "EL RENE" (INDEPENDIENTE).
* CÉLULAS DEL "C.J.N.G".

CAMPECHE
* "CÁRTEL DEL GOLFO".
* "GENTE NUEVA" (AFÍN AL "CÁRTEL DEL PACÍFICO").
* GRUPOS DELICTIVOS LOCALES.

CHIAPAS
* "CÁRTEL DEL PACÍFICO".
* CÉLULAS DELICTIVAS LOCALES QUE INTEGRAN LA ESTRUCTURA DE "LOS ZETAS".

CHIHUAHUA
* "GENTE NUEVA", AFINES CÁRTEL DEL PACÍFICO.
* NUEVO CÁRTEL DE JUÁREZ (ANTES "CARRILLO FUENTES").
* G.D. "GENTE NUEVA DEL TIGRE" (ESCISIÓN DEL "NUEVO CÁRTEL DE JUÁREZ").

CIUDAD DE MÉXICO
* CELULAS DELICTIVAS LOCALES:
  * CÁRTEL DE TLÁHUAC.
  * FUERZA ANTI UNIÓN.
  * LOS RODOLFOS.
  * UNIÓN DE TEPITO

COAHUILA
* CÁRTEL DEL GOLFO"
* "CÁRTEL DEL NORESTE".
* GRUPO DELICTIVO "CABRERA SARABIA" AFINES "CÁRTEL DEL PACÍFICO"
* CÁRTEL INDEPENDIENTE DE LA LAGUNA" Y/O "DEL PONIENTE".

COLIMA
* CÁRTEL DE JALISCO NUEVA GENERACIÓN.
* CÉLULA "LOS ÁNTRAX" PERTENECIENTE AL GRUPO DELICTIVO "LA BARREDORA", AFÍN AL "CÁRTEL DEL PACÍFICO".

DURANGO
* CÁRTEL DEL PACÍFICO (GRUPO DELICTIVO "CABRERA SARABIA").
* O.D."BELTRÁN LEYVA"
* O.D. "NUEVO CÁRTEL DE JUÁREZ".
* G.D. "CÁRTEL INDEPENDIENTE DE LA LAGUNA".

GUANAJUATO
* "C.J.N.G.".
* G.D. "CÁRTEL DE SANTA ROSA DE LIMA".
* CELULAS ACÉFALAS DE LOS "LOS CABALLEROS TEMPLARIOS".
* CÉLULAS DELICTIVAS LOCALES:
  * LA UNIÓN DE LEÓN.
  * LOS CARRANZA.
  * LOS MICKEY'S.
  * LOS PUÑOS.

ESTADO DE MÉXICO
* "CÁRTEL DE JALISCO NUEVA GENERACIÓN".
* GRUPO DELICTIVO "LA FAMILIA".
* GRUPO DELICTIVO "LOS CABALLEROS TEMPLARIOS".
* GRUPO DELICTIVO "GUERRERO UNIDOS".

GUERRERO
* "C.J.N.G.".
* O.D. "BELTRÁN LEYVA".
* G.D. "CABALLEROS TEMPLARIOS, "LA FAMILIA" Y "GUERRER UNIDOS".
* 14 GRUPOS DELICTIVOS LOCALES: "LOS ROJOS" Y/O "LOS JEFE "LOS ARDILLOS", "LOS GRANADOS", "CÁRTEL DEL S.U.R." Y/O "SIER UNIDA REVOLUCIONARIA", "LOS MARQUINA", "LOS CUERNUDO "GUARDIA GUERRERENSE", "LOS VIAGRAS" Y/O "SANGRE NUE GUERRERENSE", "LOS SIERREÑOS", "CÁRTEL INDEPENDIENTE ACAPULCO", GRUPO DIRIGIDO POR "LUIS JUSTO HERRERA", "L RUSOS", "LOS ARREOLA" Y "GENTE NUEVA".

HIDALGO
NO SE HA DETECTADO LA PRESENCIA DE ORGANIZACIONES O GRUPOS DELICTIVOS CON INFLUENCIA A NIVEL NACIONAL

JALISCO
* "C.J.N.G.".
* "CÁRTEL DEL PACÍFICO".
* CÉLULA DELICTIVA "CÁRTEL NUEVA PLAZA".

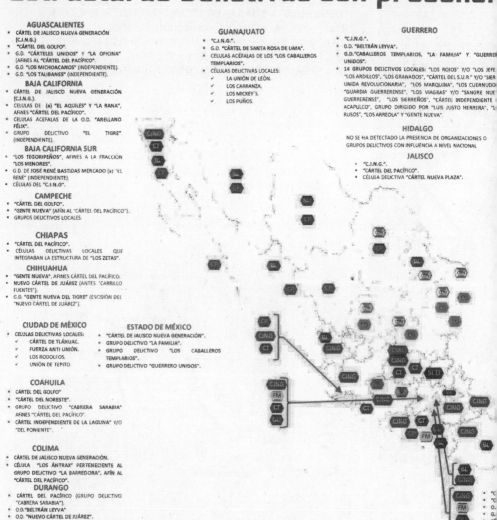

Estructuras delictivas identificadas en México.

n el País.

MICHOACÀN
- .N.,G.".
- . "LOS CABALLEROS TEMPLARIOS".
- .ULA DE "LOS VIAGRAS" Y/O "LA NUEVA
  MILIA" (INDEPENDIENTE).
- .ULA "LOS H-3" (INDEPENDIENTE).
- .ULA "LOS JUSTICIEROS" (INDEPENDIENTE).

MORELOS
- .N.G."
- . "GUERRERO UNIDOS".
- S ROJOS" Y/O "GENTE NUEVA", AFÍN A
  LTRÁN LEYVA".
- MMANDO 3 LETRAS" (INDP), ANTAGÓNICO DE
  U." Y "LOS ROJOS".)

NAYARIT
- N.G.".
- RTEL DEL PACÍFICO".
- S HACHES", AFINES A LA O.D. "BELTRÁN
  VA".

NUEVO LEÓN
- ÁRTEL DEL GOLFO".
- "BELTRÁN LEYVA" (MPIO SAN PEDRO
  RZA GARCÍA, N.L.)
- RTEL DEL NORESTE".
- .ULA DELICTIVA "ZETAS DE LA VIEJA
  UELA".

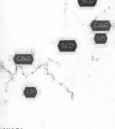

AXACA
- CÍFICO".
- EYVA".
- OJA".
- .ICTIVAS LOCALES:"LOS BRUJOS", "LOS
  "LOS COYUNDA", "LOS TERÁN", "LOS CHEHUIS"

PUEBLA
- "C.J.N.G".
- CÉLULA DELICTIVA "NUEVA SANGRE
  ZETA".
- CÉLULAS DELICTIVAS LOCALES:
  (DEDICADAS AL ROBO DE
  HIDROCARBUROS, TRENES Y CAMIONES
  DE CARGA).

QUERETARO
- "CÁRTEL DEL PACÍFICO".
- G.D. "LOS CABALLEROS TEMPLARIOS".

QUINTANA ROO
- CÁRTEL DEL PACÍFICO.
- "C.J.N.G".
- "BELTRÁN LEYVA" (LOS PELONES).
- CÉLULAS INDEPENDIENTES LOCALES:
  - ✓ "LA VIEJA ESCUELA".
  - ✓ "LA BARREDORA"
  - ✓ "LOS CAMICACES".
  - ✓ CÉLULAS ACÉFALAS DEL "CÁRTEL
    DEL GOLFO" Y "ZETAS"

SAN LUIS POTOSÍ
- "CÁRTEL DEL GOLFO", FACCIÓN
  "TALIBANES".
- G.D. "CÁRTEL DEL NORESTE".
- CÉLULA DELICTIVA LOCAL DE LA
  FAMILIA "SONI BULOS".

SINALOA
- "CÁRTEL DEL PACÍFICO".
- "BELTRAN LEYVA".
- "CARRILLO FUENTES".

SONORA
- "LOS SALAZAR" Y "LOS LICENCIADOS",
  AFINES AL "CÁRTEL DEL PACÍFICO"
- G.D. "TELCEL" (ANTES "CADETE
  TRINI"), AFINES A LA O.D. "BELTRAN
  LEYVA"

TABASCO
- "C.J.N.G."
- CÉLULA DELICTIVA INDEPENDIENTE
  "PUEBLOS UNIDOS CONTRA LA
  DELINCUENCIA" (P.U.C.D.).
- CÉLULAS DELICTIVAS INDEPENDIENTES
  (LOCALES), NO IDENTIFICADAS.

TAMAULIPAS
- "CÁRTEL DEL GOLFO" (FACCIONES
  "METROS"-"CICLONES"-"ROJOS")
- "CÁRTEL DEL NORESTE".
- CÉLULA DELICTIVA "ZETAS DE LA VIEJA
  ESCUELA".

TLAXCALA
- "CÁRTEL DE JALISCO NUEVA
  GENERACIÓN"

VERACRUZ
- "CÁRTEL DE JALISCO NUEVA
  GENERACIÓN".
- "CÁRTEL DEL GOLFO".
- "ZETAS DE LA VIEJA ESCUELA" Y
  "NUEVA SANGRE ZETA"
- CÉLULAS DELICTIVAS LOCALES

YUCATÁN
- "CÁRTEL DEL PACÍFICO"

ZACATECAS
- "CÁRTEL DE JALISCO NUEVA
  GENERACIÓN".
- "CÁRTEL DEL GOLFO".
- G.D. "TALIBANES" (FACCIÓN DEL
  C.D.G.
- "CÁRTEL DEL NORESTE".

ESTRUCTURAS DELICTIVAS RELEVANTES

SÍMBOLO	CÁRTEL
CP	CÁRTEL DEL PACÍFICO
CJNG	C.J.N.G.

SÍMBOLO	ORGANIZACIÓN DELICTIVA
BL	BELTRÁN LEYVA
NCJ	NUEVO CÁRTEL DE JUÁREZ
CG	CÁRTEL DEL GOLFO

SIMBOLO	GRUPO DELICTIVO
FM	LA FAMILIA
CT	CABALLEROS TEMPLARIOS
GU	GUERRERO UNIDOS
CDN	CÁRTEL DEL NORESTE
CSRL	CARTEL DE SANTA ROSA DE LIMA
UT	UNIÓN DE TEPITO
SCD	SIN CONTROL DEFINIDO

SUBTOTAL:
- 2 CARTELES (C.J.N.G Y CÁRTEL DEL PACÍFICO).
- 3 ORGNS. DELICTIVAS. (C.D.G., BELTRAN LEYVA, N.C.J.).
- 6 GPOS. DELICTIVOS. (C.T.,C.S.R.L.,"U.T","FAMILIA","G.U"
  Y CARTEL DEL NORESTE).
- 70 ESTRUCTURAS DELICTIVAS DE MENOR NIVEL (AFINES Y
  ESCICIONES DE LOS ANTERIORES, ASI COMO CELULAS
  INDEPENDIENTES CON PRESENCIA EN UNA SOLA
  ENTIDAD).

TOTAL GENERAL:
81 ESTRUCTURAS DELICTIVAS IDENTIFICADAS

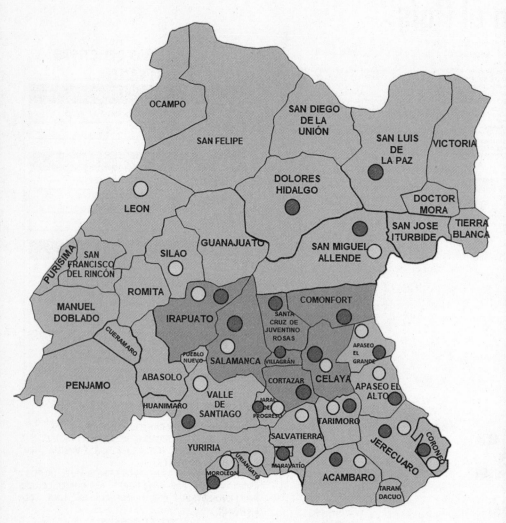

Territorios en Guanajuato disputados por el CJNG
y el Cártel de Santa Rosa de Lima.

Nexos del narcotraficante Raúl Hernández, *El Tío*,
publicados por las autoridades de Estados Unidos en agosto de 2017.

Índice Onomástico

La nueva guerra. Del Chapo al fentanilo de Jorge Fernández Menéndez
se terminó de imprimir en septiembre de 2020
en los talleres de
Impresora Tauro, S.A. de C.V.
Av. Año de Juárez 343, col. Granjas San Antonio,
Ciudad de México